René Steinitz · Gina Beitscher

Teoría y práctica del español comercial

Theorie und Praxis der spanischen Handelssprache

Max Hueber Verlag

3.	2.	1.				Die letzten Ziffern
1997	96	95	94	93		bezeichnen Zahl und Jahr des Druckes.

Alle Drucke dieser Auflage können, da unverändert,
nebeneinander benutzt werden.
2. Auflage 1993

Lektorat: Elisabeth Stiefenhofer, Ismaning
Layout: Erentraut Waldau, Ismaning
Umschlaggestaltung: Zembsch' Werkstatt, München
Gesamtherstellung: Allgäuer Zeitungsverlag GmbH – AZ-Druckhaus – Kempten
Printed in Germany
ISBN 3-19-004061-3

Indice

Prólogo

El español es el idioma oficial y medio de comunicación de más de 300 millones de personas en España, América del Norte, Central y del Sur.

El propósito del presente volumen es ofrecer las nociones y los giros fundamentales del lenguaje comercial español, así como los elementos básicos que constituyen la comunicación escrita de nuestros días.

170 ejemplos completos de correspondencia basados en la práctica y más de 600 frases modelo bilingües le permiten al usuario de esta obra una aplicación correcta de términos técnicos y una formulación precisa en sus comunicaciones.

En este manual se les ha dedicado un amplio espacio a las técnicas actuales de oficina y de telecomunicación – procesamiento de textos, télex y telefax. Esto hará que la correspondencia del usuario adquiera una presentación moderna y le posibilite una organización racional de su trabajo.

Todos los pasos que componen una operación de importación-exportación se explican sistemáticamente mediante una clara estructuración de los mismos y se complementan con un extenso número de ejemplos.

La terminología española relativa al comercio exterior se amplía a través de una descripción de los principales canales de comercialización, medios de transporte, condiciones de pago y entrega, etc.

El importante capítulo relacionado con las comunicaciones personales se ilustra con una gran variedad de escritos para ocasiones de toda índole como solicitudes de empleo, citas, felicitaciones, agradecimientos, pésames, etc.

Al final del libro se incluye un amplio glosario español-alemán y alemán-español que sirve para consultar los términos más importantes que componen el lenguaje comercial y económico.

Múnich, otoño de 1990 — René Steinitz

Vorwort

Spanisch ist die Amts- und Verkehrssprache von mehr als 300 Millionen Menschen in Spanien, Nord-, Mittel- und Südamerika.

Ziel des vorliegenden Buches ist die Vermittlung der wichtigsten Begriffe und Redewendungen der spanischen Handelssprache sowie der Grundlagen einer zeitgemäßen schriftlichen Kommunikation.

170 vollständige Korrespondenzvorgänge aus der Praxis sowie mehr als 600 zweisprachige Mustersätze weisen dem Benutzer dieses Werkes den Weg zu einer fachlich richtigen und sprachlich treffenden Formulierung.

Durch die ausführliche Darstellung der heutigen Büro- und Telekommunikationstechniken wie Textverarbeitung, Telex und Telefax wird dem Benutzer die moderne Gestaltung seiner Korrespondenz und ein rationelles Arbeiten nahegebracht.

Alle Phasen eines Import-Export-Geschäftes werden mit Hilfe einer übersichtlichen Struktur systematisch erklärt und durch zahlreiche Beispiele ergänzt.

Eine Erweiterung der spanischen Terminologie des Außenhandels erfolgt durch die Beschreibung der wichtigsten Vertriebswege, Transportmittel, Zahlungs- und Lieferbedingungen u. v. a.

Dem so wichtigen Kapitel der persönlichen Kommunikation wird durch eine große Auswahl von Schreiben für verschiedene Anlässe, wie Bewerbungen, Terminvereinbarungen, Glückwünsche, Danksagungen, Beileidsbezeugungen usw., Rechnung getragen.

Den Abschluß des Buches bildet ein umfassendes Glossar Spanisch-Deutsch und Deutsch-Spanisch, das alle wesentlichen Ausdrücke der Handels- und Wirtschaftssprache enthält.

München, Herbst 1990 — René Steinitz

Introducción

Los fundamentos del lenguaje escrito

La ortografía

El empleo de la mayúscula

Se escribe con inicial mayúscula

- la primera palabra de un escrito;
- la primera palabra después de punto;
- después de los dos puntos del encabezamiento de una carta;
- después de los dos puntos cuando se cita textualmente;
- todos los nombres propios;
- los nombres colectivos e instituciones:
  la Bolsa, el Estado, el Ayuntamiento de Madrid, etc.;
- los títulos y atribuciones de dignidad:
  Profesor, Doctor, Ingeniero, Duque de Alba, etc.;
- los tratamientos, en especial si se emplea una abreviatura:
  S.M. (Su Majestad); S.E. (Su Excelencia);
  Sr. (señor); D. (don); Vd./Ud. (usted); etc.
  Cuando las expresiones *señor, don, usted,* etc. se escriben completas, *no* necesitan llevar mayúscula.

La pronunciación y acentuación de las palabras

Las palabras que terminan en **vocal, n** o **s,** se pronuncian acentuando la **penúltima sílaba:**
cart**a** – hombr**e** – escrit**o**
habla**n** – escribe**n** – dice**n**
compra**s** – señore**s** – anexo**s**

Las palabras que terminan en **consonante** (con excepción de "n" y "s") se pronuncian acentuando la **última sílaba:**
calida**d** – Portuga**l** – valide**z** – pedi**r**

Todas las palabras cuya pronunciación no sigue estas reglas, llevan **acento gráfico** para señalar la sílaba acentuada:
cat**á**logo – despu**é**s – enviar**á** – az**ú**car – t**é**cnica
orden → **ó**rdenes; condici**ó**n → condiciones

Las vocales **a – e – o** forman sílabas propias:
te–**a**–tro; po–**e**–ta; de–se–**o**

Las vocales **i – u** no pueden formar sílabas propias, sino diptongos entre sí o con las otras:
c**iu**dad – c**ui**dar; comerc**ia**l – p**ai**saje;
jul**io** – b**oi**na; **Eu**ropa – m**ue**lle; b**ie**n – p**ei**ne

Todas las palabras cuya pronunciación no sigue estas reglas, llevan **acento gráfico** para separar el diptongo y señalar la sílaba acentuada:
dịa – mịo – efectụa – mercancịa – acentụen

Existe además un grupo de palabras (con frecuencia monosílabas) que llevan **acento gráfico** para distinguirlas de sus homónimos:
tu – tú; el – él; mi – mí; si – sí; se – sé; te – té; mas – más; de – dé; solo – sólo; o – ó (1 ó 2)

También llevan **acento gráfico** las partículas interrogativas y las interjecciones:
¿qué? ¡qué! – ¿cómo? ¡cómo!

La separación de las sílabas

En español se separa según sílabas.
du-dar; pe-di-do; re-la-ti-vo; Es-pa-ña
Se deben observar las siguientes reglas:

- **st** no forma sílaba propia y debe separarse.
  e**s**-**t**a-do; in**s**-**t**a-lar
- **Tres consonantes** no forman sílaba propia y se separan.
  tra**ns**-**p**or-tar; pe**rs**-**p**ec-tiva
- No se separan las letras **ch** y **ll** ni tampoco la reduplicación **rr.**
  co-**ch**e; se-**ll**o; a-ho-**rr**o
- No se separan las combinaciones
  bl, cl, fl, gl, pl;
  br, cr, dr, fr, gr, pr, tr.
  fá-**br**i-ca; o-**fr**e-cer; ha-**bl**ar; le-**tr**a
- No se separan los **diptongos** y **triptongos.**
  Eu-ro-pa; pri-ma-r**io**; so-c**ie**-dad; b**uey**
- Las **vocales** que forman distintas sílabas pueden separarse.
  cr**e**-**e**r; tr**í**-**o**; d**í**-**a**;
  pero: d**ia**-po-si-ti-va

Los signos de puntuación

punto { seguido / aparte / final }	**.**	signo de exclamación o admiración	**¡!**
dos puntos	**:**	paréntesis	**( )**
puntos suspensivos	**...**	raya (de diálogo)	**–**
punto y coma	**;**	guión	**-**
coma	**,**	comillas	**“ ”**
signo de interrogación	**¿?**	diéresis	**¨**

. Punto

Se escribe punto

- al final de una frase, para separar oraciones o grupos de oraciones que tienen sentido completo.
  Según la mayor o menor relación de las oraciones entre sí, se pone *punto seguido* o *punto aparte*.
- para cerrar un escrito después de la última frase *(punto final)*.
- después de abreviaturas (Ud. – Sr. – S.A. – ptas. – etc.).

: Dos puntos

Se escriben dos puntos

- después de fórmulas de saludo.
  Señores:
  Querido amigo:
- después de fórmulas usadas en documentos oficiales.
  Expone:
  Suplica:
  Certifico:
- delante de frases o citas textuales.
  El ministro de Economía ha declarado: "Los bienes de consumo ..."
- delante de una enumeración.
  Nuestro surtido comprende los siguientes artículos: pantalones, camisas, corbatas, americanas, ...

... Puntos suspensivos

Se escriben puntos suspensivos

- para dejar incompleto o en suspenso el sentido de una frase.
- en lugar de "etc." en una enumeración que podría continuarse.
  Nuestro surtido comprende los siguientes artículos: pantalones, camisas, corbatas, americanas, ...

; Punto y coma

Se escribe punto y coma

- para separar frases largas que están unidas al pensamiento principal.
- para separar frases de un párrafo largo, si se han escrito en él una o varias comas.
- para separar grupos de elementos similares en una enumeración.

, Coma

Se escribe coma

- para separar los elementos de una enumeración.
  Les enviamos catálogos, muestras, lista de precios y las condiciones de pago.
  (Cuando se trata de una enumeración, *no* se pone coma delante de **y, o, ni.**)
- para separar dos oraciones distintas.
  El precio es favorable, y tampoco la calidad deja que desear.
- para intercalar otra oración o concepto en una oración.
  Desde que les escribimos, hace ya más de un mes, no hemos tenido noticias suyas.
- para separar del resto de la oración expresiones como
  sin embargo, no obstante, pero, esto es,
  es decir, por consiguiente, por lo tanto,
  finalmente, por último, además, etc.

Si estas expresiones se escriben *al principio* de la frase, se separan por *una coma detrás.*
Por último, les rogamos que nos hagan llegar el nuevo catálogo.

Si van *intercaladas* se separan del resto de la oración por medio de *dos comas.*
Tenemos que comunicarles, sin embargo, que no podemos aceptar sus precios.

- para separar del resto de la oración los vocativos.

  Si se escriben *al principio* de la frase, se separan por *una coma detrás.*
  Querido Carlos, escríbeme pronto y recibe un abrazo ...

  Si van *intercalados* en una frase, se escriben entre *dos comas.*
  Esperamos, estimado cliente, que le interese esta oferta.

- cuando se suprime el verbo en una oración.
  A cartas, cartas; y a palabras, palabras.

- para separar oraciones subordinadas al principio de una frase de la oración principal.
  Si nos enviasen su catálogo, les estaríamos muy agradecidos.

  Si la frase empieza con la oración principal, *no* se pone coma.
  Les estaríamos muy agradecidos si nos enviasen su catálogo.

No se escribe *coma* (contrariamente al alemán)

- delante de *que* (daß).
  Esperamos que la mercancía llegue pronto.

- delante de *si* (ob).
  No sabemos si estarán de acuerdo con nuestra oferta.

- delante de *frases relativas* que son *imprescindibles* para la comprensión de la oración principal.
  Una empresa que no puede cumplir sus obligaciones tiene que declararse en quiebra.

  Si la frase relativa sólo da una *información adicional,* se pone *coma.*
  La empresa del Sr. Ruiz, que es muy amigo mío, ha obtenido beneficios de varios millones.

¿? **Signo de interrogación**

Se escribe signo de interrogación

- para indicar el principio y el final de una frase interrogativa.
  ¿Cuál es el nombre de la agencia de transportes?

¡! **Signo de exclamación o admiración**

Se escribe signo de exclamación o admiración

- para indicar el principio y el final de una frase admirativa.
  ¡No se pierda esta oferta!

() **Paréntesis**

Se escribe paréntesis

- para intercalar una frase o palabra aclaratoria en una oración.
  Durante la temporada de vacaciones (del 1 al 30 de agosto) no podremos suministrar la mercancía.

– **Raya**

Se escribe raya

- para indicar el principio de un diálogo.
  – Buenos días, Sr. González.

- para separar una frase o palabra aclaratoria intercalada en una oración.
  No hemos recibido respuesta – aunque les hemos escrito ya dos veces – a nuestra petición.

- Guión

Se escribe guión

- para separar las sílabas de una palabra.
  es-pa-ñol; le-er; de-se-ar
- para formar palabras compuestas.
  las relaciones hispano-alemanas

“” Comillas

Se escribe entre comillas

- para enmarcar citas textuales o transcripciones.
  Citemos, como ejemplo, un refrán que afirma que “cada cual hable en lo que sabe”.
- para destacar una palabra o frase.
  La marca “Isoflex” es muy conocida.

  En español no se usan las comillas para señalar un diálogo.

¨ Diéresis

Se escribe diéresis o crema

- para indicar que se debe pronunciar la **u** en las combinaciones **gue** y **gui,** es decir, que la **u** no es muda en este caso.
  antigüedad, lingüística, ambigüedad, etc.

La carta comercial

Los elementos

Los elementos o partes principales de una carta comercial son los siguientes:

El membrete

En el membrete figuran los datos más importantes de una empresa.

- nombre o razón social
- objeto o actividad
- domicilio (dirección)
- número de teléfono
- número de télex y telefax
- apartado postal
  (en Hispanoamérica frecuentemente: casilla)
- dirección telegráfica
- fecha de fundación
- sucursales
- cuentas bancarias
- nombre de los socios
- número de inscripción en el Registro Mercantil
- código o número de identificación fiscal (C.I.F./N.I.F.)

La fecha

La fecha se escribe a continuación del nombre de la población. Existen diferentes formas de escribirla.

Madrid, 25 de febrero de 19..
Madrid, a 25 de febrero de 19..
Madrid, 25 de febrero 19..
Madrid, 25-II-19..
Madrid, 25-2-19..
Madrid, 25/2/19..

El mes se escribe con minúscula y no se debe abreviar.

El destinatario

- Si se trata de una persona o de un comerciante individual, el nombre va precedido de *señor don (= Sr. D.)* o *señora doña (= Sra. D.ª)*, según el caso.

```
Sr. D. Luis Zepeda Zapata
Plaza Mayor, 22
48047 BILBAO

Señora
D.ª Carmen García Ruiz
Calle Girona, 37
08024 BARCELONA
```

El empleo conjunto de *Sr. D.* o *Sra. D.ª* constituye, en realidad, una redundancia ya que la expresión *don*, que proviene del término latín *dominus*, también tiene el significado de *señor.*

En las cartas comerciales modernas se emplea cada vez más solamente el tratamiento de *señor/señora.* Sin embargo, puede emplearse también el tratamiento de *don/doña* siempre que el apellido vaya precedido del nombre.

Señor Juan Sánchez Gaete
Avda. Montero Ríos, 18
27002 LUGO

o bien

Don Juan Sánchez Gaete
Avda. Montero Ríos, 18
27002 LUGO

Como el tratamiento *don* ha de preceder al nombre y no al apellido, sería *incorrecto* escribir

Don Sánchez Gaete

o bien

Sr. D. Sánchez Gaete

- Si la razón social está formada por el nombre de los socios, se escribe *señores (= Sres.).*

Señores
Gómez y López, S.R.C.
Apartado postal 1414
28025 MADRID

Sres.
Rodríguez Hnos.
C/de la Luna, 4
18010 GRANADA

- Si se trata de sociedades con denominaciones impersonales, se omite la expresión *señores.*

Proimport, S.A.
Polígono Nueva Ciudad
30011 MURCIA

Imperial Ltda.
Paseo Colón 143
(1330) BUENOS AIRES
República Argentina

- Si el destinatario es una persona determinada dentro de la empresa, se escribe una *línea de atención.*

A la atención del señor Carlos Toro

o bien

Atención Sr. Toro
Att. Sr. Toro

- En España se pone una coma entre la calle y el número.
- La población se escribe con mayúscula.
- Si la población no es capital de provincia, se coloca el nombre de ésta entre paréntesis:
  26580 Arnedo (Logroño)
- En todos los envíos debe indicarse el Código Postal.

Las referencias

s/ref.	=	su referencia
n/ref.	=	nuestra referencia
s/escrito	=	su escrito
n/escrito	=	nuestro escrito

n/ref.: LM/sr
significa que **LM** ha dictado la carta y **sr** la ha mecanografiado.

Las iniciales de identificación suelen escribirse también al margen izquierdo a dos espacios de la firma.

El asunto

El asunto sintetiza el contenido de la carta.

El saludo o encabezamiento

- Los saludos más habituales son

en singular:	*en plural:*
Señor	Señores
Estimado señor	Estimados señores
Distinguido señor	Distinguidos señores
Muy señor mío	Muy señores míos
Muy señor nuestro	Muy señores nuestros
De mi consideración	De nuestra consideración

En España, las fórmulas *muy señor mío* y *muy señor nuestro* van cayendo en desuso.

De mi consideración y De nuestra consideración son fórmulas de saludo comunes en Hispanoamérica.

- Si se trata de personas relativamente conocidas o bien de una correspondencia de carácter personal, pueden emplearse las fórmulas siguientes:

(Mi) apreciado/a amigo/a
(Mis) apreciados/as amigos/as
(Mi/s) estimado/a/os/as amigo/a/os/as
(Mi/s) querido/a/os/as amigo/a/os/as
Querido Carlos / Querida Carmen

Es aconsejable no abreviar las fórmulas de saludo.

El texto de la carta

El texto consta, por lo general, de una breve introducción y del cuerpo de la carta.

La despedida

Le(s) saludan atentamente
Le(s) saludo atentamente
Le(s) saludamos atentamente
Muy atentos saludos
Con atentos saludos
(Muy) atentamente
(Muy) cordialmente
Afectuosamente

La antefirma y la firma

En las cartas comerciales la firma siempre va acompañada de la antefirma, es decir, la razón social, el nombre y apellido del firmante así como el cargo que ocupa en la empresa.

- El apoderado firma poniendo debajo del nombre de la empresa

  p. p. (por poder).

- El empleado que, sin tener poderes, está autorizado para firmar la correspondencia pone

  p. o. (por orden) o bien *p. d.* (por delegación).

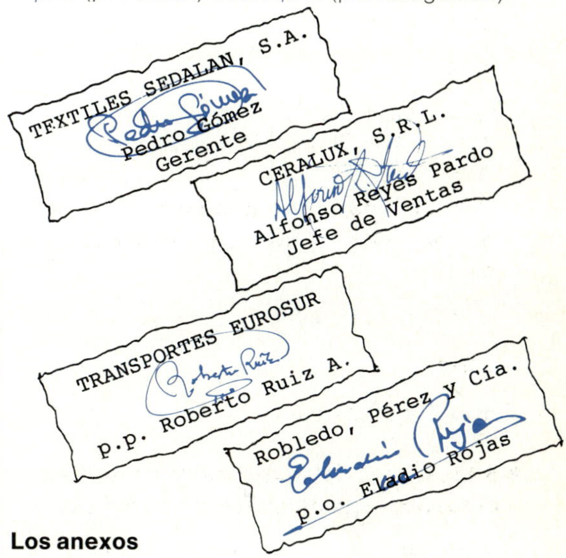

Los anexos

Los anexos son aquellos documentos que acompañan a una carta. Se indican al final.

Anexos: 1 catálogo
1 lista de precios

Anexos: Factura Nº 432
1 letra de cambio

Las copias

La indicación de copias se expresa mediante la fórmula *c. c.* (copia a carbón).

c. c. Departamento de Contabilidad
c. c. Director de Ventas

Carta modelo

Para esta carta se ha elegido el *bloque extremo* y la *puntuación mixta.*

membrete ______________________

fecha ______________________

destinatario ______________________

línea de atención ______________________

referencias ______________________

asunto ______________________

saludo ______________________

texto { introducción ______________________

cuerpo ______________________ }

despedida ______________________

antefirma ______________________

firma ______________________

anexos ______________________

membrete ______________________

modarama, s.a.

CREACIONES DEPORTIVAS

N.I.F. 23012781-B

Oficinas: 08037 BARCELONA – Calle Mallorca, 197
Fábrica: 08302 MATARO – Zona Industrial, C-42-2

Teléfono: (93) 2 07 95 11 – Télex: 98678 MORA – Telefax: (93) 2 51 14 08

Barcelona, 25 de febrero de 19..

Amtliche Spanische Handelskammer
für Deutschland
Schaumainkai 83
D-60596 FRANKFURT AM MAIN

A la atención del Sr. Secretario General

S/ref.	N/ref.	S/escrito	N/escrito
	FL/cr		

Asunto: Informaciones sobre el mercado alemán

Estimado señor:

Estamos interesados en introducir nuestros artículos en la República Federal de Alemania y quisiéramos solicitar su amable colaboración.

Nuestra empresa se dedica a la fabricación y comercialización de prendas deportivas. En los últimos años hemos logrado una fuerte implantación de nuestra marca en España.

Desearíamos conocer su opinión sobre el camino más adecuado para iniciar la penetración de nuestros artículos en el mercado alemán así como su consejo en cuanto a viajes de prospección, contactos con compradores, representantes, etc.

Para su información adjuntamos catálogos de nuestra nueva colección.

Agradecemos de antemano su atención a la presente y le saludamos muy atentamente,

modarama, s.a.

Angel Fernández

Angel Fernández I.
Departamento de Ventas

Anexos: catálogos

Reg. Merc. de Barcelona. Tomo 19; Libro 3°; Folio 93; Hoja 156; Inscripción 2.
Cta. cte. en BANCO DE CREDITO, Barcelona, Oficina Principal, Nº 136 897 08

La forma

La distribución de los elementos de la carta comercial puede efectuarse de acuerdo con las formas o estilos siguientes:

Bloque extremo

Todas las líneas de la carta comienzan en el margen izquierdo, incluyendo la fecha, el saludo y la despedida.

Membrete

Fecha

Destinatario

Referencias

Asunto

Saludo

Texto

Despedida

Nombre de la empresa

Firma y antefirma

Anexos

Bloque

Todas las líneas comienzan en el margen izquierdo como en el bloque extremo. Sin embargo, las líneas correspondientes a la fecha, la despedida y la firma, se escriben en la mitad derecha de la carta, comenzando aproximadamente en el centro de la línea.

Membrete

Fecha

Destinatario

Referencias

Asunto

Saludo

Texto

Despedida

Nombre de la empresa

Firma y antefirma

Anexos

Semibloque

La primera línea de cada párrafo tiene una sangría o margen interior de unos cinco espacios hacia el interior de la carta. La fecha, el saludo, la despedida y la firma siguen las normas del estilo bloque.

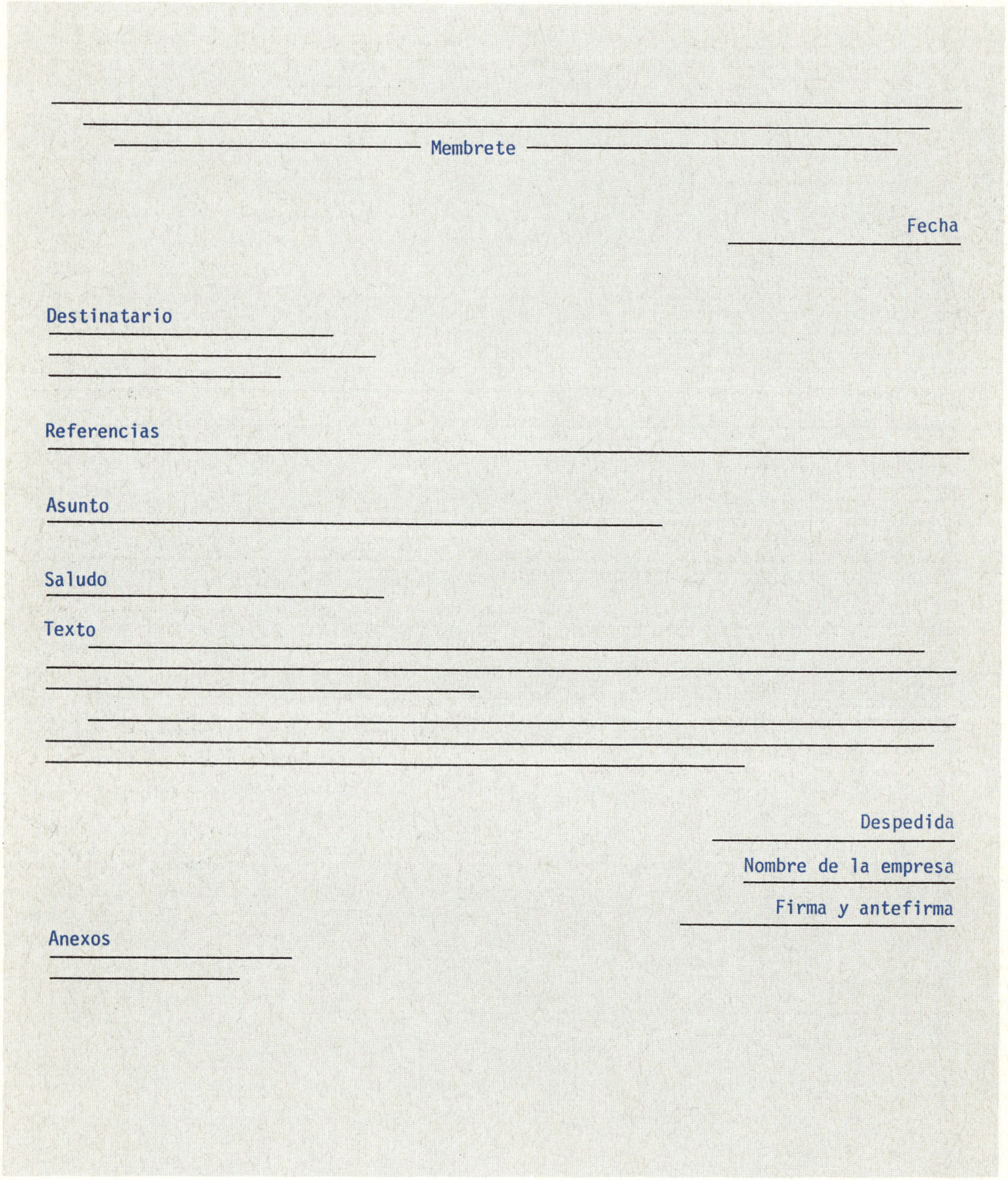

Forma simplificada

Todas las líneas comienzan en el margen izquierdo, pero no se escribe saludo ni despedida.

Membrete

Fecha

Destinatario

Referencias

Asunto

Texto

Nombre de la empresa

Firma y antefirma

Anexos

La puntuación

La puntuación que se emplea en el texto de la carta sigue las reglas gramaticales válidas para el lenguaje escrito. Las reglas de puntuación más importantes se tratan en las páginas 9 a 12.
Sin embargo, en la correspondencia comercial existen tres estilos de puntuación que se pueden emplear al escribir la dirección, la fecha, el saludo y la despedida.

Puntuación abierta

- No se emplean signos de puntuación después de la fecha o de la dirección.
- No se escriben dos puntos después del saludo.
- No se usan signos de puntuación después de la despedida, la firma y la antefirma.

Puntuación cerrada

- Se pone un punto después de la fecha.
- Se usa una coma al final de cada línea de la dirección, exceptuando la última donde se pone un punto.
- Se escriben dos puntos después del saludo.
- Se pone una coma después de la línea de despedida, de la antefirma y firma así como un punto después de la persona que firma la carta o su título.

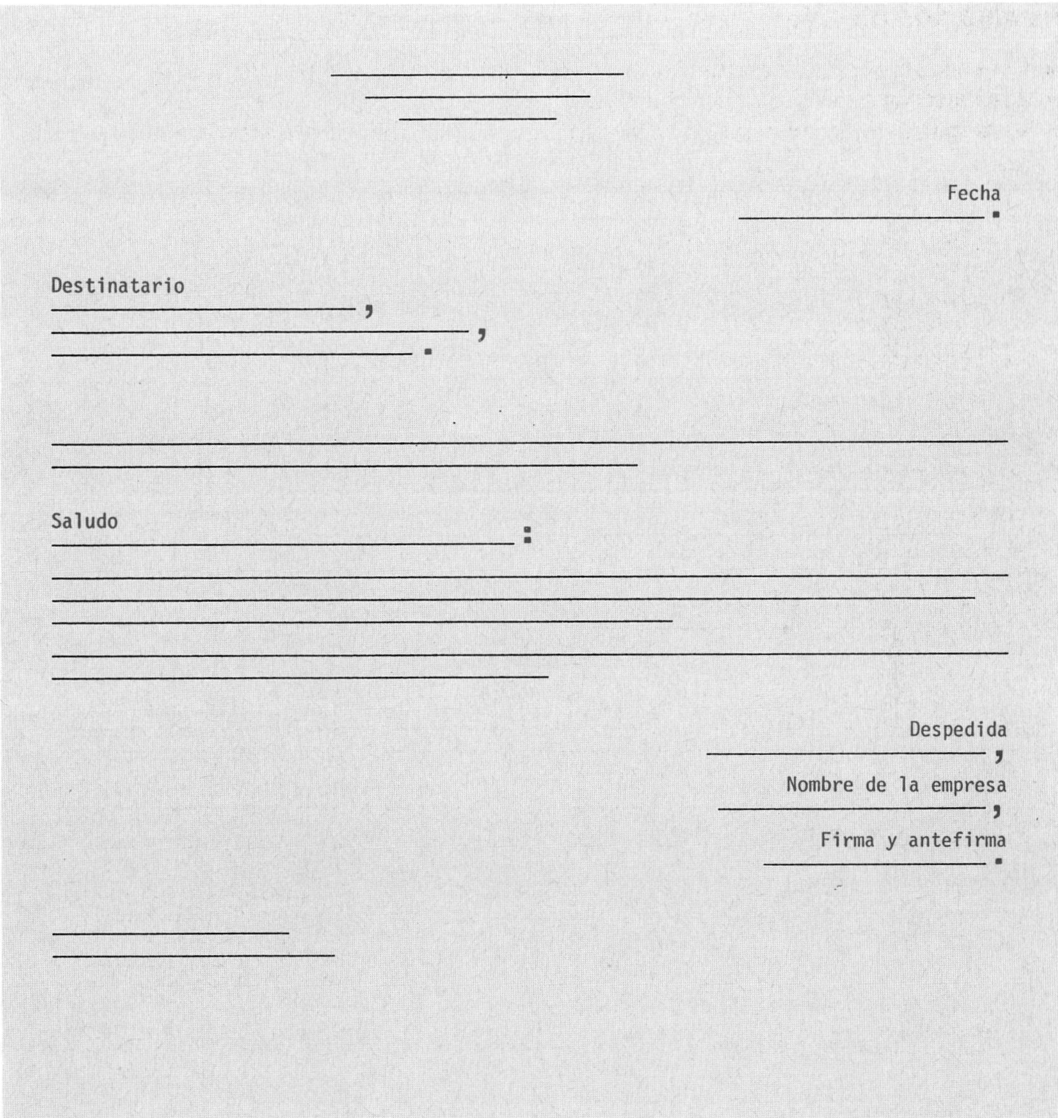

Puntuación mixta

- No se usan signos de puntuación después de la fecha ni de la dirección.
- Se escriben dos puntos después del saludo.
- Se pone una coma después de la línea de despedida.

El lenguaje

Toda correspondencia comercial debe tener en cuenta las siguientes reglas:

Claridad

Consiste en redactar la comunicación de forma que el destinatario pueda entenderla con facilidad y sin posibilidades de mala interpretación.
Se han de evitar:
- las expresiones ambiguas
- las palabras rebuscadas
- el uso excesivo de abreviaturas

Concisión

Consiste en expresar las ideas o conceptos con la mayor brevedad posible.
Se han de evitar:
- las expresiones superfluas y repetidas
- las frases demasiado largas
- las frases incompletas y el laconismo

Concreción

Consiste en aplicar el significado exacto de cada palabra.
Se han de evitar:
- las expresiones poco precisas
- los rodeos o circunloquios
- el uso excesivo de frases subordinadas

Corrección

Consiste en observar las reglas sobre el aspecto externo e interno de los mensajes comerciales.
Se han de evitar:
- una presentación exterior descuidada
- los errores gramaticales
- las expresiones descorteses

Cortesía

Consiste en encontrar el tono adecuado para el asunto que se desea comunicar.
Se han de evitar:
- las expresiones afectadas
- las expresiones serviles
- las expresiones ofensivas

La fraseología

Introducción y acuse de recibo	Einleitung und Empfangsbestätigung
Hemos recibido su carta ... Recibimos su escrito ... Acabamos de recibir su atenta carta ... Acusamos recibo de su atento escrito ... En nuestro poder su atenta ...	Wir haben Ihr Schreiben / Ihren Brief erhalten ...
En respuesta a su carta del ... Contestamos a su atenta del ... En contestación a su atento escrito del ... Respondemos a su grata del ...	In Beantwortung Ihres Schreibens vom ... Wir beantworten Ihr Schreiben vom ...

Referencia a un asunto	Bezugnahme
Nos referimos Con referencia Referente Con relación Con respecto } a su carta / su escrito del ...	Wir beziehen uns auf Ihren Brief / Ihr Schreiben vom ...

Agradecimiento	Dank
Muy agradecidos por su carta ... Les damos las gracias por ... (Les) agradecemos su ... Reciban nuestras gracias por ...	Besten Dank für Ihren Brief ... Wir danken für ...

Participación	Mitteilung
Ponemos en su conocimiento que ...	Wir teilen Ihnen mit, daß ...
Nos complace informarles (de) que ... Tenemos el placer de comunicarles que ... Nos es grato participarles que ... Tenemos el gusto de anunciarles que ... Celebramos participarles que ...	Wir teilen Ihnen gerne mit, daß ... Es freut uns, Ihnen mitteilen zu können, daß ...

Establecimiento de relaciones comerciales	Aufnahme von Geschäftsbeziehungen
A través de la Cámara de Comercio hemos sabido ...	Von der Handelskammer erfuhren wir ...
Hemos tenido noticias / conocimiento de que necesitan ...	Wir haben erfahren, daß Sie ... benötigen / brauchen.

Nos hemos enterado por don ... de que buscan ...	Von Herrn ... haben wir erfahren, daß Sie ... suchen.
Por intermedio del señor ... sabemos que Uds ...	Durch Herrn ... haben wir erfahren / wissen wir, daß Sie ...
Según nos ha informado ...	Wie wir von ... erfahren haben ...
Nos referimos a su anuncio publicado en ...	Wir beziehen uns auf Ihre Anzeige in ...
La dirección de su casa nos ha sido proporcionada por ...	Die Anschrift Ihrer Firma haben wir von ... erfahren / erhalten.
Nos permitimos dirigirnos a Uds. por recomendación de ...	Wir wenden uns an Sie auf Empfehlung von ...
Nos permitimos escribirles a Uds. por indicación de nuestro común amigo ...	Auf Empfehlung unseres gemeinsamen Freundes ... wenden wir uns an Sie.
Demanda de ...	**Bitte um ...**
Por favor, envíennos ... Hagan el favor de mandarnos ... Tengan la bondad de remitirnos ...	Bitte übersenden Sie uns ...
Sírvanse comunicarnos ...	Bitte teilen Sie uns mit ...
Les rogamos nos envíen información sobre ...	Bitte übersenden Sie uns Information über ...
Les agradeceríamos el envío de ...	Wir wären Ihnen sehr dankbar für die Zusendung von ...
Conformidad	**Zustimmung/Einverständnis**
Con mucho gusto estamos dispuestos a ...	Wir sind gerne bereit zu ...
Correspondemos a sus deseos y ...	Wunschgemäß ...
Esperamos su conformidad al respecto ...	Wir erwarten / hoffen auf Ihr Einverständnis / Ihre Zustimmung in der Angelegenheit ...
Disconformidad	**Beanstandungen**
Nos vemos obligados a informarles de que no estamos de acuerdo con ...	Wir müssen Ihnen leider mitteilen, daß wir nicht einverstanden sind mit ...
Sentimos mucho tener que comunicarles que no estamos satisfechos con ...	Zu unserem großen Bedauern müssen wir Ihnen mitteilen, daß wir nicht zufrieden sind mit ...
Con profundo / gran disgusto hemos constatado que ...	Wir waren sehr verärgert über die Feststellung, daß ...
Es lamentable que no hayan cumplido con lo acordado.	Bedauerlicherweise haben Sie die Vereinbarungen nicht eingehalten.

Con sorpresa nos hemos enterado de que …	Es hat uns überrascht zu erfahren, daß …
No comprendemos los motivos de su actuación.	Die Gründe für Ihr Verhalten verstehen wir nicht.
No podemos aceptar sus excusas.	Ihre Rechtfertigung können wir nicht akzeptieren.
Sentimientos de pesar	**Bedauern**
Muy a pesar nuestro, nos vemos obligados a …	Zu unserem großen Bedauern sehen wir uns gezwungen …
Sentimos mucho el error que nos señala en su carta.	Wir bedauern den Irrtum sehr, auf den Sie uns in Ihrem Brief hinweisen.
Lamentamos lo ocurrido.	Wir bedauern den Vorfall.
Desafortunadamente no podemos …	Leider können wir nicht …
Desgraciadamente no nos es posible …	Bedauerlicherweise ist es uns unmöglich …
Excusas	**Entschuldigung**
Les rogamos excusen el error cometido.	Wir bitten Sie, den Irrtum zu entschuldigen.
Les pedimos excusas por …	Bitte entschuldigen Sie …
Esperamos que disculpen la demora.	Wir hoffen, daß Sie die Verzögerung entschuldigen.
Anexos	**Anlagen**
Adjunto a la presente les enviamos prospectos.	Als Anlage übersenden wir Ihnen Prospekte.
Les adjuntamos los documentos siguientes:	Wir legen folgende Unterlagen bei:
Les incluimos un catálogo.	Einen Katalog legen wir bei.
Acompañamos a este escrito la factura.	Die Rechnung liegt diesem Schreiben bei.
Como anexo les remitimos nuestra lista de precios …	In der Anlage übersenden wir Ihnen unsere Preisliste …
Cierre y despedida*	**Briefschluß und Abschiedsformeln**
Esperamos que su respuesta sea favorable.	Wir hoffen, von Ihnen eine günstige Antwort zu erhalten.
Esperamos sus noticias al respecto …	Wir erwarten Ihre (diesbezügliche) Nachricht.
Confiamos en que …	Wir hoffen, daß …
Contamos con …	Wir rechnen mit …

En espera / Pendientes de sus noticias, les saludamos …	In Erwartung Ihrer Nachricht verbleiben wir …
En espera de su grata visita, les saludamos …	In Erwartung Ihres Besuches verbleiben wir …
En la confianza de que hallarán interesante nuestra oferta, les saludamos …	Wir hoffen, daß unser Angebot Ihr Interesse findet und verbleiben …
Esperamos su conformidad.	Wir hoffen auf Ihr Einverständnis.
Quedamos a su disposición para cualquier tipo de aclaración que consideren necesaria y les saludamos muy atentamente …	Gerne stehen wir Ihnen für jede Art von weiteren Informationen zur Verfügung und verbleiben inzwischen mit freundlichen Grüßen …
Agradeciendo de antemano su interés, les saludamos …	Wir danken im voraus für Ihr Interesse und verbleiben …
Les agradecemos anticipadamente su …	Besten Dank im voraus für Ihr / Ihre …
Sin otro particular, les saludamos muy atentamente … Agradeciéndoles su atención a la presente, les enviamos un cordial saludo …	Beide Floskeln entsprechen in etwa der deutschen Abschiedsformel: Mit freundlichen Grüßen

* Véase también: La despedida, pág. 15.

Correspondencia comercial

concepto
estructura
frases modelo
correspondencia

La compraventa de mercancías

La solicitud de oferta

Concepto

¿Quién escribe?

El *comprador*, es decir, la empresa o el comerciante que desea adquirir mercancías.

¿Por qué se escribe?

Para poder seleccionar la oferta de mercancías más apropiada.

¿A quién se le escribe?

Al *vendedor*, es decir, a los proveedores habituales y/o a nuevos proveedores.

¿Qué se escribe?

En el caso de una *solicitud de oferta general:*
- se pide el envío de catálogos;
- se demandan precios;
- se solicitan muestras;
- se ruega la visita de un representante; etc.

En el caso de una *solicitud de oferta específica o detallada:*
- se describen los artículos deseados (calidad, medidas, peso, colores, etc.);
- se indica la cantidad necesitada;
- se pide una cotización de precios;
- se demandan las condiciones de pago;
- se pregunta por el plazo de entrega;
- se solicitan las condiciones de entrega.

Estructura de una solicitud de oferta

1. ESCRIBA un breve párrafo de introducción indicando cómo se ha obtenido la dirección del proveedor y/o a qué clase de actividad se dedica su empresa.
2. ESCRIBA por qué se solicita la oferta.
3. ESCRIBA clara y detalladamente los datos más importantes: mencione la calidad y la cantidad deseadas y pida información sobre precios, condiciones de entrega, formas de pago, etc.
4. ESCRIBA que se pueden dar referencias (si todavía no se han mantenido relaciones comerciales).
5. ESCRIBA que se tiene interés en relaciones comerciales futuras si las condiciones de la oferta son favorables.
6. ESCRIBA una fórmula de despedida breve y cortés.

Frases modelo

Introducción	**Einleitung**
Nos dirigimos a Uds. por recomendación de la Cámara de Industria y Comercio de Múnich.	Ihre Firma wurde uns von der Industrie- und Handelskammer München empfohlen.
A través del Boletín Informativo de la Cámara de Comercio de Guayaquil, Ecuador, hemos sabido que su empresa desea establecer relaciones comerciales con importadores de ... / exportadores de ...	Wie wir dem Mitteilungsblatt der Handelskammer von Guayaquil, Ecuador, entnehmen, möchte Ihr Unternehmen Geschäftsbeziehungen zu Importeuren von ... / Exporteuren von ... aufnehmen.
Hemos tenido ocasión de conocer sus artículos durante la pasada Feria Internacional del Mueble celebrada en Valencia.	Auf der letzten Internationalen Möbelmesse in Valencia hatten wir Gelegenheit, Ihre Artikel kennenzulernen.
Con referencia a su anuncio publicado en ...	Wir beziehen uns auf Ihre Anzeige in ...
Su dirección nos ha sido proporcionada / facilitada por ...	Ihre Anschrift erhielten wir von ...
Hemos sabido que su empresa está interesada en ... / se interesa por ...	Wie wir erfahren haben, ist Ihr Unternehmen interessiert an ...
Por intermedio de don ... hemos sabido que Uds. se dedican a la fabricación de ... / venta de ... / comercialización de ... / importación de ... / exportación de ...	Von Herrn ... haben wir erfahren, daß Sie sich mit der Herstellung von ... / dem Verkauf von ... / dem Vertrieb von ... / dem Import von ... / dem Export von ... befassen.
Su casa nos ha sido recomendada por ...	Ihre Firma wurde uns von ... empfohlen.
Somos una empresa que se dedica a ...	Unser Unternehmen befaßt sich mit ...

Somos una empresa de tamaño medio especializada en …

Wir sind ein mittelständisches Unternehmen und spezialisiert auf …

Somos una empresa líder en el mercado español / alemán / europeo / internacional.

Unser Unternehmen ist führend auf dem spanischen / deutschen / europäischen / internationalen Markt.

Somos una empresa multinacional dedicada a la fabricación y comercialización de …

Wir sind ein multinationales Unternehmen und befassen uns mit der Herstellung und dem Vertrieb von …

Somos una importante sociedad representante para España de firmas líderes mundiales en el campo de …

Wir sind eine große Gesellschaft, die in Spanien weltweit führende Firmen auf dem Gebiet von … vertritt.

Nuestra casa es una empresa de reconocido prestigio por la calidad y alta tecnología de sus productos.

Aufgrund der Qualität und hochwertigen Technologie seiner Erzeugnisse genießt unser Unternehmen einen ausgezeichneten Ruf.

Nuestros productos están bien introducidos / implantados en toda España.

Unsere Produkte sind in ganz Spanien gut eingeführt.

Disponemos de un amplio mercado en los países hispanohablantes.

Wir verfügen über einen großen Markt in den spanischsprachigen Ländern.

Objeto de la solicitud de oferta

Grund der Anfrage

Estamos interesados en … / Nos interesamos por …

Wir sind interessiert an … / Wir interessieren uns für …

Hemos registrado una gran demanda de …

Wir verzeichnen eine große Nachfrage nach …

Desearíamos ampliar nuestro programa de ventas / surtido y les rogamos nos envíen una oferta de …

Wir möchten unser Verkaufsprogramm / Sortiment erweitern und bitten Sie, uns ein Angebot über … zu unterbreiten.

Necesitamos adquirir una importante partida de sus artículos y por ello les agradeceríamos nos hiciesen una oferta detallada a la mayor brevedad posible.

Wir benötigen einen größeren Posten Ihrer Artikel und bitten Sie deshalb, uns baldmöglichst Ihr ausführliches Angebot zu unterbreiten.

Les rogamos nos indiquen las condiciones de suministro de 10 toneladas de …

Wir bitten Sie, uns Ihre Bedingungen für die Lieferung von 10 t … mitzuteilen.

Catálogos y muestras	**Kataloge und Warenmuster/-proben**
Por favor, envíennos / mándennos un catálogo ilustrado.	Bitte übersenden Sie uns einen bebilderten Katalog.
Les rogamos nos envíen muestras de sus artículos.	Wir bitten Sie um die Übersendung von Warenmustern/-proben.
Les agradeceríamos nos enviasen prospectos.	Für die Zusendung von Prospektmaterial wären wir Ihnen sehr dankbar.
Precios	**Preise**
Les rogamos nos manden su lista de precios.	Wir bitten Sie um die Übersendung Ihrer Preisliste.
Les agradeceríamos nos indicaran los precios vigentes.	Wir wären Ihnen sehr dankbar, wenn Sie uns Ihre aktuellen Preise mitteilen könnten / würden.
¿A qué precio nos pueden suministrar 10.000 unidades?	Zu welchem Preis können Sie uns 10000 Stück liefern?
Por favor, indíquennos sus precios fob Hamburgo / cif Valparaíso.	Bitte geben Sie uns Ihre Preise FOB Hamburg / CIF Valparaíso bekannt.
Sírvanse comunicarnos su mejor precio.	Bitte geben Sie uns Ihren günstigsten Preis an.
Cantidades	**Mengen**
Nuestra demanda es de 1.500 piezas.	Unser Bedarf beläuft sich auf 1500 Stück.
Necesitamos mensualmente 50 docenas.	Wir benötigen monatlich 50 Dutzend.
Estaríamos dispuestos a adquirir 120 cajas.	Wir wären zu einer Abnahme von 120 Kisten bereit.
Calidad	**Qualität**
Sírvanse informarnos de la calidad de sus productos.	Bitte informieren Sie uns über die Qualität Ihrer Produkte.
Estamos solamente interesados en mercadería de primera calidad.	Wir sind nur an erstklassiger Ware interessiert.
Condiciones de entrega y de pago	**Liefer- und Zahlungsbedingungen**
Les agradeceríamos nos informasen acerca de sus condiciones de entrega y pago.	Wir wären Ihnen sehr dankbar, wenn Sie uns Ihre Liefer- und Zahlungsbedingungen mitteilen könnten / würden.
Les rogamos nos indiquen sus modalidades de pago.	Bitte teilen Sie uns Ihre Zahlungsbedingungen mit.

Por favor, infórmenos sobre los plazos y condiciones de entrega.

Bitte geben Sie uns Ihre Lieferfristen und -bedingungen bekannt.

Necesitamos la mercancía a más tardar hasta el …

Wir benötigen die Ware bis spätestens …

Referencias

Referenzen

Como referencias podemos indicarles …

Als Referenzen können wir Ihnen nennen …

Con mucho gusto les indicaremos referencias sobre nuestra casa al hacer el pedido.

Bei Auftragserteilung geben wir Ihnen gerne Auskunft über unsere Firma / sind wir gerne bereit, Ihnen Referenzen zu nennen.

Si desean referencias sobre nuestra casa, les rogamos se dirijan al Banco … o a la empresa …

Wenn Sie Auskunft über unsere Firma wünschen, wollen Sie sich bitte an die … Bank oder an die Firma … wenden.

Relaciones comerciales futuras

Künftige Geschäftsbeziehungen

En caso de que su oferta sea de interés, estaríamos dispuestos a formularles un pedido.

Wenn uns Ihr Angebot zusagt, sind wir bereit, Ihnen einen Auftrag zu erteilen.

Si la calidad de sus artículos corresponde a nuestras exigencias, pueden contar con pedidos regulares.

Wenn die Qualität Ihrer Artikel unseren Anforderungen entspricht, können Sie mit regelmäßigen Aufträgen rechnen.

Si sus precios son favorables, les pasaríamos inmediatamente un pedido.

Wenn Ihre Preise günstig sind, werden wir Ihnen sofort einen Auftrag erteilen.

Despedida (Véase también págs. 15 y 28)

Abschiedsformeln

Les saludamos muy atentamente …
Reciban nuestros más cordiales saludos …

Mit freundlichen Grüßen …

En espera de sus noticias, les saluda atentamente …

In Erwartung Ihrer Nachricht verbleiben wir mit freundlichen Grüßen …

Estructura de una solicitud de oferta

1. ESCRIBA un breve párrafo de introducción indicando cómo se ha obtenido la dirección del proveedor y/o a qué clase de actividad se dedica su empresa.
2. ESCRIBA por qué se solicita la oferta.
3. ESCRIBA clara y detalladamente los datos más importantes: mencione la calidad y la cantidad deseadas y pida información sobre precios, condiciones de entrega, formas de pago, etc.
4. ESCRIBA que se pueden dar referencias (si todavía no se han mantenido relaciones comerciales).
5. ESCRIBA que se tiene interés en relaciones comerciales futuras si las condiciones de la oferta son favorables.
6. ESCRIBA una fórmula de despedida breve y cortés.

Frases modelo

Introducción	**Einleitung**
Nos dirigimos a Uds. por recomendación de la Cámara de Industria y Comercio de Múnich.	Ihre Firma wurde uns von der Industrie- und Handelskammer München empfohlen.
A través del Boletín Informativo de la Cámara de Comercio de Guayaquil, Ecuador, hemos sabido que su empresa desea establecer relaciones comerciales con importadores de … / exportadores de …	Wie wir dem Mitteilungsblatt der Handelskammer von Guayaquil, Ecuador, entnehmen, möchte Ihr Unternehmen Geschäftsbeziehungen zu Importeuren von … / Exporteuren von … aufnehmen.
Hemos tenido ocasión de conocer sus artículos durante la pasada Feria Internacional del Mueble celebrada en Valencia.	Auf der letzten Internationalen Möbelmesse in Valencia hatten wir Gelegenheit, Ihre Artikel kennenzulernen.
Con referencia a su anuncio publicado en …	Wir beziehen uns auf Ihre Anzeige in …
Su dirección nos ha sido proporcionada / facilitada por …	Ihre Anschrift erhielten wir von …
Hemos sabido que su empresa está interesada en … / se interesa por …	Wie wir erfahren haben, ist Ihr Unternehmen interessiert an …
Por intermedio de don … hemos sabido que Uds. se dedican a la fabricación de … / venta de … / comercialización de … / importación de … / exportación de …	Von Herrn … haben wir erfahren, daß Sie sich mit der Herstellung von … / dem Verkauf von … / dem Vertrieb von … / dem Import von … / dem Export von … befassen.
Su casa nos ha sido recomendada por …	Ihre Firma wurde uns von … empfohlen.
Somos una empresa que se dedica a …	Unser Unternehmen befaßt sich mit …

Somos una empresa de tamaño medio especializada en ...

Wir sind ein mittelständisches Unternehmen und spezialisiert auf ...

Somos una empresa líder en el mercado español / alemán / europeo / internacional.

Unser Unternehmen ist führend auf dem spanischen / deutschen / europäischen / internationalen Markt.

Somos una empresa multinacional dedicada a la fabricación y comercialización de ...

Wir sind ein multinationales Unternehmen und befassen uns mit der Herstellung und dem Vertrieb von ...

Somos una importante sociedad representante para España de firmas líderes mundiales en el campo de ...

Wir sind eine große Gesellschaft, die in Spanien weltweit führende Firmen auf dem Gebiet von ... vertritt.

Nuestra casa es una empresa de reconocido prestigio por la calidad y alta tecnología de sus productos.

Aufgrund der Qualität und hochwertigen Technologie seiner Erzeugnisse genießt unser Unternehmen einen ausgezeichneten Ruf.

Nuestros productos están bien introducidos / implantados en toda España.

Unsere Produkte sind in ganz Spanien gut eingeführt.

Disponemos de un amplio mercado en los países hispanohablantes.

Wir verfügen über einen großen Markt in den spanischsprachigen Ländern.

Objeto de la solicitud de oferta

Grund der Anfrage

Estamos interesados en ... / Nos interesamos por ...

Wir sind interessiert an ... / Wir interessieren uns für ...

Hemos registrado una gran demanda de ...

Wir verzeichnen eine große Nachfrage nach ...

Desearíamos ampliar nuestro programa de ventas / surtido y les rogamos nos envíen una oferta de ...

Wir möchten unser Verkaufsprogramm / Sortiment erweitern und bitten Sie, uns ein Angebot über ... zu unterbreiten.

Necesitamos adquirir una importante partida de sus artículos y por ello les agradeceríamos nos hiciesen una oferta detallada a la mayor brevedad posible.

Wir benötigen einen größeren Posten Ihrer Artikel und bitten Sie deshalb, uns baldmöglichst Ihr ausführliches Angebot zu unterbreiten.

Les rogamos nos indiquen las condiciones de suministro de 10 toneladas de ...

Wir bitten Sie, uns Ihre Bedingungen für die Lieferung von 10 t ... mitzuteilen.

Catálogos y muestras	**Kataloge und Warenmuster/-proben**
Por favor, envíennos / mándennos un catálogo ilustrado.	Bitte übersenden Sie uns einen bebilderten Katalog.
Les rogamos nos envíen muestras de sus artículos.	Wir bitten Sie um die Übersendung von Warenmustern/-proben.
Les agradeceríamos nos enviasen prospectos.	Für die Zusendung von Prospektmaterial wären wir Ihnen sehr dankbar.
Precios	**Preise**
Les rogamos nos manden su lista de precios.	Wir bitten Sie um die Übersendung Ihrer Preisliste.
Les agradeceríamos nos indicaran los precios vigentes.	Wir wären Ihnen sehr dankbar, wenn Sie uns Ihre aktuellen Preise mitteilen könnten / würden.
¿A qué precio nos pueden suministrar 10.000 unidades?	Zu welchem Preis können Sie uns 10000 Stück liefern?
Por favor, indíquennos sus precios fob Hamburgo / cif Valparaíso.	Bitte geben Sie uns Ihre Preise FOB Hamburg / CIF Valparaíso bekannt.
Sírvanse comunicarnos su mejor precio.	Bitte geben Sie uns Ihren günstigsten Preis an.
Cantidades	**Mengen**
Nuestra demanda es de 1.500 piezas.	Unser Bedarf beläuft sich auf 1500 Stück.
Necesitamos mensualmente 50 docenas.	Wir benötigen monatlich 50 Dutzend.
Estaríamos dispuestos a adquirir 120 cajas.	Wir wären zu einer Abnahme von 120 Kisten bereit.
Calidad	**Qualität**
Sírvanse informarnos de la calidad de sus productos.	Bitte informieren Sie uns über die Qualität Ihrer Produkte.
Estamos solamente interesados en mercadería de primera calidad.	Wir sind nur an erstklassiger Ware interessiert.
Condiciones de entrega y de pago	**Liefer- und Zahlungsbedingungen**
Les agradeceríamos nos informasen acerca de sus condiciones de entrega y pago.	Wir wären Ihnen sehr dankbar, wenn Sie uns Ihre Liefer- und Zahlungsbedingungen mitteilen könnten / würden.
Les rogamos nos indiquen sus modalidades de pago.	Bitte teilen Sie uns Ihre Zahlungsbedingungen mit.

Por favor, infórmenos sobre los plazos y condiciones de entrega.

Bitte geben Sie uns Ihre Lieferfristen und -bedingungen bekannt.

Necesitamos la mercancía a más tardar hasta el ...

Wir benötigen die Ware bis spätestens ...

Referencias

Referenzen

Como referencias podemos indicarles ...

Als Referenzen können wir Ihnen nennen ...

Con mucho gusto les indicaremos referencias sobre nuestra casa al hacer el pedido.

Bei Auftragserteilung geben wir Ihnen gerne Auskunft über unsere Firma / sind wir gerne bereit, Ihnen Referenzen zu nennen.

Si desean referencias sobre nuestra casa, les rogamos se dirijan al Banco ... o a la empresa ...

Wenn Sie Auskunft über unsere Firma wünschen, wollen Sie sich bitte an die ... Bank oder an die Firma ... wenden.

Relaciones comerciales futuras

Künftige Geschäftsbeziehungen

En caso de que su oferta sea de interés, estaríamos dispuestos a formularles un pedido.

Wenn uns Ihr Angebot zusagt, sind wir bereit, Ihnen einen Auftrag zu erteilen.

Si la calidad de sus artículos corresponde a nuestras exigencias, pueden contar con pedidos regulares.

Wenn die Qualität Ihrer Artikel unseren Anforderungen entspricht, können Sie mit regelmäßigen Aufträgen rechnen.

Si sus precios son favorables, les pasaríamos inmediatamente un pedido.

Wenn Ihre Preise günstig sind, werden wir Ihnen sofort einen Auftrag erteilen.

Despedida (Véase también págs. 15 y 28)

Abschiedsformeln

Les saludamos muy atentamente ...
Reciban nuestros más cordiales saludos ...

Mit freundlichen Grüßen ...

En espera de sus noticias, les saluda atentamente ...

In Erwartung Ihrer Nachricht verbleiben wir mit freundlichen Grüßen ...

Correspondencia

Solicitud de oferta ▶

TIENDAS IDEALES, S. A.

TRENDEXPORT KG
Thomas-Mann-Straße 37
D-10409 BERLIN

San Bernardo, 24
28015 Madrid

Tlfs.: (91) 272 56 83
Télex: 567 IDEA
Telefax: 234523

S/ref.	N/ref.	S/carta	N/carta	Madrid,
	BO/lo			12 de marzo de 19..

Asunto: Solicitud de oferta

Estimados señores:

Nos dirigimos a Uds. por recomendación de la Cámara Oficial Española de Comercio en Alemania.

Somos una de las empresas líderes del ramo en nuestro país y contamos con una red de tiendas establecidas en todas las ciudades importantes.

Tenemos la intención de ampliar nuestras actividades comerciales, y, por tal razón, estamos interesados en incluir los artículos de su fabricación en nuestro surtido.

Les agradeceríamos que nos enviasen un catálogo ilustrado con descripción detallada de sus productos (color, peso, medidas, etc.) y que nos indicasen los precios, descuentos y demás condiciones de venta.

Esperamos que nos sometan una oferta de interés y les saludamos muy atentamente.

TIENDAS IDEALES, S. A.

Jaime Borja Ruiz

Jaime Borja Ruiz
Gerente

C. I. F. A-465231987

Solicitud de cotización de precios

Estimados señores:

La práctica del bricolaje está adquiriendo en España cada vez mayor popularidad. Como el número de aficionados a esta actividad va en aumento, quisiéramos ofrecer una gama más extensa de estas herramientas a nuestra clientela.
Estamos seguros de que sus estuches y cajas de bricolage se podrían vender muy bien durante la próxima temporada de Navidad.
Sírvanse, por lo tanto, cotizarnos precios para los siguientes artículos de su catálogo:

5.000 estuches de plástico PERFECT BOX
3.000 estuches de madera VARIO BOX

Además, como han encontrado gran aceptación, les agradeceríamos que nos informasen sobre los precios actuales de sus cajas de herramientas MULTI BOX, con los siguientes elementos: taladradora de percusión, sierra de calar adaptable, llave del portabrocas, juego de llaves y destornilladores.
Pendientes de sus noticias, les saludan atentamente,

Petición de oferta en firme

Señores:

Nuestra casa está especializada en la venta de muebles de oficina y, en particular, de mobiliario para equipos informáticos. Proveemos a empresas privadas y a organismos oficiales.
Sus sistemas y módulos de oficina expuestos en la pasada Feria Internacional del Equipo de Oficina y de la Informática (SIMO), celebrada en Madrid, constituirían un buen complemento de nuestra gama de productos.
Debido a que la demanda de modelos compactos ha crecido enormemente, desearíamos importar mesas de diseño ergonómico y funcional que ayuden a resolver los problemas de espacio del usuario, dando cabida al ordenador, teclado, monitor e impresora y ofreciendo, además, una superficie para trabajar o deslizar un ratón.
Les rogamos nos envíen una oferta en firme de:

* MESA LOGOTIP 1 . . . . 200 unidades
* MESA LOGOTIP 2 . . . . 500 unidades
* MESA ERGODATA . . . . 150 unidades

Si lo desean, podríamos indicarles referencias.

Atentos saludos.

Demanda de muestras ▶

356519 sano d
38281 medi e

no: 1235 09-05-19.. 11.16

de: medimport, granada
a: sanoflex, berlin
asunto: demanda de muestras

muy senores nuestros:

hagan el favor de enviar a la mayor brevedad muestras y condiciones de venta del siguiente material medico y de puericultura:

- jeringas de vidrio
- agujas hipodermicas
- termometros clinicos
- jeringuillas y agujas esterilizadas
- vendas elasticas
- biberones
- chupetes

muchas gracias. atentamente.

p. agudo
departamento compras

356519 sano d
38281 medi e

Gegr. 1904

Walter Engel OHG

Hamburg
München – Frankfurt
Stuttgart – Berlin

Valijas Interglob
Vía del Coral, 7

E-46821 Valencia
SPANIEN

Ihr Zeichen	Ihre Nachricht	Unser Zeichen	Hamburg
		KA/Li	21. März 19..

Anfrage: Reiseartikel

Sehr geehrte Damen und Herren,

mit großem Interesse haben wir die Beschreibung Ihrer Artikel in der Zeitschrift EXPRESS gelesen.

Unsere Firma wurde im Jahre 1904 gegründet und verfügt neben dem Stammhaus in Hamburg über Filialen in München, Frankfurt, Stuttgart und Berlin.

Wir sind in der Bundesrepublik Deutschland führend im Vertrieb exklusiver Reiseartikel, insbesondere von Koffern und Reisetaschen aus hochwertigen Materialien sowie von Accessoires, Brieftaschen, Geldbörsen usw.

Bitte übersenden Sie uns Ihr vollständiges Programm, einschließlich der Serie „Ultraleichtkoffer", zusammen mit allen notwendigen Angaben über Exportpreise, Lieferzeiten sowie Liefer- und Zahlungsbedingungen.

Falls Ihr Angebot zusagt, sind wir gerne bereit, eine größere Bestellung aufzugeben.

In Erwartung Ihrer Nachricht verbleiben wir

mit freundlichen Grüßen

A. Kampp

i.V. A. Kampp
Einkauf

Anschrift:	Tel. (040) 3187515/6/7	Postanschrift:	Bankverbindung:
Ballindamm 29	Telex: 217819 WaE	Walter Engel OHG	Kreditbank – Hamburg – Zentrale
20095 Hamburg	Telefax: (040) 3176521	Postfach 123456	Kto.-Nr. 32145670
		20286 Hamburg	BLZ 7000000

Anfrage an einen bewährten Lieferanten

Sehr geehrte Damen und Herren,

mit Ihrer letzten Lieferung vom Herbst des vergangenen Jahres waren wir sehr zufrieden.
Wir sind dabei, die Aufträge für die kommende Wintersaison zu vergeben, und bitten Sie deshalb um Ihr baldiges Angebot über Ponchos, Mützen, Schals und Handschuhe aus Lamawolle. Gewiß enthält Ihre Kollektion auch in diesem Jahr viele neue und geschmackvolle Farbkombinationen.
Bitte übersenden Sie uns außerdem Muster Ihrer Decken aus Lamawolle. Bei einem entsprechend günstigen Angebot können Sie auch hier mit einer größeren Bestellung rechnen.
Mit Interesse sehen wir Ihrer Antwort entgegen und verbleiben

mit freundlichen Grüßen

Bitte um Festangebot

Sehr geehrte Damen und Herren,

vergangene Woche besuchte uns Ihr Kundenbetreuer, Herr Rodolfo Manzanares, und stellte uns die neuesten Fabrikate Ihrer Firma vor.
Wie Ihnen bereits bekannt ist, sind wir eine der umsatzstärksten Großmarktketten in Österreich mit einer entsprechend gut sortierten Abteilung für Fahrräder und Zubehör.
Zum 25jährigen Bestehen unseres Unternehmens planen wir eine großangelegte Werbekampagne. Dazu gehört die Aktion „Nimm zwei, zahl eins", d. h. der Kunde erhält zu einem Sonderpreis jeweils ein Damen- und ein Herrenfahrrad.
Wir haben die Angelegenheit bereits mit Herrn Manzanares besprochen; er empfahl uns Ihre Modelle DUO A (für Herren, Größe 28 Zoll) und DUO B (für Damen, Größe 26 Zoll) mit folgender Standardausstattung: 3-Gang-Schaltung, zwei Bremsen, davon eine Felgenbremse, ein Scheinwerfer, eine Rückleuchte, gelbe Strahler an den Pedalen, eine Klingel, Luftpumpe und Werkzeugtäschchen.
Unterbreiten Sie uns bitte Ihr Festangebot für jeweils 30.000 Stück der beiden Modelle frachtfrei bis österreichische Grenze.

Mit freundlichen Grüßen

Anfrage per Telex

```
guten tag

14.04.19..          fs.nr. 1568                  11.30 h

hier: fa. peter paul, grossmarkthalle, muenchen

an: frutacoop

betreff: bananen

wir bitten um ihre offerte fuer lieferung von bananen.
menge: 3000 kartons. paritaet: franco abgang.
lieferdatum: 1 lkw a 10 t abgang 9.5., 1 lkw abgang
10.5., 1 lkw abgang 11.5.
qualitaet: 1. klasse, farbstufe 3-4, groesse:
18 cm plus.

bitte geben sie uns per fs ihre aeussersten preise
bekannt.

mit freundlichen gruessen

peter paul fruchtimport
i.a. w. betz
```

La oferta

Concepto

¿Quién escribe?

El *vendedor*, es decir, el proveedor que somete una oferta de sus mercancías al cliente.

¿Por qué se escribe?

En el caso de una *oferta solicitada:*
- para responder a la solicitud de oferta de un cliente habitual;
- para responder a la solicitud de oferta de un cliente nuevo.

En el caso de una *oferta no solicitada:*
- para establecer nuevas relaciones comerciales;
- para reanudar relaciones comerciales que han estado interrumpidas;
- para dar a conocer alguna oferta especialmente favorable;
- para presentar un nuevo producto.

¿A quién se le escribe?

Al *comprador*, es decir, a un cliente habitual y/o a un posible cliente nuevo.

¿Qué se escribe?

Una *oferta detallada* contiene los siguientes datos:
- clase y calidad de la mercancía;
- cantidad de entrega posible;
- precio (indicando descuentos y bonificaciones);
- gastos de embalaje, envío y seguro;
- plazo y condiciones de entrega;
- plazo y forma de pago;
- validez de la oferta;
- fuero (jurisdicción) y ley aplicable en caso de litigio;
- lugar de cumplimiento;
- reserva de dominio.

Estructura de una oferta solicitada

1. ESCRIBA que se agradece la solicitud de oferta recibida.
2. ESCRIBA que se envían los catálogos, prospectos, muestras, informaciones técnicas, etc. solicitadas.
3. ESCRIBA que se indican los datos deseados: precios, condiciones y plazo de entrega, forma de pago, etc.
4. ESCRIBA si las condiciones de la oferta son en firme o si se entienden sin compromiso (están sujetas a confirmación del vendedor).
5. ESCRIBA que en caso de recibir un pedido, éste se ejecutará con gran esmero y puntualidad.
6. ESCRIBA una fórmula de despedida adecuada.

Frases modelo

Introducción y acuse de recibo	**Einleitung und Empfangsbestätigung**
Les damos las gracias por su solicitud de oferta del 15 de enero de 19.. (Les) agradecemos su petición de oferta de fecha 15 de enero de 19..	Wir danken für Ihre Anfrage vom 15. Januar 19..
Hemos recibido su demanda de muestras de nuestros artículos.	Ihre Bitte um Warenmuster/-proben haben wir erhalten.
Acusamos recibo de su atento escrito del ... por el que nos solicitan una cotización de precios.	Ihr Schreiben vom ... mit der Bitte um Preisangabe haben wir erhalten.
En respuesta a su carta arriba mencionada en que nos solicitan nuestras condiciones de venta, les comunicamos que ...	In Beantwortung Ihres oben erwähnten Schreibens, in dem Sie uns um unsere Verkaufsbedingungen bitten, teilen wir Ihnen mit, daß ...
Nos referimos a su petición de oferta del ...	Wir beziehen uns auf Ihre Anfrage vom ...
Nos complace someterles la siguiente oferta:	Gerne unterbreiten wir Ihnen folgendes Angebot:
Estamos interesados en mantener relaciones comerciales con su estimada casa y les enviamos la oferta pedida.	Wir sind an Geschäftsbeziehungen mit Ihrer Firma interessiert und übersenden Ihnen das gewünschte / verlangte Angebot.

Informaciones y muestras	**Informationen und Warenmuster/-proben**
Con referencia a su demanda les enviamos un catálogo ilustrado de nuestro surtido.	Wunschgemäß übersenden wir Ihnen einen bebilderten Katalog über unser Sortiment.

Adjuntamos a la presente prospectos de nuestra gama de productos.

Prospekte über unsere Produktpalette fügen wir (diesem Schreiben) bei.

Incluimos material informativo con los datos técnicos de cada máquina.

Als Anlage übersenden wir Ihnen Informationsmaterial mit den technischen Daten der einzelnen Maschinen.

Por correo aparte les remitimos muestras de nuestros artículos.

Mit getrennter Post übersenden wir Ihnen Muster / Proben unserer Artikel.

Como anexo nos complace enviarles nuestro nuevo catálogo con indicaciones de precios, plazos y condiciones de entrega, ...

In der Anlage übersenden wir Ihnen unseren neuen Katalog mit Preisangaben, Lieferfristen und -bedingungen, ...

Conforme a su télex de esta mañana, les hacemos llegar nuestras Condiciones Generales de Exportación.

Gemäß Ihrem Fernschreiben von heute vormittag übersenden wir Ihnen unsere Allgemeinen Exportbedingungen.

Para su información adjuntamos los folletos solicitados en su carta arriba indicada.

Zu Ihrer Information legen wir Ihnen die mit obigem Schreiben angeforderten Prospekte bei.

Clase y calidad

Art, Beschaffenheit und Güte

Suministramos solamente artículos de primera calidad.

Wir liefern nur erstklassige Waren.

La alta calidad de nuestros artículos es conocida internacionalmente.

Die ausgezeichnete Qualität unserer Artikel ist international bekannt.

El examen de las muestras que les remitimos les convencerá de la calidad de nuestros productos.

Eine Prüfung der übersandten Muster wird Sie von der Qualität unserer Produkte überzeugen.

La calidad solicitada está agotada ... / no la tenemos en almacén ... / ya no se fabrica.

Die gewünschte Warenqualität ist nicht mehr vorrätig ... / nicht auf Lager ... / wird nicht mehr hergestellt.

Nuestros productos son sometidos a rigurosos controles de calidad.

Unsere Produkte werden strengen Qualitätskontrollen unterzogen.

Les concedemos una garantía de seis meses.

Wir gewähren Ihnen eine Garantie von sechs Monaten.

Quedan excluidos de la garantía los defectos y perjuicios ocasionados por cuidado negligente o manejo erróneo.

Von der Garantie ausgenommen sind durch Nachlässigkeit oder Bedienungsfehler entstandene Mängel oder Schäden.

Cantidad de entrega

Liefermenge

Estamos en condiciones de suministrar la cantidad deseada.

Wir sind in der Lage, die gewünschte Menge zu liefern.

No podemos proveer la cantidad total de una sola vez.

Wir können nicht die gesamte Menge auf einmal liefern.

La cantidad mínima de pedido es de …

Die Mindestbestellmenge beträgt …

Precios

Preise

Correspondemos a su carta del … y les informamos a continuación sobre los precios de exportación vigentes.

In Beantwortung Ihres Schreibens vom … geben wir Ihnen nachstehend unsere derzeit gültigen Exportpreise bekannt.

Nuestros precios son bajos / competitivos / favorables / ventajosos / estables.

Unsere Preise sind niedrig / konkurrenzfähig / günstig / vorteilhaft / stabil.

Los precios dependerán del volumen del pedido.

Die Preise sind vom Umfang des Auftrags / Auftragsvolumen abhängig.

Los precios pueden sufrir variaciones. / Los precios están sujetos a modificación.

Die Preise sind Änderungen unterworfen.

Nos reservamos el derecho a modificar los precios.

(Das Recht auf) Preisänderungen (bleibt) vorbehalten.

Nuestros precios se entienden ex fábrica / FOB Barcelona / CIF Hamburgo / franco a domicilio.

Unsere Preise verstehen sich ab Werk / FOB Barcelona / CIF Hamburg / frei Haus.

El precio se entiende incluido el embalaje.

Der Preis versteht sich einschließlich Verpackung.

El precio no incluye el embalaje.

Die Verpackung ist im Preis nicht enthalten.

El embalaje es gratuito.

Die Verpackung ist gratis / kostenlos.

El embalaje corre a nuestro / su cargo.

Die Verpackung geht zu unseren / Ihren Lasten.

El precio señalado comprende los gastos de envío y los seguros correspondientes.

Im angegebenen Preis sind Versand- und Versicherungskosten enthalten.

Estaríamos dispuestos a concederles un descuento del 5 %.

Wir wären bereit, Ihnen einen Preisnachlaß von 5 % zu gewähren.

Les concedemos un descuento de lanzamiento del … % / una bonificación de cantidad del … % / un descuento por pronto pago del … % / un descuento especial del … %.

Wir gewähren Ihnen einen Einführungsrabatt von … % / einen Mengenrabatt von … % / … % Skonto / einen Sonderrabatt von … %.

Los precios cotizados no incluyen descuentos.

Die angegebenen Preise enthalten keinen Nachlaß.

Los precios no contienen el IVA (Impuesto sobre el Valor Añadido).

Die Preise enthalten keine MwSt (Mehrwertsteuer).

Condiciones de entrega*	**Lieferbedingungen**
EXW (Ex works) Ex fábrica	ab Werk
FOR/FOT (Free on rail / Free on truck) Franco sobre vagón	frei Waggon
FAS (Free alongside ship) Franco al costado del buque	frei Längsseite Seeschiff
FOB (Free on board) Franco a bordo	frei an Bord
CFR/C&F (Cost and freight) Coste y flete	Verladekosten und Seefracht
CIF (Cost, insurance and freight) Coste, seguro y flete	Verladekosten, Versicherung und Seefracht
EXS (Ex ship) Sobre buque	ab Schiff
EXQ (Ex Quay) Sobre muelle	ab Kai
DAF (Delivered at frontier) Entregado en frontera	geliefert Grenze
DDP (Delivered duty paid) Entregado derechos pagados	geliefert verzollt
FOA (FOB airport) FOB aeropuerto	FOB Flughafen
FRC (Free carrier) Franco transportista	frei Frachtführer
DCP (Freight or carriage paid to) Flete o porte pagados hasta ...	frachtfrei bis ...
CIP (Freight or carriage and insurance paid to) Flete o porte y seguro pagados hasta ...	frachtfrei versichert bis ...

Plazo de entrega	**Lieferfrist**
Podemos enviar / expedir / despachar la mercancía inmediatamente después de recibir su pedido.	Sofort nach Erhalt Ihrer Bestellung können wir die Ware zum Versand bringen.
Suministraremos a la mayor brevedad / tan pronto como nos sea posible.	Wir werden so bald wie möglich liefern.
La entrega no podrá efectuarse antes del ...	Die Lieferung kann nicht vor dem ... erfolgen.
De acuerdo con sus deseos podríamos suministrar dentro de seis semanas.	Falls gewünscht, könnten wir innerhalb von sechs Wochen liefern.
Proveeremos la mercancía hasta el ... a más tardar.	Wir werden die Ware bis spätestens ... liefern.

* Véase también: "Las condiciones de entrega", págs. 197ss.

No podemos indicarles una fecha exacta / un plazo exacto de la entrega.

Wir können Ihnen keinen genauen Liefertermin / keine genaue Lieferfrist angeben.

Plazo y forma de pago

Zahlungsfrist und -form

Pago previo o anticipado; el pago se efectúa (por anticipado) antes de la entrega de la mercancía.

Vorauszahlung, Zahlung im voraus; die Zahlung erfolgt (im voraus) vor Lieferung der Ware.

Pago al contado; el pago se efectúa (al contado) contra entrega de la mercancía o recibo de la factura.

Barzahlung, Zahlung in bar; die Zahlung erfolgt (in bar) bei Lieferung der Ware oder nach Erhalt der Rechnung.

Pago aplazado o diferido; el pago se efectúa (aplazado) después de la entrega de la mercancía.

Zielzahlung; die Zahlung erfolgt (unter Einräumung eines Zahlungsziels) nach Lieferung der Ware.

El pago del importe de la factura se efectúa por (mediante) cheque / letra de cambio / transferencia bancaria / giro postal / crédito documentario ...

Die Zahlung des Rechnungsbetrages erfolgt per (durch) Scheck / Wechsel / Banküberweisung / Postgiro / Dokumentenakkreditiv ...

Sírvanse liquidar el importe de la factura mediante cheque.

Bitte begleichen Sie den Rechnungsbetrag per Scheck.

El envío de la mercancía se realizará contra reembolso.

Der Versand der Ware erfolgt per Nachnahme.

La mercancía suministrada es pagadera en el plazo de 30 días.

Die gelieferte Ware ist innerhalb von 30 Tagen zahlbar.

Pago a 60 días a contar de la fecha de la factura. / Pago a 60 días fecha factura.

Zahlbar innerhalb von 60 Tagen ab Rechnungsdatum.

Pagadero a 30 días neto.

Zahlbar innerhalb von 30 Tagen netto.

No aceptamos pagos fraccionados / parciales.

Wir akzeptieren keine Teilzahlungen.

Al pasar el pedido les rogamos que efectúen un pago a cuenta.

Wir bitten Sie, bei Auftragserteilung eine Anzahlung / Akontozahlung zu leisten.

El pago se verifica según la cláusula al contado contra documentos.

Die Zahlung erfolgt nach der Klausel Kasse gegen Dokumente (D/P).

Modalidad de pago: documentos contra aceptación.

Zahlungsmodalität: Dokumente gegen Akzept (D/A).

Pago mediante apertura de un crédito documentario irrevocable y confirmado.

Zahlung durch Eröffnung eines unwiderruflichen und bestätigten Dokumentenakkreditivs.

Validez de la oferta

Nuestra oferta es válida hasta el ... / tiene validez hasta el ...

Deberíamos recibir su pedido a más tardar hasta el ...

La presente oferta se entiende en firme.

Nuestra oferta de precios es sin compromiso.

Para los fines de esta oferta rige la cláusula "sin compromiso" / "salvo venta previa" / "salvo imposibilidad de suministrar por fuerza mayor" / "previa confirmación de aceptación por nuestra parte" / "precios sujetos a variación".

Nuestras condiciones de venta no rigen para las ventas a título de ensayo o prueba.

Gültigkeit des Angebots

Unser Angebot gilt / hat Gültigkeit bis ...

Ihre Bestellung müßte bis spätestens ... bei uns eingehen.

Das vorliegende Angebot gilt als verbindlich (= Festangebot).

Unser Preisangebot ist unverbindlich.

Für dieses Angebot gilt die Klausel „unverbindlich" / „Zwischenverkauf vorbehalten" / „ausgenommen: wegen höherer Gewalt Lieferung unmöglich" / „Auftragsbestätigung vorbehalten" / „vorbehaltlich Preisänderung".

Unsere Verkaufsbedingungen gelten nicht bei Kauf auf Probe.

Cierre y despedida

En espera de sus gratas órdenes, les saludamos muy atentamente ...

Esperamos vernos complacidos con su pedido y les saludamos muy atentamente ...

Confiando en que próximamente nos veamos favorecidos con sus gratas órdenes, aprovechamos la oportunidad para saludarles muy atentamente ...

En la confianza de que encontrarán de interés esta oferta y en espera de recibir pronto noticias suyas, les saluda ...

Estamos a su disposición para cualquier aclaración que consideren necesaria y nos despedimos de Uds. cordialmente ...

Briefschluß und Abschiedsformeln

In Erwartung Ihres Auftrags verbleiben wir mit freundlichen Grüßen ...

Wir würden uns freuen, eine Bestellung von Ihnen zu erhalten, und verbleiben mit freundlichen Grüßen ...

Wir hoffen, bald einen Auftrag von Ihnen zu erhalten, und verbleiben inzwischen mit freundlichen Grüßen ...

Wir hoffen, daß dieses Angebot für Sie von Interesse ist, und verbleiben in Erwartung Ihrer baldigen Nachricht mit freundlichen Grüßen ...

Wir stehen Ihnen (gerne) für jede Art von weiteren Informationen zur Verfügung und verbleiben (inzwischen) mit freundlichen Grüßen ...

Casa Mediterránea, S.A.

Mobiliario · Decoración · Interiorismo

RUSTICANA GmbH
Alpenblickstrasse 17–19
D-83026 ROSENHEIM

BARCELONA
Calle Nápoles, 58 – 60
08013 – Barcelona
Telf. 278797-98
Télex: 98731 CaMe

Departamento	N/ref	S/ref	S/escrito	Barcelona,
EXPORTACIONES	ALS/fl	BE/k	10-7-19	15 Julio de 19..

Asunto: Oferta de muebles de pino

Muy señores nuestros:

Les agradecemos su escrito del 10 del corriente en el que nos piden informaciones detalladas sobre nuestros muebles de pino de estilo rústico.

Con mucho gusto correspondemos a sus deseos y les adjuntamos a la presente nuestro catálogo de los modelos que fabricamos así como una especificación de nuestros precios, formas de pago, plazos y condiciones de entrega.

Cada producto que sale de nuestra fábrica ha sido elaborado de acuerdo con las más altas normas de artesanía y responde plenamente al gusto exigente de nuestra clientela.

En caso de que deseen conocer mejor nuestros diseños, les invitamos a visitarnos en el stand de nuestra empresa en la próxima Feria Internacional del Mueble de Colonia, que tendrá lugar durante la segunda semana de enero próximo.

Estamos a su disposición para cualquier consulta que tengan y nos despedimos de Uds. muy atentamente,

Alfredo Lopez Suarez

ALFREDO LOPEZ SUAREZ
Gerente

Anexo: Catálogo de exportación

C.I.F. B-18001419

Correspondencia

◀ Oferta

Envío de muestras solicitadas

Estimados señores:

Nos es grato acusar recibo de su atenta arriba mencionada en la que nos solicitan muestras.
Por correo aparte les enviamos una selección de nuestros artículos de perfumería y cosmética a base de productos puramente naturales para que puedan comprobar su calidad y buena presentación.
Les remitimos además pequeños frascos de nuestra nueva línea de baños herbales "Edén" que saldrán próximamente al mercado y que ofreceremos en los siguientes aromas: lavanda, pino, tomillo, melisa y romero.
En la confianza de que en un futuro próximo nos veamos favorecidos con sus gratas órdenes, aprovechamos la oportunidad para saludarles muy atentamente,

Oferta especial a un cliente antiguo

Señores:

Como estimamos que podría ser de su interés, nos complace informarles de que por correo aéreo certificado les hemos remitido muestras de diversas calidades de lanas para labores a mano y máquina en los colores de moda.
Se trata de una partida que cotizamos a condiciones excepcionalmente favorables a clientes antiguos como Uds.
Les sometemos la siguiente oferta, que está sujeta a pronta aceptación de su parte:

Cantidad mínima de pedido	:	000 kgs.
Forma de presentación	:	bolsas de polietileno (20 ovillos de 50 grs.)
Precio por kg.	:	0.000 pesetas
Embalaje	:	incluido en el precio
Condición de entrega	:	ex fábrica
Plazo de entrega	:	inmediatamente
Pago	:	forma habitual

Esperando que estas condiciones excepcionales harán que se decidan a favorecernos nuevamente con sus órdenes, les saludamos muy atentamente,

Cotización de precios y condiciones de venta

Muy estimados señores:

Nos referimos a su atto. escrito de fecha arriba indicada, en el que nos informan sobre las actividades de su empresa, y que hemos leído con gran interés.
Conforme a su petición de oferta les adjuntamos una relación de nuestros artículos de windsurfing con sus precios respectivos.
Los precios se entienden FOB Barcelona, incluido embalaje para el transporte marítimo.
Despachamos la mercancía seis a ocho semanas después de la entrada de los pedidos.
El pago se efectúa mediante apertura de un crédito documentario confirmado e irrevocable.
Al cursar el pedido, sírvanse indicar el número de referencia de cada artículo para evitar confusiones.
Les rogamos tengan en cuenta que, en caso de pedidos periódicos y de cierta importancia, podríamos concederles precios y condiciones más ventajosas.
Quedamos en la espera de sus noticias,

atentamente,

Verlangtes Angebot ►

Unverlangtes Angebot an einen Stammkunden

Sehr geehrte Damen und Herren,

Sie gehören seit vielen Jahren zum Kreis unserer Großabnehmer von Camping- und Caravan-Zubehörartikeln.
Deshalb machen wir Sie bereits heute mit drei Neuheiten bekannt, die von uns in Kürze auf den Markt gebracht werden:

- die tragbare Chemietoilette mit Wasserspülung
  Modell NEOPOT 301
- die elektrische Kühlbox
  Modell FRIGOCAMP 202
- der Einbaukocher für Propan- und Butangas
  Modell FUEGOFIX 115

Diese Artikel stellen eine Weiterentwicklung und wesentliche Qualitätsverbesserung unserer bewährten Produkte dar.
Bei einer Bestellung innerhalb der nächsten drei Monate gewähren wir Ihnen einen Einführungsrabatt von 7 %.
Die Angaben über Preise und Verkaufsbedingungen auf den beigefügten Informationsblättern können Sie als verbindlich betrachten.

Mit freundlichen Grüßen

Gebr. NELKENBERG GmbH

OBARTE Cía. Ltda.
z. H. Herrn Jorge Olivares
Avda. Pedro de Valdivia 042

SANTIAGO
CHILE – Südamerika

D-82362 Weilheim/Obb.
Blumenstraße 34 – 36
Telefon: (08 81) 43 21-22-23
Telefax: (08 81) 3 28 97
Telex: 59 654 Nebe

Ihre Nachricht	Ihre Zeichen	Unsere Zeichen	Tag
00.00.0000	LO/cg	MA/go	00.00.000

Angebot von Porzellanerzeugnissen

Sehr geehrter Herr Olivares,

vielen Dank für Ihre freundliche Anfrage und Ihr Interesse an unseren Porzellanerzeugnissen.

Zu Ihrer Information übersenden wir Ihnen mit getrennter Post einen bebilderten Farbkatalog über unser Gesamtangebot von Tee-, Kaffee- und Tafelservicen.

Die Vielfalt der Formen und Dekore wird Sie überraschen – international bekannte Designer haben sie geschaffen! Unsere Palette reicht von klassisch über romantisch bis poppig und futuristisch.
Mit Sicherheit bietet dieses abwechslungsreiche Angebot auch für Sie und Ihre Kunden das Richtige.

Die Katalogpreise verstehen sich ab Werk und gelten bis 31. März. Unsere allgemeinen Exportbedingungen entnehmen Sie bitte ebenfalls dem Katalog.

Da wir unsere Erzeugnisse weltweit liefern und über langjährige Erfahrung verfügen, können wir Ihnen einen einwandfreien und pünktlichen Versand garantieren.

Über Ihre Bestellung würden wir uns freuen.

Mit freundlichen Grüßen

Gebr. NELKENBERG GmbH

ppa. MAYER

Bankverbindung: Landbank Weilheim, BLZ: 700 000 00, Kto.-Nr. 3257981-98

Verlangtes Angebot nach Übersee

Sehr geehrte Damen und Herren,

entsprechend Ihrer Anfrage vom 15. April, für die wir Ihnen vielmals danken, erlauben wir uns, folgendes Angebot zu unterbreiten:
Kunststoff-Reißverschlüsse gemäß beigefügter Farbenkarte

15 cm	Stückpreis ... DM 0,00
18 cm	Stückpreis ... DM 0,00
22 cm	Stückpreis ... DM 0,00

Bei einer Abnahme von mindestens 500 Stück pro Farbe und Länge reduziert sich der angegebene Preis um 0,00 % pro Stück.
Die Lieferzeit beträgt ca. vier Wochen. Der Versand erfolgt per Luftfracht. Unsere Preise verstehen sich FOB deutscher Flughafen.
Das Angebot hat drei Monate Gültigkeit.
Die Zahlung von Aufträgen aus Übersee erfolgt durch Eröffnung eines Dokumentenakkreditivs.
Weitere Einzelheiten finden Sie in unseren „Verkaufs-, Lieferungs- und Zahlungsbedingungen". Ein Exemplar in spanischer Sprache liegt bei.
Wir hoffen, Sie bald zu unseren Kunden zählen zu dürfen, und verbleiben in Erwartung Ihrer Order mit freundlichen Grüßen

Anlagen

Angebot nicht möglich ►

Telefax-Nachricht

An
LANEX, S.R.L.
Polígono de Lezama
E-33011 Oviedo

Von
COPYFLOTT GmbH
Berger Straße 14 – 18
D-60316 Frankfurt am Main

z. Hd. von Herrn Direktor Escobar

Ihre Nachricht / Zeichen	*Ihr Gesprächspartner*	*Datum*
Fax vom 00.00.19..	H. Schnell	00.00.19..

Betrifft
Angebot: Kopiergeräte

Sehr geehrter Herr Direktor Escobar,
herzlichen Dank für Ihr Interesse an unseren Kopiergeräten.
Gerne würden wir Ihnen ein Angebot unterbreiten.
Wir sind jedoch nicht ganz sicher, ob wir die Angaben in Ihrem Fax vom 00.00.19.. richtig verstanden haben. Deshalb übermitteln wir Ihnen nachstehend die Abbildungen und Bezeichungen der Geräte, an denen Sie nach unserer Annahme interessiert sind, und bitten Sie um Bestätigung.
Inzwischen verbleiben wir
mit freundlichen Grüßen
COPYFLOTT GmbH

i. A. Schnell

i. A. Schnell

1 Blatt Abbildungen

Dieses Telefax besteht aus 2 *Seite(n).*

Falls Sie nicht alle Seiten erhalten haben oder andere Probleme bei der Übertragung aufgetreten sind, bitten wir um Ihren Rückruf.

El pedido

Concepto

¿Quién escribe?

El *comprador*, es decir, el comerciante o empresa que desea efectuar una compra de mercancías.

¿Por qué se escribe?

- Para responder a una oferta solicitada de catálogos, muestras, cotizaciones de precios, etc.
- Para contestar a una oferta directa o no solicitada de un vendedor.
- Por iniciativa propia del comprador, si no media una oferta previa del vendedor.

¿A quién se le escribe?

Al *vendedor*, es decir, a un proveedor habitual y/o a un nuevo proveedor.

¿Qué se escribe?

Se indican datos tales como:

- cantidad, clase y calidad de la mercancía que se pide;
- precio (mencionando descuentos y bonificaciones);
- condiciones de pago;
- condiciones de entrega;
- fecha o plazo de entrega;
- embalaje;
- medio de transporte;
- seguros.

Estructura de un pedido

1. ESCRIBA acusando el recibo de la oferta y de los catálogos, muestras, pruebas, etc. recibidos o bien refiérase a un anuncio publicitario, a la visita de un representante, a una conversación mantenida durante una feria, etc.
2. ESCRIBA que se desea hacer un pedido.
3. ESCRIBA exacta y sistemáticamente la cantidad, calidad, precio, forma de pago, etc. de las mercancías que se ordenan.
4. ESCRIBA los datos relativos a la fecha de suministro, forma de expedición, embalaje, seguros, etc.
5. ESCRIBA que se estaría dispuesto a cursar pedidos futuros si el presente se ejecuta a entera satisfacción.
6. ESCRIBA una fórmula de despedida.

Frases modelo

Fórmulas de apertura y acuse de recibo

Acusamos recibo de su oferta del ...

Hemos recibido las muestras solicitadas.

A su debido tiempo recibimos su catálogo.

Einleitung und Empfangsbestätigung

Wir bestätigen den Erhalt / Eingang Ihres Angebots vom ...

Die gewünschten / angeforderten Warenmuster haben wir erhalten.

Ihren Katalog haben wir rechtzeitig erhalten.

Pedido

Nos referimos a su oferta del ... y les rogamos nos envíen ...

Conforme a su oferta en firme del ..., les formulamos el siguiente pedido:

Sírvanse despacharnos los siguientes géneros:

Les confirmamos nuestra conversación telefónica del ... y repetimos a continuación los datos de nuestra orden ...

Adjuntamos / incluimos / acompañamos nuestra nota de pedido N° 563.

Nos vemos obligados a modificar / anular nuestra orden.

Bestellung

Wir beziehen uns auf Ihr Angebot vom ... und bitten Sie, uns ... zu übersenden.

Entsprechend Ihrem Festangebot vom ... erteilen wir Ihnen folgenden Auftrag:

Bitte übersenden Sie uns folgende Waren:

Wir bestätigen unser Telefongespräch vom ... und wiederholen nachstehend die Daten unserer Order ...

In der Anlage übersenden wir Ihnen unseren Bestellschein Nr. 563.

Wir müssen unseren Auftrag abändern/stornieren.

Confirmación

Les rogamos confirmen nuestro pedido.

Sírvanse confirmar a vuelta de correo / por télex / por telefax nuestra orden e indicarnos la fecha de suministro.

Condiciones

Estamos conformes con sus condiciones de exportación.

Lamentablemente no podemos aceptar sus condiciones de venta.

Nuestra orden se efectúa conforme a las condiciones de adquisición de nuestra empresa.

El contrato está sometido a la condición "venta sobre muestras" / "venta a ensayo o prueba" / "venta salvo aprobación".

En su oferta falta la cláusula relativa a la garantía. Sírvanse aclarar este punto.

Calidad

Los artículos pedidos deben corresponder rigurosamente a las muestras enviadas.

Nos permitimos indicar que solamente estamos interesados en mercancía de primera calidad.

Para evitar reclamaciones posteriores, sírvanse atenerse a la calidad indicada.

Entrega

Sírvanse comunicarnos la fecha de entrega.

La mercancía deberá suministrarse a más tardar hasta el ...

Les rogamos observen estrictamente el plazo de suministro señalado.

Bestätigung

Wir bitten Sie um Bestätigung unseres Auftrags. / Bitte bestätigen Sie unseren Auftrag.

Bitte bestätigen Sie postwendend / per Telex / per Telefax / unsere Bestellung und teilen Sie uns den Liefertermin mit.

Bedingungen

Wir sind mit Ihren Exportbedingungen einverstanden.

Leider können wir Ihre Verkaufsbedingungen nicht akzeptieren.

Unser Auftrag erfolgt gemäß den Einkaufsbedingungen unseres Unternehmens.

Der Vertrag unterliegt der Klausel "Kauf nach Muster" / "Kauf auf Probe" / "Kauf nach Einwilligung".

In Ihrem Angebot fehlt die Garantieklausel. Wir bitten um Klärung dieses Punktes.

Qualität

Die bestellten Artikel müssen genauestens mit den übersandten Mustern übereinstimmen.

Wir dürfen darauf hinweisen, daß wir nur an erstklassiger Ware interessiert sind.

Zur Vermeidung von Reklamationen bitten wir Sie, sich an die angegebenen Qualitätsnormen zu halten.

Lieferung

Bitte teilen Sie uns den Liefertermin mit.

Die Ware muß bis spätestens ... geliefert werden.

Wir bitten Sie um strikte Einhaltung der angegebenen Lieferfrist.

Contamos con un pronto suministro.

Wir rechnen mit einer baldigen Lieferung.

En caso de que no puedan despachar hasta el ..., nos veríamos obligados a anular el pedido.

Falls Sie nicht bis zum ... liefern können, müßten wir den Auftrag stornieren / rückgängig machen.

Precios

Preise

El presente pedido se hace conforme a su lista de precios de exportación del ...

Die Erteilung des vorliegenden Auftrags erfolgt gemäß Ihrer Exportpreisliste vom ...

Los precios indicados en su oferta incluyen el embalaje y el transporte.

Die Preisangaben Ihres Angebots verstehen sich einschließlich Verpackung und Transport.

Sentimos tener que comunicarles que sus precios no son competitivos en esta plaza.

Leider müssen wir Ihnen mitteilen, daß Ihre Preise hier nicht konkurrenzfähig / wettbewerbsfähig sind.

Pago

Zahlung

El pago se efectuará ... días después de recibir el envío.

Die Zahlung erfolgt ... Tage nach Erhalt der Lieferung.

Para liquidar la factura les rogamos extiendan / libren / giren una letra a nuestro cargo.

Zur Begleichung der Rechnung bitten wir Sie, einen Wechsel (Tratte) auf uns zu ziehen.

Saldaremos su factura mediante transferencia bancaria.

Wir werden Ihre Rechnung per Banküberweisung begleichen.

Les extenderemos un cheque cruzado por el importe de la factura.

Wir stellen Ihnen einen gekreuzten Scheck über den Rechnungsbetrag aus.

Conforme a lo convenido, el pago se efectuará de la siguiente forma: $1/3$ al confirmar el pedido, $1/3$ al comenzar la producción y $1/3$ al suministrar la mercancía.

Wie vereinbart, erfolgt die Zahlung auf folgende Weise: $1/3$ bei Auftragsbestätigung, $1/3$ bei Produktionsbeginn und $1/3$ bei Lieferung.

Hemos ordenado a nuestro banco la apertura de un crédito documentario irrevocable y confirmado.

Wir haben unsere Bank mit der Eröffnung eines unwiderruflichen und bestätigten Dokumentenakkreditivs beauftragt.

Embalaje

Verpackung

Presten la mayor atención al embalaje.

Die Ware ist mit größter Sorgfalt zu verpacken.

Sírvanse observar nuestras instrucciones de embalaje para evitar daños durante el transporte.

Zur Vermeidung von Transportschäden bitten wir Sie, unsere Verpackungsanweisungen zu beachten.

Les rogamos acondicionen las mercaderías en contenedores.

Bitte versenden Sie die Ware in Containern.

Les enviaremos instrucciones exactas en cuanto al embalaje y las marcas de los bultos.

Wir werden Ihnen genaue Instruktionen bezüglich der Verpackung und Markierung der Kolli zukommen lassen.

Les devolveremos el material de embalaje una vez recibida la entrega.

Das Verpackungsmaterial werden wir Ihnen nach Erhalt der Lieferung retournieren.

Expedición

Versand

Preferimos un transporte por vía terrestre / marítima / aérea.

Wir bevorzugen einen Versand auf dem Land- / See- / Luftweg.

El envío ha de efectuarse por f.c. en p.v. (por ferrocarril en pequeña velocidad) / por f.c. en g.v. (por ferrocarril en gran velocidad).

Der Versand soll per Bahn als Frachtgut / Eilgut erfolgen.

La mercancía se expide a porte pagado / a porte debido.

Der Warenversand erfolgt frachtfrei / frachtunfrei.

Nuestro agente de transportes retirará los bultos de su almacén.

Unser Spediteur wird die Kolli von Ihrem Lager abholen.

Seguro

Versicherung

Les rogamos concluir un seguro de "puerta a puerta".

Wir bitten um Abschluß einer Versicherung "von Haus zu Haus".

Sírvanse formalizar una póliza de seguro de transporte marítimo conforme a la cláusula A / B / C.

Bitte schließen Sie eine Seefrachtversicherung nach der Klausel A / B / C ab.

Cierre y despedida

Briefschluß und Abschiedsformeln

Si el pedido se ejecuta sin contratiempos y a nuestra satisfacción, les podemos asegurar nuevos pedidos.

Wenn der Auftrag reibungslos und zu unserer Zufriedenheit ausgeführt wird, können wir Ihnen weitere Bestellungen zusichern.

Les rogamos atiendan esta orden con el mayor esmero, y entretanto les saludamos muy atentamente ...

Wir bitten Sie, diesen Auftrag mit größter Sorgfalt zu erledigen, und verbleiben inzwischen mit freundlichen Grüßen ...

Confiamos en que servirán nuestra orden con la puntualidad acostumbrada, y nos despedimos de Uds. atentamente ...

Wir hoffen, daß Sie diesen Auftrag mit der gewohnten Pünktlichkeit ausführen werden, und verbleiben mit freundlichen Grüßen ...

En espera de su anuncio de envío les saludamos muy cordialmente ...

In Erwartung Ihrer Versandanzeige verbleiben wir mit freundlichem Gruß ...

C/Muelle, 23 *Casa fundada en 1903* Teléfs. 70 01 08/81

HIJOS DE LUIS RUIZ PUJADA. S. A.

Importadores de Comestibles Finos

JUMILLA (MURCIA)

Fecha: 21-03-..
S/ref: BA/re
N/ref: FE/do
S/carta: 12-03-..

BAUER & MEISTER KG
Feinkostgroßhandel
Behringstrasse 42 – 46
D-82152 PLANEGG

Asunto: pedido de paté

Señores:

Hemos recibido su oferta así como las muestras de paté que les habíamos solicitado.

La degustación que hemos efectuado de sus productos nos ha satisfecho plenamente y creemos que éstos son comparables con otras marcas que se encuentran en el mercado. El sabor, el color y la textura corresponden a nuestras exigencias.

Deseamos pasarles un pedido a título de prueba que detallamos a continuación:

200 cajas de paté de oca al oporto
Precio: 000 DM la caja de 24 unidades a 115 grs.
300 cajas de paté de pechuga de pollo
Precio: 000 DM la caja de 24 unidades a 115 grs.

Sírvanse cumplimentar inmediatamente el pedido a través de una agencia de transportes.

El pago se verificará mediante transferencia bancaria al recibo de la factura.

Si la venta de sus productos encuentra el éxito esperado, gustosamente les haremos llegar nuevas órdenes.

Atentamente,

HIJOS DE LUIS RUIZ PUJADA, S. A.

p.p. Pablo Fernández Blas

Ctas. Ctes. Bancos: Hispano-Americano y Exterior de España en Villena

N.I.F. A-2-0908123

Pedido con instrucciones de embarque marítimo a Paraguay

De nuestra consideración:

En confirmación de nuestro télex de hoy, les estamos remitiendo nuestro pedido Nº 062–91 referente a 180 máquinas de escribir INTERTRONIC-II.
El envío ha de efectuarse por vía marítima en buques que realizan viajes directos hasta Asunción, Paraguay. El primer buque disponible es el "Guaraní" y sugerimos a su embarcador que se ponga en contacto con la firma Transmaritim, de Hamburgo, para ultimar los preparativos del embarque.
Les rogamos remitir los documentos originales completos a nuestra firma, sin intervención bancaria.
El pago se realiza conforme al procedimiento utilizado habitualmente.

En espera del acuse de recibo correspondiente, aprovechamos la oportunidad para saludarles muy atentamente,

Pedido con instrucciones de embarque aéreo a Paraguay

De nuestra consideración:

Cumplimos en dirigirnos a Uds. a fin de acompañar el pedido indicado en la referencia, correspondiente a repuestos para máquinas de calcular y escribir electrónicas, con el ruego de que sea ordenado un envío aéreo en la primera oportunidad.
Sírvanse procurar un embarque aéreo conjunto de todos los repuestos pedidos. Si se fraccionan en varios despachos por el régimen de encomienda postal, se encarece bastante el costo final de los mismos.
El pago se efectuará mediante cheque directo, tras la recepción de los documentos originales.

Sin otro particular, nos despedimos de Uds. muy atentamente,

Pedido con instrucciones de despacho inmediato a Nicaragua

Muy estimados señores:

Nos es grato adjuntar a la presente la nota de pedido Nº 25/00–A con el ruego de que se sirvan ejecutarlo inmediatamente de acuerdo con las instrucciones siguientes:

Despacho:
Por carga aérea, consignado a NUCEC, Managua, Nicaragua

Documentos necesarios:
Factura en quintuplicado,
indicando su valor CIF en marcos alemanes y su equivalente en US $; dos ejemplares deberán estar visados por el Cónsul de Nicaragua
1 copia de la guía aérea
1 original del certificado de seguro
1 lista de empaque, indicando el contenido, peso neto y bruto de cada bulto.

Estos documentos, una vez efectuado el embarque, deberán ser enviados directamente a nuestra dirección postal:

NUCEC
Apartado 3842
Managua
Nicaragua, C.A.

Por el valor CIF equivalente a DM 00.000,00 les adjuntamos los siguientes cheques:

Nº 88.6459 a su favor y a cargo del Trade Bank US $ 0.000,00
Nº 88.6460 a su favor y a cargo del Trade Bank US $ 0.000,00

A la espera de sus noticias, nos suscribimos de Uds. cordialmente,

Cliente centroamericano requiere factura proforma

Distinguidos señores:

Por la presente deseamos informarles que, según las nuevas regulaciones aduaneras, para la importación de balanzas y básculas electrónicas se requerirá licencia de importación.
Para que podamos realizar los trámites correspondientes, en el futuro será necesario que su fábrica, después de recibir nuestro pedido, nos envíe por télex una factura proforma en español en la que consten el nombre del artículo, precio unitario, precio total, valor del flete, peso neto y bruto.

Sin otro particular por el momento, les saludamos muy atentamente,

Cliente sudamericano no puede formular pedido

Señores:

Damos respuesta a su télex de fecha 25 de agosto referente a calendarios y agendas.
Por disposición de las autoridades de la Dirección de Aduanas de nuestro país quedan prohibidas las importaciones de este tipo de artículos. Por esta razón no les hemos hecho llegar un pedido este año.

En espera de que esta situación cambie próximamente, aprovechamos la oportunidad para saludarlos muy atentamente,

Solicitud de reducción de precios

les agradecemos su oferta.

la revalorizacion del marco aleman ha encarecido
notablemente las importaciones de articulos
procedentes de alemania.
tengan a bien informarnos si nos pueden conceder
una rebaja en sus precios de lista para facilitar
la comercializacion de sus productos en costa rica.
quedamos a la espera de sus noticias.

atentamente,

Bestellung ►

Vinimport GmbH

Weine und Spirituosen aus Mittel- und Südamerika

Herrn
Ignacio Núñez
Apartado Postal 5-78

GUADALAJARA (JALISCO)
MEXIKO

Schwanthalerstraße 121
D-80339 München
Telefon (0 89) 50 15 4 21
Telex 522 121 Vini
Telefax (0 89) 50 15 4 35

München, 00.00.0000

Bestellung

Sehr geehrter Herr Núñez,

wir danken für die Zusendung Ihrer neuen Preisliste und bitten Sie, folgende Bestellung zu notieren:

precio total

Tequila blanco El Fuerte, 40°, 70 cl.
500 Kisten zu 12 Flaschen à US$ 000,– zum Gesamtpreis von
US$ 00.000,–.

debe realizarse a más tardar — *Envío marítimo*

Die Lieferung muß spätestens bis zum 00.00.0000 erfolgen. Versand per Schiff, cif Hamburg.

encargaremos a ... la apertura de un crédito

Nach Erhalt Ihrer Proforma-Rechnung werden wir unsere Bank mit der Eröffnung eines Dokumentenakkreditivs zu Ihren Gunsten beauftragen.

documentario a su favor — *puntualidad y esmero acostumbrados*

Wir hoffen, daß Sie auch diese Lieferung mit der gewohnten Pünktlichkeit und Sorgfalt erledigen werden, und verbleiben in Erwartung Ihrer Nachricht

mit freundlichen Grüßen

VINIMPORT GMBH

ppa. Gruber

Bankverbindungen:
Postgiroamt München (BLZ 700 000 00) 1234-800
Kreditbank München (BLZ 701 000 00) 657801

Telefax-Nachricht

An
AGROEXPORT, S. A.
Calle del Mercado, s. n.
E-24009 Léon

Von
Schmitz & Co.
Markthallen
D-58119 Hagen

z. Hd. von Sr. Albornoz

Ihre Nachricht / Zeichen	*Ihr Gesprächspartner*	*Datum*
telefonisches Angebot	Frau Knoll	00.00.19 ..

Betrifft
Bestellung von Kastanien

Guten Tag,
lieber Herr Albornoz,

wie besprochen möchten wir Ihnen unsere Bestellung von Kastanien gemäß Ihrem telefonischen Angebot von heute morgen schriftlich übermitteln:

BEDINGUNGEN:
1. Abgang per LKW am 23. 11. und 24. 11. 19 . .
2. Preis 000 Peseten/kg netto franko München unverzollt
3. Menge ca. 22 tons, Kaliber 100/110
4. Qualität lt. Anlage
5. Zahlung 25 Tage
6. Wir bitten nach Abgang um ein Avis mit LKW-Kennzeichen und geladener Menge.
7. Die Ware muß palettisiert und in Jute-Säcken zu 25 kg abgepackt sein.

Wir bitten um umgehende Auftragsbestätigung per Fax.
Die Qualitätsnormen in der Anlage sind unbedingt einzuhalten.

Mit freundlichen Grüßen

Knoll

Dieses Telefax besteht aus 2 *Seite(n).*

Falls Sie nicht alle Seiten erhalten haben oder andere Probleme bei der Übertragung aufgetreten sind, bitten wir um Ihren Rückruf.

Anlage zu: Bestellung von Kastanien per Telefax

2

Qualitätsnormen:
Es muß sich um ganze Früchte handeln, die weder durch Krankheiten noch durch mechanischen Einfluß oder Überhitzung geschädigt sind.
Die Kastanien müssen gereinigt sein, dürfen jedoch keine Feuchtigkeit oder Fremdaromen aufweisen.
Die Ware muß reif, wurm- und schimmelfrei sein.
Mindestdurchmesser: 25 mm

Zugelassene Toleranzgrenzen:
Höchstens 10% des Gesamtgewichts können von den obengenannten Anforderungen abweichen, müssen aber für den Verzehr geeignet sein. Keinesfalls darf das Fruchtfleisch Schimmelbefall aufweisen.
Davon dürfen höchstens 15% von der vorgeschriebenen Größe abweichen und höchstens 10% eine gesprungene Schale haben.

Bestellung laut Angebot

Sehr geehrte Damen und Herren,

hiermit möchten wir folgende Bestellung aufgeben:
TAC 360–F (in der angebotenen Ausfertigung)
zum Gesamtpreis (einschließlich Transport FAS Barcelona und seemäßiger Verpackung) von DM 95 638.–
in Worten: fünfundneunzigtausendsechshundertachtunddreißig DEUTSCHE MARK

Liefertermin:	zwischen dem 10. 05. und dem 17. 07. 19..
Versandanschrift:	Bremerhaven, TRANS GmbH Telefonisches Avis: (0471) 23 34 45
Markierung:	HOFFMANN GmbH
Zahlung:	75 % des Rechnungswertes nach Vorlage der Kaiempfangsbescheinigung, der Rechnung und der Zollpapiere. 25 % nach Erhalt der kompletten Lieferung in Bremerhaven.
Verzugsstrafe:	Für verspätet eingehende Lieferungen wird eine Konventionalstrafe pro Kalendertag in Höhe von $^1/_{500}$ des Gesamtwertes der Sendung festgesetzt.
Gewährleistung:	Der Lieferer garantiert die mängelfreie Lieferung der bestellten Ware. Die Gewährleistung erstreckt sich auf: Ersatz mangelhafter Teile; alle Folgekosten und Transport bis zum Bestimmungsort; Ersatz für die Schadensfeststellung durch Sachverständige.
Schiedsvereinbarung:	Zur Beilegung von Streitigkeiten, die sich aus dem Lieferauftrag ergeben, vereinbaren die vertragschließenden Parteien die Anwendung der Schiedsordnung der Internationalen Handelskammer in Paris.
Gerichtsstand:	Frankfurt/Main
Auftragsbestätigung:	Wir bitten um Auftragsbestätigung innerhalb von acht Tagen durch Unterzeichnung und Rücksendung der beigefügten Zweitschriften in deutscher und spanischer Sprache.

Mit freundlichen Grüßen

HOFFMANN GmbH

Bestätigung des Auftragnehmers: . . . .
(Firmenstempel und Unterschrift)

Bemerkungen: . . . .

Stornierung eines Auftrags

sehr geehrter herr sastre,

gestern uebersandten wir ihnen ein schreiben, in dem wir sie um lieferung von fliesen, modell paloma, nr. 25-x-c, baten. da unser kunde seinen auftrag unerwartet rueckgaengig gemacht hat, muessen wir sie bitten, unser schreiben als gegenstandslos zu betrachten und von der lieferung der bestellten waren abzusehen.

mit freundlichen gruessen

Lieferant gewährt günstigere Konditionen

Sehr geehrte Damen und Herren,

wir beziehen uns auf das mit Ihnen geführte Gespräch vom 00. 00. 19.. Mittlerweile haben wir uns mit unserem Stammhaus in Verbindung gesetzt und die zuständige Abteilung von Ihren Befürchtungen wegen der Entwicklung der Wechselkurse und deren Auswirkung auf die aktuellen Preise unserer Produkte unterrichtet.

Die Firmenleitung ist bereit, Ihnen über die derzeit geltenden Verkaufsbedingungen hinaus einen zusätzlichen Nachlaß von 7,85 % zu gewähren, nicht zuletzt deshalb, weil die Ware bereits fakturiert und zum Versand noch im laufenden Jahr vorgesehen ist.

Bei neuen Aufträgen erhöhen wir ab 1. September 19.. den auf unsere Preisliste II-90 gewährten Nachlaß von 25% auf 30%.

Diese geänderten Bedingungen haben jedoch nur dann Gültigkeit, wenn Ihr Abnahmevolumen bis zum Ende des laufenden Jahres die vereinbarte Summe von DM 0 000 000,– erreicht.

Wir sind davon überzeugt, daß unsere Vorschläge Ihre Zustimmung finden werden, und verbleiben

mit freundlichen Grüßen

La confirmación del pedido

Concepto

¿Quién escribe?

El *vendedor*, es decir, el proveedor que ha recibido una orden de mercancías del comprador.

¿Por qué se escribe?

- Para comunicar la *aceptación* del pedido hecho por el cliente.
- Para participar la *denegación* (rechazo) del pedido recibido.
- Para proponer una *modificación* del pedido solicitado.

¿A quién se le escribe?

Al comprador que ha hecho el pedido.

¿Qué se escribe?

- En el caso de *aceptar* el pedido, el vendedor confirma los puntos fundamentales para evitar errores o reclamaciones posteriores: cantidad, calidad, precio, forma de pago, condiciones de entrega, fecha o plazo de entrega, embalaje, medio de transporte, seguros, etc.
- En el caso de *denegar* el pedido, el proveedor menciona las causas del rechazo: el producto pedido ya no se fabrica, la forma de pago propuesta por el cliente no es aceptable, el plazo de entrega no se puede cumplir, etc.
- En el caso de proponer una *modificación* del pedido, el suministrador debe señalar a qué cambios se refiere: al producto pedido, a la forma de envío, a las condiciones de suministro, etc.

Estructura de una aceptación de pedido*

1. ESCRIBA acusando el recibo del pedido, dando las gracias.
2. ESCRIBA nuevamente los puntos esenciales del pedido: cantidad, calidad, precio, etc.
3. ESCRIBA la fecha o plazo de envío del género solicitado por el cliente.
4. ESCRIBA qué medio de transporte se utilizará para el envío.
5. ESCRIBA que la orden se ejecutará con el mayor esmero y puntualidad.
6. ESCRIBA una fórmula de despedida, indicando además que gustosamente se servirán futuras órdenes del cliente.

Frases modelo

Acuse de recibo y aceptación del pedido	**Empfangsbestätigung und Bestellungsannahme**
Les agradecemos su orden del ...	Wir danken für Ihre Order vom ...
Hemos tomado nota de su pedido Nº 342.	Ihre Bestellung Nr. 342 haben wir notiert.
Acusamos recibo de su grata del ... y de la orden de compra adjunta.	Wir bestätigen den Erhalt Ihres Schreibens vom ... und der beigefügten Order.
Por la presente confirmamos su pedido que atenderemos con mucho gusto.	Hiermit bestätigen wir Ihren Auftrag, den wir gerne ausführen werden.
Muy agradecidos por el pedido pasado a nuestro representante.	Wir bedanken uns für die unserem Vertreter erteilte Bestellung.
Serviremos su pedido dentro del plazo solicitado por Uds.	Wir werden Ihren Auftrag innerhalb der gewünschten Frist erledigen.
La mercancía encargada se la enviaremos a la mayor brevedad posible.	Wir werden Ihnen die bestellte Ware baldmöglichst übersenden.
Ejecutaremos su pedido ateniéndonos a las instrucciones de embalaje de su orden.	Bei der Ausführung Ihrer Bestellung werden wir uns an Ihre Verpackungsanweisungen halten.

---

* Para la perfección del contrato de compraventa es necesaria la aceptación del pedido por parte del vendedor si no media una oferta previa o bien si ésta ha sido sin compromiso. Igualmente se requiere una aceptación cuando el pedido del comprador difiera de la oferta.
En caso de que medie una oferta en firme, no será necesaria la aceptación, puesto que el pedido del cliente constituye la aceptación de la oferta del vendedor, dando lugar a un contrato de compraventa. Sin embargo, el envío de una confirmación del pedido constituye una buena norma comercial.
Un envío inmediato de la mercancía después del recibo del pedido por supuesto que tampoco requerirá la aceptación previa del vendedor. En este caso se enviará junto con la mercancía un anuncio de envío o una factura.

Denegación y modificación del pedido

Lamentamos tener que informarles que no estamos en condiciones de suministrar los artículos solicitados.

El artículo pedido ya no se fabrica / no lo tenemos en almacén / ha sufrido un aumento de precio / no se puede suministrar dentro del plazo indicado ...

Agradecemos su pedido del ..., pero sentimos no poder cumplimentarlo por haberse agotado las existencias del modelo.

Sírvanse comunicarnos si estarían de acuerdo con una entrega posterior / con el envío de un artículo similar.

Sentimos tener que decirles que no podemos aceptar las condiciones de entrega y pago propuestas por Uds.

Ablehnung und Abänderung der Bestellung

Leider müssen wir Ihnen mitteilen, daß wir nicht in der Lage sind, die gewünschten Artikel zu liefern.

Der bestellte Artikel wird nicht mehr hergestellt / ist nicht auf Lager / wurde im Preis erhöht / ist nicht innerhalb des angegebenen Zeitraums lieferbar ...

Wir danken für Ihre Bestellung vom ..., der wir leider nicht nachkommen können, da das (gewünschte) Modell nicht mehr vorrätig ist.

Bitte teilen Sie uns mit, ob Sie mit einer späteren Lieferung / der Lieferung eines ähnlichen Artikels einverstanden sind.

Leider müssen wir Ihnen mitteilen, daß wir die von Ihnen vorgeschlagenen Zahlungs- und Lieferbedingungen nicht akzeptieren können.

Fórmulas de cierre y despedida

Esperamos que la mercanía llegue en perfectas condiciones y les saludamos atentamente ...

Confiamos en que nuestra propuesta sea aceptable para Uds.

Estamos seguros de que quedarán satisfechos con nuestros productos y les saludamos ...

Briefschluß und Abschiedsformeln

Wir hoffen, daß die Ware in einwandfreiem Zustand (bei Ihnen) eintrifft, und verbleiben mit freundlichen Grüßen ...

Wir hoffen, daß Sie unseren Vorschlag akzeptieren können / daß unser Vorschlag für Sie akzeptabel ist.

Wir sind sicher, daß Sie mit unseren Erzeugnissen zufrieden sein werden, und verbleiben ...

Correspondencia

Confirmación del pedido ▶

N.I.F. A 654098123

Teléfonos: Oficina 2398761
Almacén 8379810

Telefax: 2398809
Télex: 67541 FRU

Frutex, S.A.

Puerta Nueva, 19
30001 MURCIA

S/ref.
N/ref. SB/ju
S/escrito 00-00-19..
N/escrito
Murcia, 00-00-19..

Peter & Paul KG
Fruchtimport
Großmarkthalle
D-81371 MUNICH

Su orden número 746

Señores:

Les damos las gracias por su orden arriba indicada y nos complace confirmarla como sigue:

Mercancía:	albaricoques frescos
Calidad:	categoría I
Calibrado:	aprox. 50%: 40-45 mm
	aprox. 50%: 45-50 mm
Cantidad:	1 camión
	aprox. 20 toneladas bruto por neto
Precio:	DM 000,00/tonelada bruto por neto, franco su almacén Großmarkthalle Múnich, incluido embalaje
Embalaje:	bandejas de madera de 10 kg neto/bandeja
Fecha de entrega:	descarga el 22 ó 23 de junio 19..
Transporte:	en camión frigorífico del vendedor
Pago:	al recibo de la mercancía
Aviso:	por télex con 24 horas de antelación. Se indicará N° de pedido, cantidad, matrícula camión, punto de descarga

Atentamente,

FRUTEX, S.A.

Javier Serrano Borja
Departamento de Exportaciones

Cta. cte. en BANCO DEL PUEBLO, MURCIA, 98076-123

Aceptación de pedido y concesión de descuentos

Estimados señores:

Acabamos de recibir su orden de compra formulada a nuestro representante en esa plaza, don Mariano Segovia.
Nos complace contarles entre nuestros clientes y, en vista del volumen de su pedido, estamos dispuestos a concederles un descuento de introducción del 0,00 %.
Les adjuntamos una factura proforma para que puedan ordenar a su banco la apertura del crédito documentario sobre el montante total.
Sírvanse comunicarnos oportunamente sus instrucciones de envío.
Esperamos que nuestros productos encuentren la acogida que por su calidad merecen y quedamos a su disposición.

Muy atentamente,

Imposibilidad de ejecutar pedido

Muy estimados señores:

Obra en nuestro poder la nota de pedido que nos remitieron con su escrito del día 15 del corriente.
Muy a nuestro pesar, tenemos que manifestarles que no podemos satisfacerlo en el plazo solicitado debido a que nuestra actual cartera de pedidos sobrepasa la capacidad de producción. Por tal razón, solamente podemos servir las órdenes de flores secas naturales que nos sean cursadas con tres meses de antelación.
Les agradecemos el interés por nuestros productos y, en espera de que les podamos atender satisfactoriamente en próximas ocasiones, les saludamos muy atentamente,

Aceptación de venta con reserva de dominio

Señores:

Agradecemos su orden Nº 73009–15/B del 25–11–19.. que confirmamos en los términos siguientes:

Mercancía:	Maquinaria y accesorios descritos en la hoja de especificaciones técnicas adjunta.
Precio de venta:	0.000.000,00 pesetas FOB puerto de embarque español.
Forma de pago:	1/3 del precio de venta mencionado anteriormente lo deberá pagar el comprador a la firma del presente contrato; 1/3 cuando el vendedor notifique al comprador que la mercancía ha sido entregada a la agencia de transportes para su envío; 1/3 cuando el comprador reciba la mercancía en su fábrica.

Lugar de pago:	El precio estipulado será pagado en el domicilio del vendedor.
Plazo de entrega:	Salvo casos de fuerza mayor fuera del control del vendedor, la entrega se efectuará en la primera quincena de marzo de 19..
Garantía:	El vendedor se obliga a sustituir libre de gastos cualquier parte que muestre fallos de fabricación. La duración de la garantía es de ... meses.
Impuestos:	El comprador se compromete a pagar toda clase de impuestos o tasas contempladas en la legislación de su país, que se deriven de esta venta o del uso y posesión de la maquinaria por el comprador.
Seguros, fletes y gastos de aduanas:	El comprador correrá con todos los costes de embarque desde España hasta la planta donde ha de ser instalada la maquinaria. Estos costes incluyen portes terrestres y fletes marítimos, primas de seguro, gastos de aduanas y portuarios, etc.
Fuero:	En caso de que surgiese alguna diferencia en la ejecución de esta venta, serán competentes los Juzgados y Tribunales de ... El comprador renuncia a cualquier otro fuero y domicilio. Todos los gastos judiciales que se ocasionen por incumplimiento del presente contrato, serán por cuenta del comprador, incluidos honorarios de procurador y abogado aunque sus intervenciones no fueren preceptivas.
Ley:	La legislación aplicable en el supuesto de controversia o litigio entre las partes derivado de esta venta o su interpretación, será la de España.
Reserva de dominio:	La venta se entiende hecha con reserva de dominio a favor del vendedor hasta el total pago del precio convenido en esta venta.

Les rogamos se sirvan devolvernos la adjunta copia firmada por Uds. en señal de aprobación.

Atentamente,

AUDIVISEXPORT GMBH

Moderne Medientechnik International

Alfonso Gutiérrez Hnos.
Plaza Nueva, 15

E-41001 Sevilla

Bahnhofstraße 14–16
76137 KARLSRUHE
Tel. 89 54 32/3/4 Telefax 89 70 97
Telegramme AUDIVIS

Ihre Zeichen	Ihre Nachricht	Unsere Zeichen	Tag
JR/lf	20.03.19..	AK/mb	21.03.19..

Ihre Bestellung vom 20.03.19..

Sehr geehrte Damen und Herren,

Ihre Bestellung Nr. 908/AX über 50 Videokameras VCC 890 ist gestern nachmittag per Fernschreiber eingegangen. Wir freuen uns, Ihnen mitteilen zu können, daß wir die Ware auf Lager haben und deshalb in Kürze liefern können.

Die Geräte sind zusammen mit dem serienmäßigen Zubehör (Batterie, Netzladegerät, Ohrhörer und Tragegurt) transportsicher in Styropor originalverpackt.

Bei der Versicherung werden wir auf die übliche Weise verfahren. Der Versicherungsschein wird Ihnen mit der Rechnung und den Versandpapieren über unsere Bank zugehen.

Wir danken für Ihre Bestellung und verbleiben

mit freundlichen Grüßen

AUDIVISEXPORT GmbH

Alfred Kraus

i.V. Alfred Kraus

Bankverbindung: FÜRSTEN-BANK, Karlsruhe, 567853-1 BLZ: 700 000 00

Bestätigung einer Bestellung aus Venezuela

Sehr geehrter Herr Vargas,

besten Dank für Ihre Bestellung per Telefax vom 00. 00. 19.., die wir hiermit wie folgt bestätigen:

1500 Zündkerzen, Typenbezeichnung W 51 LM STANDARD

Stückpreis: DM 0,00
Gesamtpreis: DM 0000,00

Lieferung: per Luftfracht nach Caracas

Zahlung: unwiderrufliches und bestätigtes Dokumentenakkreditiv

Sobald die Akkreditivbestätigung eingegangen ist, werden wir die Ware zum Versand bringen. Inzwischen verbleiben wir

mit freundlichen Grüßen

Bestellte Ware nur teilweise lieferbar

Sehr geehrter Herr Duarte,

wir danken für Ihre Bestellung von je 25 Motorradsturzhelmen MAGNOMAX, signalrot, in den Größen XS, XM und XL.
Gerne bestätigen wir Ihren Auftrag für die Größen XS und XL, müssen Ihnen aber leider mitteilen, daß in der Medium-Größe XM das gewünschte Modell derzeit nicht mehr vorrätig ist und mit einer mehrmonatigen Lieferzeit gerechnet werden muß.
Ersatzweise erlauben wir uns, Ihnen in der Größe XM das sofort lieferbare Modell MAGNUM anzubieten. Wie Sie dem beigefügten Prospektmaterial entnehmen können, unterscheidet es sich nur geringfügig von MAGNOMAX und weicht von diesem auch preislich nicht wesentlich ab.
Bitte teilen Sie uns Ihre Entscheidung baldmöglichst mit, damit wir Ihren Auftrag erledigen können.

Mit freundlichen Grüßen

Anlagen

Lieferung nicht möglich

Sehr geehrte Damen und Herren,

Ihren Auftrag vom 00. 00. 19.. haben wir erhalten und danken für Ihr Interesse an unserer Kollektion. Leider ist Ihre Bestellung so spät eingegangen, daß wir Ihnen die gewünschten Artikel in dieser Saison nicht mehr liefern können.
Nur bei rechtzeitigem Vorliegen von Aufträgen können wir die Lieferung garantieren. Bitte beachten Sie die folgenden äußersten Termine für eine Bestellung.
Wintersaison: 15. März   Sommersaison: 15. September
Wir würden uns freuen, Sie in der nächsten Saison zu unseren Kunden zählen zu dürfen und verbleiben inzwischen

mit freundlichen Grüßen

Bestätigung eines Liefervertrags

Sehr geehrte Damen und Herren,

wir bestätigen, daß der Liefervertrag Nr. 981–09–098 vom 15. 9. 19.. von Herrn M. Held in unserem Auftrag unterzeichnet wurde.
Hierzu möchten wir bemerken, daß Dispositionen für LKW-Lieferungen nur dann Gültigkeit haben, wenn sie per Telex von unserem Hauptsitz in Bremen bestätigt werden. Mündliche bzw. telefonische Dispositionen bedürfen immer der Telex-Bestätigung durch unsere Firma an Sie.

Wir danken für Ihre Zusammenarbeit und verbleiben

mit freundlichen Grüßen

El envío y la facturación

Concepto

¿Quién escribe?

El *vendedor.*

¿Por qué se escribe?

- Para informar al comprador sobre el envío de la mercancía ordenada.
- Para presentar a su cobro el importe de la mercancía entregada al comprador.

¿A quién se le escribe?

Al *comprador.*

¿Qué se escribe?

Un *anuncio de envío* con los siguientes datos:

- nombre y domicilio del cliente;
- número de la orden;
- fecha de expedición;
- descripción de la mercancía;
- relación de las cantidades;
- indicación del medio de transporte;
- forma de envío;
- número de bultos y marcas;
- importe total del pedido;
- condiciones de pago.

Una *factura* con los siguientes datos:

- nombre y domicilio del comprador;
- fecha y número de la factura;
- fecha y número de la orden;
- denominación y cantidad de la mercancía;
- precio por unidad y precio total;
- bonificaciones y descuentos;
- gastos de embalaje, transporte, seguros, etc.;
- importe total que se ha de abonar;
- condiciones de entrega;
- forma y plazo de pago;
- medio de transporte;
- número de bultos y marcas.

Estructura de un anuncio de envío

1. ESCRIBA que conforme a la orden del cliente se anuncia el envío de las mercancías.
2. ESCRIBA indicando el medio de transporte, la forma de envío, la clase de embalaje, etc.
3. ESCRIBA detallando los documentos que se adjuntan.
4. ESCRIBA señalando la forma de pago.
5. ESCRIBA que se esperan recibir nuevas órdenes.
6. ESCRIBA una fórmula de despedida.

Frases modelo

Anuncio de envío /aviso de despacho

Nos complace anunciarles que con fecha de hoy hemos despachado las siguientes mercancías:

Hemos expedido por ferrocarril / camión / avión / barco los artículos pedidos.

Los géneros solicitados les fueron enviados hoy día a porte pagado / porte debido / en g. v. (gran velocidad) / en p. v. (pequeña velocidad).

El carguero "Valdivia" de la Cía. Naviera Austral zarpará de Valparaíso el … y tocará Hamburgo aproximadamente el …

De acuerdo con sus instrucciones, las mercaderías pedidas han sido expedidas en cajas de madera numeradas y marcadas.

Siguiendo sus instrucciones recibidas por fax, hemos enviado los géneros mediante la agencia de transportes XY.

Les adjuntamos la factura y los documentos de expedición.

Versandanzeige

Hiermit möchten wir Ihnen mitteilen, daß wir heute folgende Waren (an Sie) abgeschickt haben: / Wir haben heute folgende Waren an Sie zum Versand gebracht:

Die bestellten Artikel sind per Bahn / LKW / Flugzeug / Schiff an Sie abgegangen.

Die bestellten Waren wurden Ihnen heute frachtfrei / frachtunfrei / als Eilgut / als Frachtgut übersandt.

Der Frachter „Valdivia" der Gesellschaft Naviera Austral wird am … in Valparaíso auslaufen und voraussichtlich am … in Hamburg anlegen.

Ihren Anweisungen entsprechend wurden die bestellten Waren in numerierten und markierten Holzkisten zum Versand gebracht.

Gemäß Ihren per Telefax übermittelten Instruktionen wurde die XY-Spedition mit dem Transport der Waren beauftragt.

Faktura und Versanddokumente legen wir bei.

Facturación

Adjunto les enviamos nuestra factura N° 1.532 por valor de … ptas. / DM correspondiente a su orden N° 258 de fecha 4 de agosto de 19..

Rechnungsstellung

Gemäß Ihrer Bestellung Nr. 258 vom 4. August 19.. übersenden wir Ihnen unsere Rechnung Nr. 1532 über … Peseten / DM.

Les incluimos nuestra factura por duplicado / triplicado / cuadruplicado / quintuplicado.

In der Anlage übersenden wir Ihnen unsere Rechnung in doppelter / zweifacher / dreifacher / vierfacher / fünffacher Ausfertigung.

Para saldar nuestra factura, les rogamos transfieran el importe a nuestra cuenta N° ... en el Banco ... de ...

Bitte überweisen Sie den Rechnungsbetrag auf unser Konto Nr. ... bei der ... Bank in ...

En pago de nuestra factura, sírvanse remitirnos un cheque cruzado.

Zur Begleichung unserer Rechnung bitten wir Sie um die Übersendung eines gekreuzten Schecks.

Les incluimos una letra a 45 días vista / días fecha y les rogamos devolvérnosla debidamente aceptada.

Anbei übersenden wir Ihnen einen 45-Tage-Nachsichtwechsel/-Datowechsel und bitten Sie, ihn nach Akzeptierung an uns zurückzusenden.

Hemos girado / librado / puesto en circulación una letra a su cargo.

Wir haben eine Tratte auf Sie gezogen.

Junto con la factura comercial les enviamos los siguientes documentos: ...

Mit der Handelsrechnung übersenden wir Ihnen (noch) folgende Dokumente: ...

Los documentos de envío les serán entregados por el Banco ... contra aceptación de la letra.

Die Versandpapiere werden Ihnen von der ... Bank gegen Wechselakzept ausgehändigt.

Con referencia a su orden N° 477 les incluimos nuestra factura proforma N° C 1.632 por valor de ... Inmediatamente después de recibir su cheque les enviaremos los artículos solicitados.

Gemäß Ihrer Bestellung Nr. 477 fügen wir unsere Proformarechnung Nr. C 1632 über ... bei. Der Versand der Ware erfolgt sofort nach Eingang Ihres Schecks.

Los costes de embalaje corren a su cargo y se facturan separadamente.

Die Kosten für Verpackung gehen zu Ihren Lasten und werden gesondert in Rechnung gestellt.

Los gastos de embalaje van incluidos en el precio.

Die Verpackungskosten sind im Preis inbegriffen / enthalten.

El embalaje es gratuito si nos restituyen las cajas vacías dentro de ... días.

Die Verpackung ist kostenlos, wenn Sie uns die leeren Kisten innerhalb von ... Tagen zurücksenden.

Si nos devuelven las cajas, les concedemos un descuento del 50 % sobre los gastos de embalaje.

Bei Rückgabe der Kisten gewähren wir Ihnen einen Preisnachlaß von 50 % auf die Verpackungskosten.

El importe total se entiende cif + 10 % de beneficio probable (lucro cesante).

Der Rechnungsbetrag versteht sich CIF plus 10 % imaginärer Gewinn.

Asturcom, S. A.

Polígono, 12 – 33600 MIERES (Oviedo)

Sres.
Felix Schmidt OHG
Falkenstrasse 69
CH-8008 ZUERICH
SUIZA

Mieres, 00-00-19..

Ref.: Su pedido N° 327 del 00-00-19..

Estimados señores:

Ponemos en su conocimiento que hemos entregado las mercancías del pedido indicado en la referencia a la agencia de transportes SUR.

Incluimos en la presente nuestra factura N° 28-5690 por cuyo importe de 000.000 pesetas les rogamos nos remitan un cheque cruzado.

Esperamos que el envío llegue en buenas condiciones y les saludamos muy atentamente,

ASTURCOM, S. A.

p. p. Julio Castro Díaz

Anexo: Factura N° 28-5690

Teléfonos: (985) 46 32 78 · Télex: 86091 AS · Fax: (985) 46 26 79

N. I. F. A-98754309

◄ Expedición por vía terrestre

Aviso de envío marítimo

Señores:

Nos complace informarles que con fecha de hoy hemos embarcado en el s/s Coquimbo, de pabellón chileno, las mercaderías que nos pidieron con su atta. del 13 de agosto de 19..
Les adjuntamos factura comercial y documentos de embarque.

Muy atentamente,

Anexos

Anuncio de envío y documentos contra aceptación

Muy señores nuestros:

De acuerdo con sus instrucciones hemos expedido hoy día por vía marítima los artículos que nos solicitaron el 23 de octubre de 19..
Los documentos siguientes han sido enviados al banco City Corp. y les serán entregados contra aceptación de nuestra letra de cambio: conocimiento de embarque, factura de exportación en triplicado y factura consular.
Agradecemos su pedido y esperamos poder servirles nuevamente.

Atentamente,

Huelga impide ejecutar pedido a tiempo

Señores:

Lamentamos tener que comunicarles que debido a una huelga de los trabajadores portuarios no nos será posible cumplimentar su pedido Nº 414 del 5 de marzo de 19.. en el plazo previsto.
Esperamos que este retraso no les cause demasiados inconvenientes.
Les comunicaremos la fecha de expedición tan pronto como tengamos informaciones concretas sobre el final de la huelga.

Atentos saludos,

Factura I ►

Factura II ►►

Bretón de los Herreros, 35
Teléfonos: 22 77 91 y 22 54 79
Télex: 37541 BoGra
Telefax: 22 55 93

C/c. Banco Hispano Americano
Banco Exterior, Logroño

Exportador nº 11 457
N.I.F. B-987321098

BODEGAS LA GRANJA

Exportación de Vinos

26001 LOGROÑO – ESPAÑA

FECHA: 28 de octubre de 19..

Weinhandlung Anton
Hallstraße 3
86150 Augsburg
ALEMANIA

FACTURA Nº 35.926

VALOR TOTAL A REEMBOLSAR: PTAS. 000.000,00

CONTRAVALOR EN PTAS:

CONDICION COMERCIAL DEL EXPORTADOR: FABRICANTE

MODALIDAD DE EXPORTACION: VENTA EN FIRME

FORMA DE PAGO: POR BANCO/ORDEN DE PAGO SIMPLE

PLAZO DE PAGO: DENTRO DE LOS 30 DIAS DE LA SALIDA DE LA MERCANCIA

PORTES: PAGADEROS EN EL DESTINO

SEGURO: A SU CARGO

PESO NETO: 4.900 kg PESO BRUTO: 6.825 kg ENVIO POR: camión LO-137082

CLASE DE ENVASE	CANTIDAD	LITROS	GRADO	PRODUCTO	PRECIO	TOTAL
Caja 12 bot. x 1 lt.	100	1.200	11,5°	VINO TINTO RIOJA Señorío de Gregorio Cosecha 19..	0.000.-	000.000.-
Caja 12 bot. x 1 lt.	100	1.200	12°	VINO TINTO RIOJA "ORO" Gran Reserva 19..	0.000.-	000.000.-
Garrafa 5 lt.	500	2.500	12°	VINO TINTO RIOJA "HIDALGO"	000.-	000.000.-
	700 ===	4.900 =====		TOTAL A REEMBOLSAR	PTAS.	000.000.- =========

s.e.u.o.

NUMERO DE BULTOS: 700

PROVINCIA DE ORIGEN DE ESTA MERCANCIA: RIOJA ALTA (Logroño)

LA RUSTICA, S.A.

Muebles y artesanía española

Av. Baleares, 28 46023 VALENCIA

Telfs. 361 23 98 y 360 25 05 – Télex 64 855 LaRu – Fax 360 28 03

NIF A-98430981	Pedido cliente	N/ref.	Fecha	Factura
	127-A	LARU-12/350	10-12-19..	1015

Cliente
STIL UND WOHNEN, Einrichtungs-GmbH, Postfach 34 98 21, D-76530 Baden-Baden

Forma de envío	Fecha de envío	Transporte
AGENCIA TRANSCONTI	10-12-19..	Camión

Forma de pago	Banco
Transferencia contra documentos	Banco Comercial, Valencia, c.c. 8752-789

Moneda	Precios	Embalaje	Observaciones
Pesetas	FOB Valencia	incluido	

Seguro	Marcas	Bultos	Peso bruto	Peso neto
☒ A establecer por el cliente ☐ A establecer por LARU	STIWO-Baden-Baden	16	400 kg	370 kg

REFERENCIAS	DESCRIPCION	CANTIDAD	PRECIO	IMPORTE TOTAL
LF/987	Armario "PINAR"	1		000.000,-
MC/121	Mueble TV "LUJO"	3	00.000.-	000.000,-
CF/345	Silla (respaldo alto) "VIEJA CASTILLA"	12	00.000,-	000.000,-

TODA LA MERCANCIA ARRIBA MENCIONADA ESTA FABRICADA EN ESPAÑA TOTAL

PESETAS
0.000.000.-

CONDICIONES DE VENTA

- La mercancía viaja por cuenta y riesgo del comprador. –
- El seguro no está incluido y sólo se establecerá por LARU a instancias del comprador a su cargo. –
- Tribunales competentes serán los de Valencia, renunciando el comprador al fuero propio. –
- No admitiremos reclamaciones pasados cinco días de la recepción de la mercancía. –
- El vendedor se reserva el dominio de la mercancía objeto de la presente factura hasta tanto el cliente no haya satisfecho el total importe de la misma. –

Hager & Wolf AG

Qualität aus dem Salzburger Land

Robles e Hijos
Paseo Sarasate, 8

E-31001 Pamplona
SPANIEN

A-5322 Hof bei Salzburg, Österreich
Tel. (0 62 29) 987 - 988 - 989 Fax 06229 / 897
Telex 636 754 Telegramme HAWOLAG

Hof, 00.00.19..

Ihre Bestellung vom 00.00.19..

Sehr geehrte Damen und Herren,

zu Ihrer Bestellung vom 00.00.19.. teilen wir Ihnen mit, daß die Ware mit heutigem Datum per Bahn als Frachtgut abgegangen ist. Die Numerierung und Markierung wurde Ihren Anweisungen entsprechend vorgenommen.

Unsere Rechnung Nr. 000-00-0 über den Gesamtbetrag von ÖS 000.000,-- legen wir diesem Schreiben zusammen mit dem Frachtbrief bei. Bitte nehmen Sie die Zahlung wie vereinbart vor.

Wir hoffen, daß die Sendung zu Ihrer Zufriedenheit ausfallen wird und würden uns sehr freuen, bald weitere Aufträge von Ihnen zu erhalten.

Mit freundlichen Grüßen

HAGER & WOLF AG

F. Gandl

i.V. F. Gandl

Anlagen: Rechnung Nr. 000-00-00
Frachtbrief

AUSTRIA VERKEHRSBANK
Salzburg, Konto-Nr. 000-00-000

Versandanzeige für eine Lieferung per Schiff

Sehr geehrter Herr Iturriaga,

mit dem Frachter „Angel de Dios", der am 00. 00. 19.. in Bremerhaven ausgelaufen ist, haben wir an Sie versandt:

3 Container, Gesamtgewicht 0000 kg,
Markierung: ITU
1–3
Bilbao
Spanien

In der Anlage übersenden wir Ihnen Kopien des Konnossements und der Rechnung, über deren Betrag wir, wie vereinbart, einen Wechsel auf Sie gezogen haben.
Wir hoffen, daß die Sendung wohlbehalten bei Ihnen eintrifft, und verbleiben in Erwartung Ihres Akzepts

mit freundlichen Grüßen

Anlagen

Versandanzeige für eine Sendung per Luftfracht

Sehr geehrter Herr Romero,

wir freuen uns, Ihnen mitteilen zu können, daß die Ersatzteile gemäß Ihrer telefonischen Order Nr. AX–1/621 vom 00. 00. 19.. heute per Luftfracht mit IB 986 nach Asunción abgeschickt wurden.
Die Zahlung erfolgt, wie üblich, gegen Erhalt der Dokumente.
Wir wünschen einen guten Empfang unserer Lieferung.

Mit freundlichen Grüßen

Avis für Lieferung per LKW

Sehr geehrter Herr de la Torre,

Die bestellte Ware (Order Nr. 32/567 vom 27. 3. 19..) ist heute per Lkw M-LK 1789 an sie versandt worden. Ankunft Lager Torre S. A., Córdoba, voraussichtlich 00. 00. 19.. gegen 17 Uhr.
Wir danken für den Auftrag und wünschen guten Empfang

MfG.

El pago

Concepto

Aviso de pago de la factura

¿Quién escribe? El *comprador.*

¿Por qué se escribe? Para avisar el pago de la factura.

¿A quién se le escribe? Al *vendedor.*

¿Qué se escribe? Los datos principales:
- número y fecha de la factura que se liquida;
- importe de la factura;
- forma de pago acordada.

Acuse de recibo del pago

¿Quién escribe? El *vendedor.*

¿Por qué se escribe? Para confirmar el recibo del pago de la factura.

¿A quién se le escribe? Al *comprador.*

¿Qué se escribe? Los datos principales:
- fecha y número de la factura;
- importe de la factura;
- confirmación de que el cliente ha saldado la factura.

Estructura . . .

. . . de un aviso de pago de la factura

1. ESCRIBA acusando el recibo de la mercancía.
2. ESCRIBA que se liquida la factura e indique los datos principales.
3. ESCRIBA solicitando que se abone la suma que se liquida en la cuenta que se mantiene en la empresa suministradora y/o que se acuse recibo del pago.
4. ESCRIBA una fórmula de despedida.

. . . de un acuse de recibo del pago

1. ESCRIBA acusando el recibo del pago y mencione los datos más importantes.
2. ESCRIBA que se ha abonado el importe respectivo a la cuenta del cliente.
3. ESCRIBA una fórmula de despedida.

Frases modelo

Acuse de recibo de la mercancía

Acusamos recibo de su envío del . . .

Hemos recibido su remesa de mercancías del . . .

Obran en nuestro poder los géneros conforme a su factura N° 489.

Hemos recibido en buenas condiciones y en la fecha convenida los artículos de nuestra orden N° . . .

Bestätigung des Wareneingangs

Wir bestätigen den Erhalt Ihrer Sendung vom . . .

Ihre Warensendung vom . . . haben wir erhalten.

Die in Ihrer Rechnung Nr. 489 aufgeführten Waren sind bei uns eingetroffen.

Die von uns mit Bestellung Nr. . . . georderten Artikel sind in einwandfreiem Zustand und zum vereinbarten Zeitpunkt bei uns eingegangen.

Aviso de pago

Para cancelar su factura les incluimos en la presente un cheque cruzado y les rogamos que nos abonen el importe en nuestra cuenta.

Les remitimos un cheque a su favor, contra el Banco . . . en . . ., por un importe de . . . ptas., correspondiente a su factura N° . . .

Devolvemos aceptada la adjunta letra girada a nuestro cargo de . . . pesetas.

Zahlungsanzeige

Zur Begleichung Ihrer Rechnung legen wir einen gekreuzten Scheck bei und bitten Sie, den Betrag unserem Konto gutzuschreiben.

Zum Ausgleich Ihrer Rechnung Nr. . . . senden wir Ihnen einen Scheck über Ptas. . . ., ausgestellt zu Ihren Gunsten auf die . . . Bank.

Wir senden Ihnen den auf uns gezogenen Wechsel über . . . Peseten akzeptiert zurück.

Hemos efectuado el pago de la factura mediante transferencia bancaria a su cuenta Nº ... en el Banco ... Sírvanse acusarnos recibo.

Wir haben die Rechnung durch Überweisung auf Ihr Konto Nr. ... bei der ... Bank beglichen. Bitte bestätigen Sie den Zahlungseingang.

Nos hemos permitido deducir un 3 % de descuento por pronto pago del importe total de la factura.

Wir haben uns erlaubt, vom Gesamtrechnungsbetrag 3 % Skonto abzuziehen.

Nuestro banco nos informa que ha recibido los documentos de embarque y que transferirá el importe del crédito documentario a su cuenta.

Unsere Bank teilt uns mit, daß sie die Versandpapiere erhalten hat und den Akkreditivbetrag auf Ihr Konto überweisen wird.

Factura errónea

Irrtum bei der Rechnungsstellung

Hemos constatado que la factura contiene un error.

Wir haben festgestellt, daß die Rechnung einen Fehler enthält.

No podemos dar conformidad a su factura Nº ... del ... por contener errores en las operaciones.

Wir können Ihre Rechnung Nr. ... vom ... nicht akzeptieren, da sie Rechenfehler enthält / da Ihnen Rechenfehler unterlaufen sind.

Observamos que han omitido el descuento del 3%.

Wir mußten feststellen, daß Sie den Skonto von 3 % übersehen haben.

En la factura no han tenido en cuenta nuestro abono de ... ptas.

Sie haben in der Rechnung unsere Gutschrift über ... Peseten nicht berücksichtigt.

Han pasado por alto abonarnos el importe correspondiente al embalaje devuelto.

Sie haben übersehen, uns den Betrag für das zurückgegebene Verpackungsmaterial gutzuschreiben.

El importe facturado no coincide con las mercancías entregadas.

Die in Rechnung gestellte Summe stimmt nicht mit den gelieferten Waren überein.

Sírvanse corregir el extracto de cuenta.

Bitte berichtigen Sie den Kontoauszug.

Esperamos su rectificación y el envío del saldo correcto.

Wir erwarten Ihre Berichtigung und die Übersendung des korrekten Saldos.

Acuse de recibo de pago

Bestätigung des Zahlungseingangs

Acusamos recibo de su cheque / transferencia / letra aceptada / giro internacional.

Wir bestätigen den Eingang / Erhalt Ihres Schecks / Ihrer Überweisung / Ihres akzeptierten Wechsels / Ihrer Auslandspostanweisung.

Les damos las gracias por su remesa bancaria ...

Wir danken Ihnen für Ihre Überweisung ...

Hemos abonado en su cuenta el importe recibido quedando la misma saldada.

Wir haben den erhaltenen Betrag Ihrem Konto gutgeschrieben, das somit ausgeglichen ist.

Les rogamos disculpen el error cometido por nuestro Departamento de Contabilidad.

Bitte entschuldigen Sie den Irrtum unserer Buchhaltungsabteilung.

Nos permitimos remitirles el extracto de su cuenta cerrado el 28 de febrero.

Wir erlauben uns, Ihren Kontoauszug zum 28. Februar zu übersenden.

La cuenta arroja un saldo a nuestro favor / saldo deudor de ...

Die Rechnung weist einen Saldo zu unseren Gunsten / ein Soll von ... auf.

Esperamos que el adjunto extracto de cuenta encuentre su conformidad.

Wir hoffen, daß der beiliegende Kontoauszug Ihre Zustimmung findet.

Pago incorrecto

Unregelmäßigkeiten bei der Zahlung

Han descontado una bonificación mayor que la convenida.

Der von Ihnen abgezogene Nachlaß ist höher als vereinbart.

El cheque recibido es por una suma inferior al importe de la factura.

Der Wert des eingegangenen Schecks ist niedriger als der Rechnungsbetrag.

Para disfrutar de un descuento por pronto pago del 2 % deberían haber efectuado la liquidación de la factura hasta el 15 de mayo.

Um 2 % Skonto zu erhalten, hätten Sie die Rechnung bis 15. Mai begleichen müssen.

SISTEMAS OFI-TEC

Ctra. de Alora Km 19, Pol. Ind. San Lorenzo – Teléf. (952) 21 02 67
29006 MALAGA

ERGOCOM GmbH
Industriestrasse 29
D-40227 DÜSSELDORF

Fecha: 00-00-19..
S/ref: LM/Sc
N/ref: CQ/mr
Asunto: Su factura N° 000-00 del 00-00-19..

Señores:

Hemos recibido en buenas condiciones y en el plazo convenido los artículos de nuestra orden N° 587, de fecha 4 del ppdo.

En pago de su factura, nos es grato incluirles en la presente el cheque cruzado N° 058.342 a cargo del Banco de Crédito por un valor de 000.000,– pesetas.

En espera de su pronto acuse de recibo, les saludamos muy atentamente,

p.p.

p.p. Carlos Quintana

Anexo: cheque N° 058.342

N. I. F. B-978654310

◀ **Aviso de pago: cheque**

Aviso de pago: transferencia

Estimados señores:

Nos complace anunciarles que con fecha 25 del actual hemos dado orden a nuestro banco, de ésta, para que transfiera a su cuenta del banco Kreditunion, en ésa, la cantidad de 0.000.000 pesetas.
Con esta transferencia queda saldada su factura, cuyo importe les rogamos abonen en nuestra cuenta.

Atentamente,

Aviso de pago: aceptación de letra de cambio

Muy señores nuestros:

Adjunto les devolvemos aceptada la letra a nuestro cargo y a 30 d/f de 00.000,00 marcos alemanes, que nos enviaron el día 3 del presente.
El efecto corresponde a su factura N° 236.

Muy atentamente,

Aviso de pago: crédito documentario

Señores:

Nos es grato comunicarles que hemos abierto un crédito documentario a su favor en el Banco de Crédito e Inversiones, válido hasta el próximo 15 de junio.
Los términos del crédito los autorizan a Uds. a girar una letra a cargo del mencionado Banco por el importe de su factura.
Para proceder a la aceptación de la letra, el Banco de Crédito e Inversiones les exigirá la presentación de los siguientes documentos: conocimiento de embarque (triplicado), 1 copia de la factura por valor cif Buenos Aires, certificado o póliza de seguro y certificado de origen.
Esperamos que su envío llegue en el plazo previsto.

Sin otro particular, los saludamos muy atentamente,

Error en la factura

Señores:

Al examinar el extracto de cuenta del 2° trimestre, que nos remitieron el 6 del actual, hemos constatado que han omitido el abono de 0.000,00 francos suizos, importe correspondiente a los envases devueltos el 10 del ppdo.
Esperando el pronto envío de un nuevo saldo de cuenta, quedamos de Uds. muy atentamente,

Disculpa del proveedor

Distinguidos señores:

Les agradecemos su escrito y les rogamos disculpen el error cometido al confeccionar el extracto de cuenta.
Adjunto les enviamos un nuevo extracto que esperamos encuentren de su conformidad.

Atentamente,

Anexo: extracto de cuenta

Error en el pago

Señores:

Nuestro banco nos avisa el ingreso de su transferencia de 00.000,00 ptas., importe que corresponde a nuestro último suministro de artículos de cerámica.
Sin embargo, hemos comprobado que Uds. han deducido del importe total de la factura un 2 % de descuento por pronto pago, lo que evidentemente ha sido a causa de un error, pues dicho descuento solamente tenía validez si hubiesen efectuado el pago antes del 15 de mayo.
Por ello, todavía queda en su cuenta un saldo de 0.000,00 pesetas a nuestro favor que pueden liquidarnos a su comodidad.

Con atentos saludos,

Bitte um Akzeptierung eines Wechsels ▶

Sulzbacher Straße 94
D-90489 Nürnberg

BUKA GMBH

Büroartikel

OFILO, S. A.
C. Vásquez Menchaca, 37

E-47008 VALLADOLID

Ihre Nachricht	Ihre Zeichen	Unsere Zeichen	Tag
		St/di	15. Juli 19..

Wechselakzept

Sehr geehrte Damen und Herren,

die bestellten Büroartikel, Auftrag Nr.: 234-32-C, vom 27. Juni 19.., sind heute durch die Spedition Müller & Schmidt per LKW an Sie abgegangen.

Über den Rechnungsbetrag von 00 000,00 haben wir mit heutigem Datum einen Wechsel auf Sie gezogen, der am 00.00.19.. fällig ist.

Bitte senden Sie den akzeptierten Wechsel an uns zurück.

Wir hoffen, daß Sie mit unserer Lieferung zufrieden sein werden, und möchten uns bei dieser Gelegenheit nochmals für Ihren Auftrag bedanken.

Mit freundlichen Grüßen

BUKA GmbH

B. Stift

B. Stift
Leiter der Exportabteilung

Anlage: Wechsel Nr. 000 000 000

Telefon	Telefax	Bank	Postgiro Nürnberg
(09 11) 52 10 57/58	(09 11) 52 33 81	Wechselbank 876 981	2 869 21-991

Übersendung eines akzeptierten Wechsels

Sehr geehrte Damen und Herren,

zum Ausgleich Ihrer Rechnung Nr. 252819–26–B vom 25. 02. 19.. übersenden wir Ihnen anbei den von uns akzeptierten Wechsel über die Gesamtsumme von 0.000.000,– Peseten.
Bitte bestätigen Sie uns den Erhalt des Wechsels.
In Erwartung Ihrer Nachricht verbleiben wir

mit freundlichen Grüßen

Anlage: 1 akzeptierter Wechsel

Übersendung eines Verrechnungsschecks

Sehr geehrte Damen und Herren,

Ihre Rechnung Nr. 0.000.0–0 vom 00. 00. 19.. über DM 0000,00 haben wir erhalten. In der Anlage übersenden wir Ihnen Verrechnungsscheck Nr. 00 000 000 auf die KREDIT-BANK, Köln, über den Rechnungsbetrag.

Mit freundlichen Grüßen

Anlage: 1 Verrechnungsscheck

Mitteilung über eine Banküberweisung

Sehr geehrter Herr Solchaga,

Ihre Sendung vom 00. 00. 19.. ist pünktlich und in einwandfreiem Zustand bei uns eingetroffen.
Die fällige Rechnungssumme von DM 00 000,00 wurde nach Abzug von 3 % Skonto heute auf Ihr Konto Nr. 00 000 0–0 beim BANCO DE CREDITO in Bilbao überwiesen.
Den Zahlungseingang bitten wir uns wie üblich zu bestätigen.
Wir danken für die prompte Erledigung des Auftrags und werden auch in Zukunft gerne wieder mit Ihnen zusammenarbeiten.

Mit freundlichem Gruß

Empfangsbestätigung eines Schecks

Sehr geehrte Damen und Herren,

wir bestätigen den Erhalt Ihres Schecks Nr. 000 000–0 über den fälligen Rechnungsbetrag von DM 0000,–, den wir Ihrem Konto gutgeschrieben haben.
Bei dieser Gelegenheit möchten wir Ihnen für Ihre korrekte Zahlungsweise danken und würden uns sehr freuen, Sie auch weiterhin zu unseren zufriedenen Kunden zählen zu dürfen.

Mit freundlichen Grüßen

Bitte um bessere Zahlungsbedingungen

Sehr geehrte Damen und Herren,

vielen Dank für die rasche Übersendung der Dokumente gemäß unserem Auftrag Nr. 123421–12 vom 19. 03. 19..
Wir haben die Sichttratte akzeptiert; das entsprechende Avis geht Ihnen noch über Ihre Bank zu.
Bei dieser Gelegenheit möchten wir auf ein vor einiger Zeit mit Ihnen besprochenes Thema zurückkommen. Wie bekannt, arbeiten wir seit längerer Zeit mit Ihnen auf der Basis Kasse gegen Dokumente zusammen; diese Zahlungsmodalität möchten wir nun in Dokumente gegen Akzeptierung eines Dato-Wechsels umändern.
Bei dem erwähnten Gespräch hatten Sie sich grundsätzlich zu einer Neuvereinbarung der Zahlungsbedingungen bereit erklärt.
Da wir Ihnen noch im Laufe dieses Monats einen weiteren Auftrag erteilen werden, wären wir Ihnen sehr dankbar, wenn die neuen Zahlungsbedingungen bereits Anwendung finden könnten.
Wir sehen Ihrer Antwort mit Interesse entgegen und verbleiben inzwischen

mit freundlichen Grüßen

El incumplimiento del contrato de compraventa

Las reclamaciones por retraso en la entrega

Concepto

¿Quién escribe? El *comprador*.

¿Por qué se escribe? Para notificar que la mercancía pedida no se ha recibido.

¿A quién se le escribe? Al *vendedor*.

¿Qué se escribe? En la carta de reclamación

- se indica el incumplimiento de la entrega por parte del proveedor;
- se menciona, si así fuera, que la fecha de entrega convenida ha expirado;
- se concede, bajo determinadas circunstancias, un nuevo plazo de entrega;
- se pide, según el caso, el cumplimiento de la entrega o bien la resolución del contrato;
- se exige, si procede, una indemnización por daños y perjuicios.

Estructura de una reclamación por retraso en la entrega

1. ESCRIBA refiriéndose a su orden de mercancías y/o a la aceptación de venta hecha por el proveedor.
2. ESCRIBA que no se ha recibido la mercancía mencionada y/o que la fecha de entrega convenida no se ha cumplido.
3. ESCRIBA indicando los problemas que ocasiona el retraso o falta de envío.
4. ESCRIBA, según el caso, cuáles son las exigencias que se derivan de la demora en la entrega: cumplimiento de la entrega o rescisión del contrato, y una posible indemnización, en uno u otro caso, de los perjuicios que haya irrogado la tardanza.
5. ESCRIBA una fórmula de despedida.

Frases modelo

Reclamación por retraso en la entrega	**Reklamation wegen Lieferverzug**
Todavía no hemos recibido los géneros que les ordenamos.	Wir haben die bestellten Waren noch nicht erhalten.
Ha transcurrido la fecha de entrega prevista y aún no ha llegado la mercancía pedida.	Obwohl der vorgesehene Liefertermin bereits überschritten ist, haben wir die bestellte Ware noch nicht erhalten.
No acertamos a comprender la dilación en el cumplimiento de nuestro pedido. En su confirmación de venta nos prometieron entregarlo hasta el ...	Wir können die Verzögerung bei der Erledigung unseres Auftrags nicht verstehen. In Ihrer Auftragsbestätigung haben Sie uns eine Auslieferung bis zum ... zugesichert.
Nos sorprende la tardanza en la entrega, pues, según su aviso de envío los artículos ya deberían estar en nuestro poder.	Der Lieferverzug ist uns unverständlich, da die Waren gemäß Ihrer Versandanzeige bereits bei uns eingegangen sein müßten.
La demora en el despacho de la mercancía nos está originando serias dificultades.	Die verzögerte Lieferung der Ware bringt uns in große Schwierigkeiten.
Les rogamos nos comuniquen a qué causas obedece el retraso en servir las mercancías solicitadas.	Wir bitten Sie, uns die Gründe für den Lieferverzug der bestellten Waren mitzuteilen.
Sírvanse indicarnos por télex la fecha de entrega.	Bitte teilen Sie uns per Fernschreiben das Lieferdatum mit.
Necesitamos con urgencia los géneros. Caso de no poder enviarlos en el plazo de ... días, ha de considerarse el pedido como anulado.	Wir benötigen die Ware dringend. Falls die Lieferung nicht innerhalb von ... Tagen erfolgen kann, gilt der Auftrag als storniert.

Les concedemos una prórroga del plazo de entrega hasta el ... En caso de no disponer hasta entonces de la mercancía, nos veríamos obligados a efectuar una compra de cobertura.

Wir gewähren Ihnen eine Verlängerung der Lieferfrist bis zum ... Wenn wir bis zu diesem Zeitpunkt nicht über die Ware verfügen, sehen wir uns zur Vornahme eines Deckungskaufes gezwungen.

Su incumplimiento del plazo de entrega nos ha obligado a adquirir los artículos a otros proveedores. La diferencia de precio la cargaremos a su cuenta.

Da Sie die Lieferfrist nicht eingehalten haben, mußten wir die Artikel bei anderen Lieferanten beziehen. Den Preisunterschied werden wir Ihnen in Rechnung stellen.

La falta de su envío nos impide ofrecer este artículo a tiempo. Nos vemos obligados a rechazar la aceptación de la mercancía.

Durch das Ausbleiben Ihrer Lieferung können wir diesen Artikel nicht rechtzeitig anbieten. Wir müssen die Annahme der Lieferung verweigern.

Nos vemos forzados a exigirles el inmediato cumplimiento de nuestra orden.

Wir sehen uns gezwungen, Sie zur sofortigen Erfüllung unseres Auftrags aufzufordern.

Les haremos responsables por los daños y perjuicios que nos ha ocasionado su demora en la entrega.

Wir werden Sie für die aus Ihrem Lieferverzug resultierenden Schäden haftbar machen.

A pesar de haber pactado un plazo fijo de entrega, Uds. no se han atenido a este acuerdo. Les exigiremos una indemnización por los perjuicios irrogados.

Obwohl ein fester Liefertermin vereinbart wurde, haben Sie sich nicht an diese Abmachung gehalten. Für die daraus entstandenen Nachteile werden wir Schadenersatz fordern.

Haremos valer las cláusulas penales convenidas en caso de demora en la entrega.

Bei Lieferverzug kommen die vereinbarten Konventionalstrafen zur Anwendung.

Respuesta del vendedor a una reclamación por retraso en la entrega

Antwort des Verkäufers auf eine Reklamation wegen Lieferverzug

Les rogamos que disculpen el retraso en la entrega.

Wir bitten Sie, den Lieferverzug zu entschuldigen.

Circunstancias imprevistas nos han impedido cumplir con la fecha de entrega.

Aufgrund von unvorhergesehenen Umständen konnten wir den Liefertermin nicht einhalten.

Dificultades de producción han retrasado la ejecución de su pedido.

Schwierigkeiten bei der Produktion führten zu einer Verzögerung in der Erledigung Ihres Auftrags.

Esperamos que sepan disculpar este retraso involuntario.

Wir hoffen, daß Sie diesen unbeabsichtigten Verzug entschuldigen.

Por motivos de fuerza mayor, no nos fue posible hacerles llegar a tiempo la mercancía solicitada.

Aufgrund von höherer Gewalt war es uns nicht möglich, Ihnen die bestellte Ware pünktlich zu liefern.

En nuestra aceptación de venta no figura un plazo de entrega determinado.

Unsere Auftragsbestätigung enthält keine bestimmte Lieferfrist.

Remitiremos los géneros pendientes a la mayor brevedad.

Wir werden die ausstehenden Waren baldmöglichst liefern.

Entrega en fecha posterior

Lieferung zu einem späteren Zeitpunkt

Ponemos en su conocimiento que el envío de su orden se retrasará en aproximadamente ... días.

Wir teilen Ihnen mit, daß sich die Lieferung der bestellten Waren um etwa ... Tage verzögern wird.

Lamentamos tener que informarles que no podremos suministrar antes del ... / en la fecha prevista.

Leider müssen wir Ihnen mitteilen, daß wir nicht vor dem ... / zum vorgesehenen Zeitpunkt liefern können.

Problemas de abastecimiento de materias primas nos impiden cumplir la fecha de entrega prometida.

Aufgrund von Schwierigkeiten bei der Rohstoffversorgung können wir die zugesagte Lieferfrist nicht einhalten.

mecanomot, s.a.

La Granja, 23, Zona Industrial, 28100 ALCOBENDAS (Madrid)
Telf.: 632 81 00 (6 líneas) – Fax: 632 75 02 – Télex: 26419 MEMOT-E

S/ref.	N/ref.	S/escrito	Fecha:
	AM/cl	*5-5-19..*	*3 de junio de 19..*

Sres.
Martin Kessler OHG
Hauptstr. 34
D-91054 ERLANGEN

Nuestro pedido del 15-04-19..

Señores:

Hacemos referencia a nuestra llamada telefónica del 2 de junio por la que les reclamábamos el envío de los gatos hidráulicos para garajes, conforme a nuestro pedido hecho el día 15 de abril y confirmado por Uds. con su escrito del 5 de mayo.

A pesar de que nos prometieron la ejecución inmediata de nuestra orden, todavía no estamos en posesión de los artículos solicitados.

Esta tardanza en el envío no nos permite cumplir los compromisos contraídos con nuestros propios clientes, creándonos serios problemas y perjuicios.

Por los motivos expuestos y dada la urgencia del asunto, les rogamos servir el pedido hasta el 20 de junio, a más tardar. En caso de que no dispongamos de los gatos hasta esa fecha, consideren nuestro pedido como anulado.

En espera de que sabrán comprender nuestra posición, les saluda atentamente,

MECANOMOT, S. A.

Fdo.

Fdo.: Javier Alonso Martín

Cta. cte. en BANCO DE CASTILLA 12324/3 y BANCO COMERCIAL 3219/56, Madrid
N. I. F. A 435798763

◀ Reclamación por retraso en la entrega

Solamente se ha recibido envío parcial

Muy señores nuestros:

Debemos manifestarles nuestra contrariedad por no haber recibido hasta el día de hoy la totalidad de los artículos para fines publicitarios que les cursamos con nuestra orden de compra Nº 0000/00.
Han transcurrido tres semanas desde la fecha prevista para la entrega íntegra de la mercancía, pero, hasta ahora, Uds. solamente han efectuado un envío parcial y todavía nos faltan los llaveros, encendedores e imanes que deseamos distribuir próximamente con motivo del 25 aniversario de nuestra casa.
Sírvanse informarnos exactamente sobre el estado de nuestro pedido y remitirnos inmediatamente los géneros pendientes.

Sin otro particular, les saludamos atentamente,

Demora en el suministro mensual

Estimados señores:

Ponemos en su conocimiento la crítica situación que se nos presenta en el mes de marzo con respecto a las existencias de papel MG–85 para el envasado de nuestros productos, situación que se debe a su retraso en la entrega de las cantidades mensuales programadas.
Ante la gravedad del asunto y, para que no nos veamos obligados a paralizar la producción, les pedimos que hagan todo lo que sea necesario para que puedan suministrarnos la mercancía antes del 5 de marzo.
Les recordamos la cláusula penal acordada por cada semana de demora en el suministro.

Pendientes de sus noticias, les saludamos atentamente,

Demora en la entrega causa graves problemas al comprador

Estimados señores:

Por la presente les manifestamos nuestra gran preocupación por la demora en el suministro de la nueva carcasa para la bomba Fluidplant modelo CE–17 que recibimos totalmente rota en el mes de noviembre pasado.
La instalación de la planta de tratamiento de aguas residuales está en su etapa final, siendo el mes de junio la fecha tope concedida por el Ministerio del Ambiente de Venezuela para poner en marcha las instalaciones.
Con el fin de evitar el riesgo de multa y/o paralización de nuestras operaciones, es imprescindible que dicha bomba funcione a pleno rendimiento en las fechas previstas.

Agradeciendo la pronta solución del problema planteado, nos despedimos de Uds. con atentos saludos,

Compra de cobertura

Señores:

La prórroga que les concedimos para la entrega de las mercancías pedidas tampoco ha sido atendida por su casa.
Nos hemos visto obligados a recurrir a otra fuente de aprovisionamiento para cubrir nuestras necesidades.
Los gastos adicionales en que hemos debido de incurrir, se los cargaremos en cuenta.

Atentamente,

Anulación de pedido

Señores:

Los adornos de Navidad que les solicitamos no han llegado en el plazo estipulado. Tampoco hemos recibido ninguna comunicación suya en cuanto a dificultades de despacho de los mismos.
Dado que una entrega en fecha posterior no tiene ningún sentido, consideren nuestra orden como anulada.
No es la primera vez que la ejecución de nuestros pedidos sufre un incumplimiento similar. Por tal razón, hemos decidido no confiarles nuevos pedidos en el futuro.

Atentamente,

Lieferverzug ▶

Herbst & Co. KG

INDUTEC, S. L.
Avda. Francisco Cambó, 81

E-08003 BARCELONA

Ottostraße 65
85521 Ottobrunn bei München
Tel. (0 89) 609 32 33/34
Telex 5 345 121 herb
Telefax 609 12 34

Ihre Nachricht	Ihre Zeichen	Unsere Zeichen	Tag
		He/df	22.09.19..

Betreff: Unsere Bestellung vom 5. März 19..

Sehr geehrte Damen und Herren,

am 5. März dieses Jahres erteilten wir Ihrem Vertreter, Herrn Camilo Gutiérrez Castillo, folgende Order:

10 000 Kunststoff-Paletten für schwere Lasten,
Bestell-Nr. Ax-891-c
Länge: 1200 mm, Breite 1000 mm, Höhe: 180 mm
Gewicht: 34 kg, Traglast 1000 kg
Stückpreis ab Werk: DM 45,70

Wir hatten ausdrücklich darauf hingewiesen, daß die Einhaltung des auf die 37. Woche festgelegten Liefertermins unbedingt erforderlich ist.

Obwohl uns Herr Gutiérrez eine fristgerechte Lieferung per LKW und frei Haus verbindlich zusagte, haben wir bis heute weder eine Versandanzeige noch die Warensendung erhalten.

Hiermit setzen wir Ihnen eine Nachfrist von zwei Wochen. Bei Nichteinhaltung werden wir Sie mit den Mehrkosten belasten, die uns durch diese Terminverschiebung entstehen.

Mit freundlichen Grüßen

Herbst & Co. KG

K. Herbst

Kurt Herbst

Postgiro München Nr. 214 791-862 BLZ 700 100 80
Wechselbank Ottobrunn Nr. 543789 BLZ 700 200 01

Auftrag kann nicht rechtzeitig ausgeführt werden

Sehr geehrter Herr Moreno,

heute erhielten wir eine Mitteilung unseres Herstellers. Leider ist er nicht in der Lage, zum gewünschten Termin zu liefern.
Aus diesem Grunde können wir Ihrer Bestellung voraussichtlich erst in der 35. Kalenderwoche nachkommen und Ihnen die georderten Drehsessel, Modell Ergonomic De Luxe D 626, zustellen.
Unsere Versandabteilung wird Ihnen das genaue Lieferdatum rechtzeitig mitteilen.
Wir bedauern außerordentlich, daß der vereinbarte Termin nicht eingehalten werden kann, und bitten Sie, die Verzögerung zu entschuldigen.

Mit freundlichen Grüßen

Mitteilung über erneuten Lieferverzug

Sehr geehrte Damen und Herren,

leider können wir den mit Schreiben vom 00. 00. 19.. avisierten Liefertermin nicht einhalten.
Der erneute Lieferverzug ist auf produktionsbedingte Schwierigkeiten unseres Fabrikanten zurückzuführen, die wir nicht zu vertreten haben.
Nach den Informationen, die uns im Augenblick vorliegen, wird die Ware voraussichtlich in der 46. Woche bei Ihnen angeliefert.
Wir möchten uns vielmals für diese weitere unangenehme Verzögerung entschuldigen und hoffen auf Ihr Verständnis.

Mit freundlichen Grüßen

Lieferverzug wegen Verkehrsunfall ►

Mitteilung über Deckungskauf

Sehr geehrte Damen und Herren,

da Sie die festgesetzte Nachfrist kommentarlos verstreichen ließen, haben wir heute einen Deckungskauf vorgenommen.
Wir bitten um sofortige Überweisung der uns entstandenen Mehrkosten in Höhe von DM 0000,00, deren Zusammensetzung Sie der beigefügten Aufstellung entnehmen können.
Die wiederholte Unzuverlässigkeit bei der Lieferung zwingt uns dazu, die Geschäftsbeziehungen mit Ihrem Hause zu beenden.

Mit freundlichem Gruß

Anlagen: 1 Kostenaufstellung

wir leider nicht
termin einzuhalten.
bahn in der naehe
unfall verwickelt,
mmern leckschlugen.
d rund 7 000 ausge-
nicht genau

lten und ihnen
eren
tc. schicken.

verbleiben

mit freundlichen gruessen

Las reclamaciones por defectos en la entrega

Concepto

¿Quién escribe?

El *comprador.*

¿Por qué se escribe?

Para reclamar la entrega defectuosa de la mercancía pedida.

Motivos de reclamación pueden ser:
- la *calidad* de la mercanía recibida no corresponde a la pedida;
- la mercancía llega en *mal estado;*
- la mercancía es *diferente* a la ordenada;
- la *cantidad* entregada no es correcta

¿A quién se le escribe?

Al *vendedor.*

¿Qué se escribe?

En la carta de reclamación
- se puntualizan las causas de la reclamación;
- se indican los motivos de la entrega defectuosa;
- se hace una evaluación del daño sufrido;
- se propone un arreglo conveniente del asunto (o se le solicita una propuesta de solución al vendedor).

El comprador podrá exigir
- la *resolución del contrato;*
- una *nueva entrega;*
- la *aminoración del precio;*
- una *indemnización por daños y perjuicios.*

Estructura ...

... de una reclamación por defectos en la entrega

1. ESCRIBA acusando el recibo de la mercancía.
2. ESCRIBA en forma precisa cuáles son los defectos o vicios de la mercancía.
3. ESCRIBA una evaluación del perjuicio producido.
4. ESCRIBA cuáles son sus exigencias para arreglar esta desaveniencia (resolución del contrato, entrega sin defectos en sustitución, reducción del precio o indemnización de los daños causados).
5. ESCRIBA que se espera una respuesta inmediata.
6. ESCRIBA una fórmula de despedida.

El *vendedor,* por su parte, deberá contestar al reclamante y considerar en su respuesta si se trata de una *reclamación justificada* o *no.*

... de una respuesta a una reclamación injustificada

1. ESCRIBA acusando el recibo de la reclamación;
2. ESCRIBA, en tono mesurado y cortés, que no se puede reconocer la reclamación recibida.
3. ESCRIBA los motivos por los cuales se rechaza la queja que se considera infundada.
4. ESCRIBA una fórmula de despedida.

... de una respuesta a una reclamación justificada

1. ESCRIBA acusando el recibo de la reclamación.
2. ESCRIBA que se sienten los inconvenientes causados; manifieste que se reconoce lo fundado de la reclamación recibida.
3. ESCRIBA una propuesta para solucionar el asunto (sustitución de la mercancía con vicios o defectos, reducción del precio, indemnización del daño ocasionado, etc.).
4. ESCRIBA que se tomarán medidas para que el problema no se repita en adelante.
5. ESCRIBA que se espera seguir manteniendo buenas relaciones comerciales en el futuro.
6. ESCRIBA una fórmula de despedida.

Frases modelo

Acuse de recibo de mercancías

Acusamos recibo de su suministro ...

Se encuentran en nuestro poder los artículos conforme a su factura Nº 1.248.

Con fecha de hoy hemos recibido su envío correspondiente a nuestro pedido del 25 ppdo.

Bestätigung über den Empfang der Ware

Wir bestätigen den Empfang / Erhalt Ihrer Lieferung ...

Die in Ihrer Rechnung Nr. 1248 aufgeführten Waren haben wir erhalten.

Ihre Sendung gemäß unserer Bestellung vom 25. des vergangenen Monats ist heute bei uns eingetroffen.

Reclamación por defectos o vicios en la entrega

Sentimos tener que comunicarles que los artículos no corresponden a nuestras exigencias.

Lamentamos tener que manifestarles que su entrega no nos ha satisfecho.

Nos vemos obligados a participarles que la orden no ha sido servida a nuestra entera satisfacción.

No estamos conformes con la entrega.

Nuestro pedido no ha sido ejecutado conforme a lo convenido.

La calidad de los artículos suministrados no se ajusta a las muestras que nos enviaron previamente.

La calidad de sus productos difiere considerablemente de la indicada en su oferta.

La calidad de su última remesa deja mucho que desear.

Los artículos servidos acusan defectos de material.

No podemos aceptar la baja / mala calidad de los artículos.

Los artículos suministrados no son los que solicitamos en nuestra orden.

Reklamation wegen fehlerhafter Lieferung (Mängelrüge)

Leider müssen wir Ihnen mitteilen, daß die Artikel unseren Anforderungen nicht entsprechen.

Wir müssen Ihnen leider mitteilen, daß wir mit Ihrer Lieferung nicht zufrieden sind.

Wir müssen Ihnen mitteilen, daß der Auftrag nicht zu unserer vollständigen Zufriedenheit ausgeführt wurde.

Wir sind mit der Lieferung nicht einverstanden / zufrieden.

Unsere Bestellung wurde nicht vereinbarungsgemäß ausgeführt.

Die Warenqualität entspricht nicht den übersandten Mustern / Proben.

Die Qualität der gelieferten Produkte weicht erheblich von Ihrem Angebot / der angebotenen ab.

Die Qualität Ihrer letzten Sendung läßt sehr zu wünschen übrig.

Die gelieferten Artikel weisen Materialfehler auf.

Die mindere / schlechte Qualität Ihrer Waren können wir nicht akzeptieren.

Die gelieferten Artikel entsprechen nicht unserer Bestellung.

Los tamaños / Las medidas / Los colores enviados no corresponden a los indicados en nuestro pedido.

Die gelieferten Größen / Maße / Farben stimmen nicht mit unserem Auftrag überein.

Nos han enviado una mercancía equivocada.

Sie haben uns die falsche / nicht die richtige / eine andere / Ware geschickt.

Las mercancías sufrieron daños durante el transporte.

Die Waren sind auf dem Transport beschädigt worden.

Al desembalar la mercancía tuvimos que constatar que nos enviaron ... kgs. de más / de menos.

Beim Auspacken der Ware mußten wir feststellen, daß Sie uns ... kg zu wenig / zu viel geschickt haben.

En una caja faltan 15 piezas.

In einer Kiste fehlen 15 Stück.

Lamentablemente nos enviaron 3 docenas de menos.

Leider haben Sie uns 3 Dutzend zu wenig geschickt.

Su envío no contenía la totalidad de los artículos solicitados en nuestra orden.

Ihre Lieferung enthielt nicht alle von uns bestellten Artikel.

El peso de la mercancía difiere del estipulado en el contrato.

Das Gewicht der Ware weicht von dem vertraglich festgelegten ab.

Debido a un embalaje insuficiente la mercancía ha llegado en mal estado.

Aufgrund unzureichender Verpackung ist die Ware beschädigt eingetroffen.

A causa del mal embalaje gran parte de la mercancía ha llegado dañada / en un estado inservible.

Infolge schlechter / unsachgemäßer Verpakkung traf ein großer Teil der Ware in beschädigtem Zustand ein.

La mercancía suministrada mostraba un avanzado estado de descomposición debido al embalaje inadecuado que permitió el acceso de humedad.

Die gelieferte Ware war bereits stark verdorben, da durch unsachgemäße Verpackung Feuchtigkeit eindringen konnte.

Al parecer las cajas de cartón estuvieron expuestas a la intemperie.

Offensichtlich hatte man die Pappkartons der Witterung ausgesetzt.

Al examinar su envío hemos tenido que constatar que gran parte de las latas estaban bombeadas.

Bei der Überprüfung Ihrer Lieferung mußten wir feststellen, daß die (Konserven-)Dosen zu einem großen Teil Wölbungen aufwiesen.

Las jaulas en que venía embalada la mercancía no ofrecían la protección necesaria que se requiere en esta clase de envíos.

Die (Latten-)Kisten, in denen die Ware verpackt war, boten für diese Versandart keinen ausreichenden Schutz.

Los precintos de las cajas estaban rotos y el contenido no corresponde al pesaje facturado.

Der Verschluß der Kisten war beschädigt, und ihr Inhalt entsprach nicht dem in Rechnung gestellten Gewicht.

Los fardos presentaban flejes de acero intactos, por lo que la falta de peso debe atribuirse a un error suyo.	Die Stahlbandumreifung der Ballen war unbeschädigt, weshalb die Gewichtsdifferenz auf einen Irrtum Ihrerseits zurückzuführen sein muß.
Los bultos estaban abiertos faltando parte del contenido.	Die Kolli waren geöffnet und ein Teil des Inhalts fehlte.
Las roturas producidas se deben a que no acondicionaron el interior de las cajas con suficiente cartón ondulado.	Die entstandenen Bruchschäden sind darauf zurückzuführen, daß Sie die Kisten innen nicht ausreichend mit Wellpappe ausgekleidet haben.
La insuficiente cantidad de virutas / material espumoso del embalaje es la causa de los daños.	Der Schaden entstand aufgrund der unzureichenden Verwendung von Sägespänen / Schaumstoff bei der Verpackung / weil bei der Verpackung mit ... gespart wurde.
Los derrames se deben a que la tapa de los tambores estaba algo suelta.	Da die Deckel der Trommeln nicht fest genug verschlossen waren, trat Flüssigkeit aus.
La protección estanca contra mojadura y humedad que emplearon para la maquinaria es inservible.	Der für die Maschinen verwendete Nässe- und Feuchtigkeitsschutz ist unbrauchbar.
A pesar de nuestras instrucciones Uds. no emplearon un embalaje tropical para proteger adecuadamente la mercancía.	Trotz unseren Anweisungen haben Sie keine tropenfeste Verpackung zum Schutz der Ware verwendet.
La mercancía no estaba suficientemente protegida contra golpes durante el transporte.	Die Ware war während des Transports nicht ausreichend gegen Erschütterungen geschützt.
El mal estado en que se recibió la mercancía se debe exclusivamente a una negligencia de su departamento de expediciones / embalaje.	Der schlechte Zustand der eingetroffenen Ware ist ausschließlich auf eine Nachlässigkeit Ihrer Versand- / Verpackungsabteilung zurückzuführen.

Exigencias del comprador — **Forderungen des Käufers**

Nos vemos obligados a rechazar / rehusar la entrega.	Wir sehen uns gezwungen, die Lieferung zurückzuweisen / abzulehnen / die Annahme der Lieferung zu verweigern.
Devolvemos la mercancía a su cargo.	Wir schicken die Ware zu Ihren Lasten zurück.
Ponemos la mercancía defectuosa a su disposición.	Wir stellen Ihnen die schadhafte / mangelhafte Ware zur Verfügung.
No podemos hacernos cargo del envío.	Wir können die Lieferung nicht übernehmen / abnehmen.

Para evitar gastos y trámites de reexpedición estaríamos dispuestos a quedarnos con la mercancía siempre que Uds. nos concedan un descuento del 25 %.	Um die mit einer Rücksendung verbundenen Kosten und Formalitäten zu vermeiden, wären wir bei Gewährung eines Preisnachlasses von 25 % bereit, die Ware zu behalten.
Les enviamos de vuelta el lote equivocado y les rogamos nos lo sustituyan a la mayor brevedad posible.	Wir retournieren die falsch gelieferte Warenpartie und bitten Sie baldmöglichst um eine Ersatzlieferung.
En caso de que no estén en condiciones de sustituirnos inmediatamente los artículos defectuosos, sírvanse comunicárnoslo por télex y considerar nuestra orden como anulada.	Falls Sie nicht in der Lage sind, die schadhaften Artikel sofort zu ersetzen, wollen Sie uns dies bitte per Fernschreiben mitteilen und unseren Auftrag als storniert betrachten.
Les agradeceríamos nos dieran instrucciones para proceder a la devolución de la mercancía con fallos.	Für Anweisungen bezüglich der Rückgabe der fehlerhaften Ware wären wir Ihnen sehr dankbar.
Les adjuntamos una relación de los artículos rotos y les rogamos sustituirlos o enviarnos una nota de abono.	Anbei übersenden wir Ihnen eine Aufstellung der beschädigten / zu Bruch gegangenen Artikel und bitten Sie, diese zu ersetzen oder uns eine Gutschrift zukommen zu lassen.
Les haremos llegar una evaluación de los daños.	Wir werden Ihnen eine Schadensaufstellung übersenden.
Deduciremos del total de la factura el importe de los artículos que nos enviaron de menos.	Von der Gesamtrechnungssumme werden wir den Betrag für die nicht übersandten Artikel abziehen.
Les rogamos nos reembolsen la diferencia de peso constatada.	Wir bitten um Rückvergütung der festgestellten Gewichtsdifferenz.
Los artículos con vicios que nos suministraron son invendibles.	Die uns gelieferten mangelhaften Artikel sind unverkäuflich.
La deficiente ejecución del pedido nos ha ocasionado graves trastornos.	Die schlechte Ausführung des Auftrags hat uns großen Schaden verursacht.
Les agradeceremos que en el futuro pongan el máximo cuidado en sus envíos.	Bitte erledigen Sie Ihre Sendungen in Zukunft mit größter Sorgfalt.
Sírvanse comunicarnos cómo piensan arreglar este asunto.	Bitte teilen Sie uns mit, wie Sie diese Angelegenheit regeln werden.
Esperamos que encuentren una solución adecuada a este desagradable asunto.	Wir hoffen, daß Sie eine zufriedenstellende Lösung für diese unangenehme Angelegenheit finden.
Solicitaremos una indemnización por los daños ocasionados.	Für die verursachten Schäden werden wir (Schaden-)Ersatz verlangen / fordern.

En caso de que no puedan cumplir satisfactoriamente con lo convenido, les haremos responsables por los daños y perjuicios ocasionados.

Falls Sie die Vereinbarungen nicht in zufriedenstellender Weise einhalten können, werden wir Sie für die entstehenden Schäden haftbar machen.

En caso de repetirse estos percances, nos veríamos obligados a poner fin a nuestras relaciones comerciales.

Falls sich derartige Vorfälle wiederholen sollten, wären wir gezwungen, unsere Geschäftsbeziehung zu beenden.

Si el asunto no se resuelve a nuestra entera satisfacción, tendremos que recurrir a la vía legal.

Wenn die Angelegenheit nicht zu unserer vollen Zufriedenheit geregelt wird, müssen wir rechtliche Schritte unternehmen.

El vendedor acepta la reclamación

Der Verkäufer akzeptiert die Reklamation

Lamentamos que la ejecución de su pedido no les haya satisfecho.

Wir bedauern, daß die Erledigung Ihres Auftrags nicht zu Ihrer Zufriedenheit ausgefallen ist.

Sentimos que la mercancía haya sufrido daños.

Es tut uns leid, daß die Ware Schäden erlitten hat.

Sentimos mucho los defectos de fabricación que nos imputan.

Wir bedauern die beanstandeten Fabrikationsfehler außerordentlich.

Nos vemos obligados a reconocer que los daños se deben a un descuido de nuestros embaladores.

Wir müssen zugeben, daß die Schäden auf einen Fehler unserer Packer zurückzuführen sind.

Por supuesto que vamos a sustituirles los artículos que les despachamos equivocadamente.

Selbstverständlich werden wir die Ihnen irrtümlich übersandten Artikel ersetzen.

Una vez estudiada su reclamación, hemos comprobado que efectivamente les enviamos 250 kgs. de menos. Esta cantidad restante se la enviaremos inmediatamente a nuestra cuenta.

Nach Überprüfung Ihrer Reklamation mußten wir feststellen, daß Sie tatsächlich 250 kg zu wenig erhalten haben. Wir werden Ihnen die fehlende Menge unverzüglich auf unsere Kosten übersenden.

Les proponemos la siguiente solución amistosa:

Wir schlagen Ihnen folgende gütliche Einigung vor:

Les rogamos reexpidan los géneros a porte debido.

Bitte senden Sie die Waren unfrei an uns zurück.

La reposición de los artículos rotos se efectuará lo más pronto posible.

Der Ersatz für die beschädigten Artikel erfolgt unverzüglich.

Para demostrar nuestra buena voluntad en la solución de este asunto, estamos dispuestos a facturarles los artículos enviados a mitad de precio.

Wir möchten Ihnen bei der Bereinigung der Angelegenheit entgegenkommen und sind bereit, für die übersandten Waren nur den halben Preis zu berechnen.

ɔhl Ihre Beschwerde nicht ganz begründet ɜwähren wir Ihnen einen Nachlaß von 10 %.

inblick auf unsere langjährigen und engen ;häftsbeziehungen sind wir bereit, die Ko- für die angegebenen Schäden zu überneh-

er Vertreter wird in den nächsten Tagen bei ın vorsprechen und versuchen, eine Rege- ʝ der Angelegenheit herbeizuführen.

hoffen, daß diese neue Sendung wohlbehal- bei Ihnen eintrifft.

hoffen auf Ihr Einverständnis für die vorge- ılagene Lösung.

bitten Sie nochmals um Entschuldigung für Unannehmlichkeiten, die wir Ihnen verur- ..cht haben.

El vendedor rechaza la reclamación	Der Verkäufer lehnt die Reklamation ab
Lamentamos no poder aceptar su reclamación.	Leider können wir Ihre Reklamation nicht akzeptieren.
Los motivos que Uds. aducen no justifican una reclamación.	Die von Ihnen angeführten Gründe rechtfertigen keine Reklamation.
La reclamación deben dirigirla a la compañía de seguros / agencia de transportes.	Bitte wenden Sie sich mit Ihrer Reklamation an die Versicherungsgesellschaft / das Transportunternehmen.
El envío corresponde plenamente a lo solicitado en su télex / telefax del ...	Die Sendung entspricht vollkommen den von Ihnen mit Telex / Telefax vom ... angeforderten Waren.
Mientras no recibamos los dictámenes periciales no estamos en condiciones de darles una respuesta definitiva a su reclamación.	Solange uns die Sachverständigengutachten noch nicht vorliegen, können wir Ihnen keine definitive Antwort auf Ihre Reklamation geben.
Es la primera vez que recibimos una reclamación de tal índole y, en ningún caso, podemos concederles una bonificación.	Zum ersten Mal erhalten wir eine derartige Reklamation, und wir können Ihnen keinesfalls einen Preisnachlaß gewähren.
No podemos aceptar su demanda de indemnización, ya que la falta de peso que nos imputan es de responsabilidad del agente de transportes.	Wir können Ihre Schadenersatzforderung nicht berücksichtigen, da der Transporteur für den uns angelasteten Gewichtsverlust haftbar zu machen ist.

Al retirar los bultos deberían haber verificado inmediatamente su peso.

Bei Abholung der Kolli hätten Sie das Gewicht sofort überprüfen müssen.

No podemos responsabilizarnos de defectos surgidos después de tanto tiempo y que seguramente se deben a que Uds. no han almacenado la mercancía convenientemente.

Für nach so langer Zeit aufgetretene Schäden können wir keine Verantwortung übernehmen, zumal diese mit Sicherheit auf eine unsachgemäße Lagerung der Ware zurückzuführen sind.

El acondicionamiento de la mercancía es el usual, por lo que no se puede admitir la reclamación.

Die Ware war wie üblich verpackt, weshalb Ihre Reklamation nicht berücksichtigt werden kann.

Nos es imposible hacernos cargo de las roturas que Uds. reclaman, ya que se deben al mal trato que ha sufrido la mercancía durante el transporte ferroviario.

Die von Ihnen reklamierten Bruchschäden können wir nicht anerkennen, da diese durch unsachgemäße Behandlung der Ware während des Bahntransports entstanden sind.

Correspondencia

Reclamación por defectos en la entrega ▶

La calidad recibida difiere de la pedida

Señores:

Hemos recibido a su debido tiempo el envío de camisetas que les solicitamos en nuestra orden arriba indicada.
Lamentablemente hemos tenido que constatar que la calidad de los artículos no corresponde a la que nos aseguraron en su carta-oferta del 00–00–0000 ni a las muestras que en esa oportunidad nos enviaron por correo aparte.
Dado que nuestra casa se dedica a la venta de productos naturales, no podemos aceptar camisetas que contengan un 25 % de fibras sintéticas y que no sean 100 % de algodón como las que habíamos pedido.
En vista de lo anteriormente expuesto esperamos que nos den instrucciones para saber qué hacer con la mercancía recibida.
Además les rogamos una respuesta inmediata para saber si están en condiciones de servir el pedido en las condiciones de calidad estipuladas.

Pendientes de sus noticias, les saludamos atentamente,

Compañía Delta, S.A.

MEDELLIN-COLOMBIA

Importadora y distribuidora de
aparatos fotográficos

Medellín, 2 de julio de 19..

FOTOCOLOR GmbH
Bergstr. 27
D-81539 Múnich

Nuestro pedido del 00-00-19..

Muy señores nuestros:

Hemos recibido su envío de 65 aparatos de ampliación MAGOT F-10, de acuerdo con nuestro pedido del rubro arriba mencionado.

Un examen de los mismos ha dado como resultado que todos han llegado en perfecto estado.

Sin embargo, lamentamos tener que comunicarles que los folletos con las instrucciones de uso en castellano contienen graves errores de traducción y son prácticamente incomprensibles para nuestros clientes.

Este hecho es especialmente molesto ya que les habíamos pedido expresamente que nos proporcionaran una traducción exacta que nos evitara posteriores reclamaciones y consultas innecesarias por parte de los compradores.

Les rogamos que nos envíen a la mayor brevedad posible una nueva traducción.
Es caso contrario, encargaremos nosotros mismos este trabajo a un traductor cualificado, de lengua materna, cargándoles a Uds. todos los gastos que nos origine esta asunto.

Sin otro particular, quedamos de Uds.

atentamente,

Juan Ordoñez

JUAN ORDOÑEZ REYES
Vicepresidente

Apartado Aéreo 1315 Teléfonos: 1515111 – 1513222 – Télex: DELT 22337

La cantidad recibida difiere de la pedida

Estimados señores:

Según la documentación que obra en nuestro poder, Uds. nos han enviado una cantidad menor que la que le habíamos solicitado al representante de su casa con ocasión de su última visita a nuestras oficinas.
Les incluimos copia de la nota de pedido con la especificación de cada artículo.
Como la temporada de esquí comenzará en pocas semanas, les rogamos que nos envíen la diferencia a la mayor brevedad.

Aprovechamos la ocasión para saludarles atentamente,

La mercancía llega en mal estado

senores:

hoy hemos recibido su suministro mensual.

al desembalar la partida de salchichas de francfort
hemos comprobado que gran parte de los frascos no
estaban hermeticamente cerrados, por lo que se ha
derramado parte del liquido, mojandose el etiquetado.

aparte de que la mercancia no se puede vender en estas
condiciones, este hecho infringe las disposiciones del
codigo alimentario.

esperamos sus noticias. atentamente.

Embalaje insuficiente de la mercancía

Muy señores nuestros:

Acusamos recibo de los artículos de cristal que nos han enviado a través de la agencia de transportes Transrapid.
Sin embargo, una parte del envío llegó roto debido a que no rellenaron los espacios vacíos de las cajas con suficiente embalaje contra golpes. Les adjuntamos una relación de los daños y les rogamos que nos sustituyan la mercancía o que nos envíen una nota de abono.
A pesar de que estamos muy conformes con la calidad de sus artículos, no es la primera vez que éstos nos llegan en malas condiciones a causa de que Uds. no le prestan la debida atención al embalaje.

Esperamos que en el futuro puedan evitar este tipo de anomalías y les saludamos muy atentamente,

El vendedor responde a una reclamación

Señores:

Nos referimos a nuestro envío del 20–12–19.., del cual nos indicaron por teléfono que faltaban algunos bultos.
A fin de poder cursar la correspondiente reclamación al transportista, les rogamos nos indiquen si la falta de los citados bultos se hizo constar al transportista en el momento de la entrega.
Independientemente de las gestiones que haremos con el seguro y el transportista, les repondremos los artículos que faltan inmediatamente.

Quedamos a la espera de sus noticias y aprovechamos la ocasión para saludarles atentamente,

Reklamation wegen unvollständiger Lieferung ▶

Mängelrüge wegen Verarbeitungsfehler

Sehr geehrte Damen und Herren,

die bestellte Ware gemäß unserer Order Nr. 000/00 vom 00. 00. 19.. traf gestern bei uns ein.
Der Großteil der Lieferung ist in Ordnung. Allerdings fehlen bei den bestellten Damenmorgenmänteln Modell „Carmen", Katalog-Nr. B 190, *sämtliche* Knopflöcher!
Obwohl es sich um einen groben Mangel handelt, wären wir bei Gewährung eines Preisnachlasses von 00 % bereit, die fehlerhafte Ware zu behalten. Anderenfalls schicken wir die Morgenmäntel unfrei an Sie zurück.
Bitte teilen Sie uns baldmöglichst mit, wie Sie diese Angelegenheit regeln werden.

Mit freundlichen Grüßen

SPANISCHER MARKT

seit 1825

Früchte · Weine · Spezialitäten

Enrique Arca
Elaborador de Turrones
Apartado de Correos 28

E-03100 JIJONA (Alicante)

Warthgasse 12
A-1170 WIEN
Tel. (0222) 454210
Telex 132112 SpaMa
Fax 453120

Wien, 12.11.19..

Unsere Bestellung vom 00.00.19.. - Turrón

Sehr geehrte Damen und Herren,

Ihre Sendung vom 00.00.19.. haben wir heute erhalten. Nach Überprüfung des Warengewichts mußten wir leider feststellen, daß Sie uns 000 kg zu wenig geliefert haben, was in Ihrer Rechnung jedoch nicht berücksichtigt ist.

Sie werden verstehen, daß wir Ihnen nur den Betrag für die tatsächlich erhaltene Ware überweisen können, weshalb wir Sie ersuchen, uns umgehend eine neue Rechnung über die gelieferte Menge von 0 000 kg auszustellen.

Falls Sie uns die Fehlmenge von 000 kg innerhalb der nächsten drei Wochen übersenden können, wären wir zu einer Abnahme bereit. Eine spätere Lieferung ist für uns jedoch uninteressant, da es sich um saisonbedingte Artikel handelt.

In Erwartung Ihrer baldigen Nachricht verbleiben wir

mit freundlichem Gruß

SPANISCHER MARKT

F. Hawlicek

Ferdinand Hawlicek

Österreichische Bank, Wien, Konto-Nr.: 0000-000-00

Beschwerde wegen Druckfehler

Telefax-Nachricht

An	*Von*
IBERPRINT Paseo de Gracia, 89 E-08007 Barcelona	Schwyz-Sport-AG Kantonstr. 46 – 48 CH-6000 Luzern

z. Hd. von Herrn Mora

Ihre Nachricht / Zeichen	*Ihr Gesprächspartner*	*Datum*
GM/lo, 15-02-19..	Frau Gretli	16.02.19..

Betrifft

Unser Auftrag Nr. 4591/IL, 10.12.19..

Sehr geehrter Herr Mora,

die von uns bestellten Werbe-T-Shirts und -mützen haben wir erhalten. Mit grossem Befremden mussten wir jedoch feststellen, dass Ihnen beim Aufdruck des Textes ein gravierender Fehler unterlaufen ist. Statt des von uns bestellten Slogans SURF IST ALLES lautet Ihr Aufdruck SUFF IST ALLES. Was die Verwechslung dieses einzigen Buchstabens in der deutschen Sprache bedeutet, ist Ihnen vielleicht gar nicht bewusst, aber gerade bei einem fremdsprachigen Text müssten Sie besonders sorgfältig arbeiten.
Ein ausführliches Schreiben an Sie ist bereits unterwegs.

Mit freundlichem Gruss

Ruth Gretli

Dieses Telefax besteht aus 1 *Seite(n).*
Falls Sie nicht alle Seiten erhalten haben oder andere Probleme bei der Übertragung aufgetreten sind, bitten wir um Ihren Rückruf.

Entschuldigung des Lieferanten wegen verdorbener Ware

Sehr geehrter Herr Lara,

wir bedauern, daß Sie sich veranlaßt sahen, die von uns gelieferten Pralinen mit Likörfüllung zu beanstanden. Es ist uns unerklärlich, wie es zu der Schimmelbildung kommen konnte, und wir werden alles versuchen, die Ursache dafür zu finden.
Die Angelegenheit ist uns nicht nur außerordentlich unangenehm, sondern auch kaum verständlich, da wir nur erstklassige Zutaten verwenden und stets auf eine sachgemäße Verpackung achten. Es handelt sich um die erste derartige Reklamation in unserer langjährigen Produktionstätigkeit.
Eine neue Lieferung von tadelloser Beschaffenheit ist heute per Luftfracht an Sie abgegangen.
Wir bitten Sie wegen dieses Vorfalls vielmals um Entschuldigung und hoffen sehr, daß diese Sendung zu Ihrer vollsten Zufriedenheit ausfällt und Sie unserem Hause weiterhin Ihr Vertrauen schenken.

Mit freundlichen Grüßen

Lieferant weist Reklamation ab

Sehr geehrte Damen und Herren,

Ihre Mängelrüge können wir leider nicht akzeptieren, da die bestellten Kuckucksuhren nach Qualitätskontrolle vorschriftsmäßig verpackt wurden. Wir versenden unsere Produkte in fast alle Länder der Welt und legen größten Wert auf geeignetes Verpackungsmaterial und dessen sorgfältigen Einsatz.
Die reklamierten Schäden können deshalb nur durch unsachgemäße Behandlung während des Transports entstanden sein.
Ihre Schadenersatzforderungen richten Sie daher bitte an den Spediteur.

Mit freundlichem Gruß

Übersendung eines Schadenattests per Telefax

Betreff: Ihre Lieferung vom 22. 02. 19..

Sehr geehrter Herr Bonet,

wie telefonisch besprochen übersenden wir Ihnen in der Anlage das Schadenattest des Havariekommissariats B. Hartmann GmbH.

In Erwartung Ihrer Stellungnahme verbleiben wir

mit freundlichen Grüßen

G. Scheuble GmbH
ppa. Koch

Anlage: 2 Seiten

B. HARTMANN GMBH

Havariekommissare, Dispacheure
Experten, Ingenieure

Julius-Hölder-Straße 96
D-70597 Stuttgart
Tel. 0711/721 87-0 · Telefax 0711/721 678

SCHADENATTEST
Survey-Report
Certificat d'Avaries
Certificado de Siniestros Ref.: 9-L-12.987

Transportmittel und Reise Means of conveyance and voyage Moyens de transport et voyage Medio de transporte y viaje	per LKW, Kennzeichen: GE-9653-LB und GE-8754-AK am 18.03.19.. v. Gerona/Spanien nach Stuttgart
Konnossement/Frachtbrief BL/Waybill Connaissement/Lettre de voiture Conocimiento/Carta de porte	CMR-Frachtbrief vom 18.03.19.., lt. Anlage
Löschhafen und Ankunftsdatum Port of discharge and date of arrival Port de déchargement et date d'arrivée Puerto de descarga y fecha de llegada	./.
Anlieferungsdatum am Besichtigungsort Deliverydate at place of survey Date de livraison à lieu d'inspection Fecha de entrega y lugar de inspección	24.03.19.. Lager Firma Scheuble, Stuttgart
Partie Goods Marchandises Mercancías	800 Sack spanische Zwiebeln, Klasse I, Cal. 5-7 cm = 20.000 kg netto
Markierung Marks Marquage Marcas	./.
Absender Consignor Expéditeur Expedidor	HORTALEX, S.A. C/. Santa Clara, 29-31 E-17001 Gerona
Empfänger Consignee Destinataire Consignatario	Firma Gustav Scheuble GmbH Goethestraße 92, 70174 Stuttgart
Versicherer Underwriters Assurance Asegurador	Keine Unterlagen
Wert Value Valeur Valor	Keine Unterlagen

Seite 2 zum Schadenattest Nr. 9-L-12.987
Page 2 of survey report No.
Page 2 de certificat d'avaries No.
Página 2 del certificado de siniestros Nº

Besichtigungsantrag Date of application for survey Date de la requète Fecha de la solicitud de inspección	24.03.19.. telefonisch
Antragsteller Applicant for survey Requérant Solicitante	Gustav Scheuble GmbH, Goethestr. 92 70174 Stuttgart – Herr Koch
Besichtigungsdatum und Ort Date and place of survey Date et lieu d'inspection Fecha y lugar de la inspección	24.03.19.. – Firma Scheuble, Stuttgart
Teilnehmer an der Besichtigung Names of representatives present when survey held Noms et qualités des personnes présentes Personas presentes	Herr Koch – Firma Scheuble GmbH Herr Bauer – B. Hartmann GmbH
Verpackungsart Description of packing Description d'emballage Descripción del embalaje	Handelsübliche Nylonnetzsäcke à 25 kg, auf Paletten zu 40 Sack
Art und Ursache des Schadens Description and cause of damage Description et cause d'avaries Descripción y motivo del siniestro	WURZELAUSTRIEB / KEIMBILDUNG / FÄULNIS Die Temperaturen bei Eingang wurden ermittelt im LKW-Außenbereich mit + 5 °C, im Kernbereich mit + 6,5 °C. Transportbedingte Beeinträchtigungen waren nach unserer Beurteilung nicht ursächlich für die vorliegende Reklamation. Die ausgeprägte Wurzel- und Keimbildung, die 90 % des Gesamtschadens darstellte, war auf den Zustand der Sendung vor Abgang zurückzuführen. B. HARTMANN GmbH Havariekommissariat Stuttgart A. Bauer A. Bauer

Las reclamaciones por falta de pago

Concepto

¿Quién escribe?

El *acreedor*, es decir, la persona o entidad a quien se le adeuda una determinada cantidad de dinero.

¿Por qué se escribe?

Para recordar o reclamar el pago de una deuda que todavía no se ha cumplido.

¿A quién se le escribe?

Al *deudor* o *moroso*, es decir, a la persona o entidad que adeuda una determinada cantidad de dinero.

¿Qué se escribe?

Contenido y estilo de la carta de cobro dependerán de
- la cantidad adeudada;
- la causa de la demora o impago;
- la clase de cliente o deudor.

Según el caso, será necesario redactar una o varias cartas sucesivas reclamando el pago. Por lo general,
- se comenzará con un simple recordatorio de tono cortés, enviando un extracto o estado de cuentas, copia de la factura, aviso de vencimiento del plazo de pago, etc.;
- se seguirá con una carta de carácter enérgico si el deudor no ha satisfecho el importe de la deuda ni atendido la correspondencia anterior;
- se insistirá en un tono más imperativo hasta lograr el cobro de la deuda o bien se notifica que se procederá a la reclamación del pago por vía judicial.

Estructura de una reclamación por falta de pago

1. ESCRIBA un PRIMER REQUERIMIENTO DE PAGO haciendo referencia a que la cuenta del cliente muestra un pago pendiente o que la factura aún no ha sido saldada. Envíe un extracto de cuentas o acompañe al escrito una copia de la factura correspondiente.
   Este recordatorio de pago debe ser redactado en todo caso en tono cortés.
   El objetivo es conseguir el cobro y conservar al cliente.
2. ESCRIBA un SEGUNDO REQUERIMIENTO DE PAGO en caso de que el deudor no haya satisfecho el importe pendiente ni tomado contacto para arreglar el asunto de alguna forma. Según las circunstancias, deberá emplear un tono más enérgico, pero siempre cortés y correcto. Trate de averiguar el motivo por el cual el cliente ha incurrido en mora.
3. ESCRIBA un TERCER REQUERIMIENTO DE PAGO reforzando los argumentos persuasivos empleados anteriormente e insistiendo en el pago que todavía no se ha hecho efectivo. El tono firme y apremiante de esta solicitud de pago no debe en ningún caso contener expresiones que puedan considerarse ofensivas para el cliente moroso.
4. ESCRIBA un ULTIMO REQUERIMIENTO DE PAGO si su gestión de cobro después de dos o tres requerimientos de pago no ha dado resultados. Fije una fecha tope de pago, señalando que después de transcurrido el plazo concedido, se vería forzado a recurrir a un procedimiento judicial en caso de no percibirse la cantidad adeudada.

Frases modelo

Recordatorio de pago	**Zahlungserinnerung**
Hemos comprobado que su cuenta presenta un saldo a nuestro favor de ... pesetas / marcos alemanes.	Wir mußten feststellen, daß Ihr Konto einen Saldo von ... Peseten / DM zu unseren Gunsten aufweist.
Nos permitimos adjuntarles el extracto de su cuenta, cerrada al 31 de diciembre ppdo., que arroja un saldo deudor de ... pesetas / marcos alemanes.	Anbei übersenden wir Ihnen Ihren Kontoauszug zum 31. Dezember, der ein Soll von ... Peseten / DM aufweist.
Les rogamos se sirvan verificar el estado de cuentas que les remitimos adjunto y que muestra un importe pendiente a nuestro favor de ... Agradeceremos tengan la bondad de cancelar este saldo.	Bitte überprüfen Sie den beigefügten Kontoauszug, der einen offenen Betrag von ... zu unseren Gunsten aufweist. Wir bitten um Ausgleich des Kontos.
Nos permitimos recordarles que el día ... les enviamos nuestra factura N° ..., cuyo importe aún no ha sido saldado.	Hiermit möchten wir Sie an unsere Rechnung Nr. ... vom ... erinnern, die noch nicht beglichen wurde.

Suponemos que han pasado por alto el vencimiento del plazo de pago correspondiente a nuestra última entrega. Les rogamos hagan efectiva su habitual transferencia.

Sicher haben Sie den Ablauf der Zahlungsfrist für unsere letzte Warenlieferung übersehen. Wir möchten Sie deshalb um die übliche Überweisung bitten.

Les incluimos una copia de nuestra factura, cuyo importe deberían haber abonado el ...

Anbei übersenden wir Ihnen eine Kopie unserer Rechnung, deren Zahlung am ... fällig war.

Hasta la fecha no hemos recibido su aviso de pago.

Bis heute haben wir von Ihnen kein Zahlungsavis erhalten.

Requerimiento de pago

Zahlungsaufforderung

Nos permitimos recordarles que aún sigue en descubierto en su cuenta el importe de ...

Wir möchten Sie darauf hinweisen, daß Ihr Konto noch einen offenen Betrag von ... aufweist.

Ha transcurrido el plazo de pago convenido sin haber recibido aviso de su parte sobre el motivo de la tardanza.

Die vereinbarte Zahlungsfrist ist verstrichen ohne daß Sie uns den Grund der Verzögerung mitgeteilt haben.

Les rogamos la pronta cancelación de nuestra factura.

Wir bitten um baldige Begleichung unserer Rechnung.

Les agradeceríamos, si no lo han hecho en el ínterin, el envío de un cheque por la cantidad adeudada.

Falls dies inzwischen noch nicht geschehen ist, übersenden Sie uns bitte einen Scheck über die ausstehende Summe.

Esperamos remitan los fondos pendientes para saldar la cuenta.

Wir bitten Sie, den noch ausstehenden Betrag zum Ausgleich Ihres Kontos zu übersenden.

El 20 de mayo pasado nos participaron el inmediato pago del importe pendiente. Sin embargo, hasta el día de hoy no hemos recibido ninguna transferencia suya.

Bereits am 20. Mai wollten Sie den ausstehenden Betrag entrichten. Wir haben jedoch bis heute keine Überweisung von Ihnen erhalten.

En vista de nuestras largas relaciones comerciales no acertamos a comprender que no hayan dado respuesta a nuestra(s) solicitud(es) de pago anterior(es).

Im Hinblick auf unsere langjährigen Geschäftsbeziehungen können wir nicht verstehen, daß Sie auf unsere Zahlungsaufforderung(en) nicht reagiert haben.

Les manifestamos una vez más que estamos interesados en zanjar este asunto amistosamente.

Wir möchten Ihnen nochmals mitteilen, daß wir an einer gütlichen Regelung der Angelegenheit interessiert sind.

Como no podemos aceptar una mayor tardanza en el cobro de nuestra factura, les notificamos que hemos puesto en circulación una letra a su cargo con vencimiento a la vista.

Da wir nicht länger auf die Begleichung unserer Rechnung warten können, teilen wir Ihnen mit, daß wir einen Sichtwechsel auf Sie gezogen / in Umlauf gegeben haben.

Hemos comprobado que regularmente liquidan sus débitos con un retraso de cuatro semanas. Estas demoras no se podrán aceptar en el futuro.	Wie wir feststellen mußten, kommen Sie Ihren Zahlungsverpflichtungen regelmäßig erst mit vierwöchiger Verspätung nach. In Zukunft können wir ein derartiges Vorgehen nicht mehr akzeptieren.
De nuevo han incurrido en mora por no cumplir a tiempo sus compromisos de pago.	Sie sind mit Ihren Zahlungsverpflichtungen wieder in Verzug geraten.
A pesar de la prórroga de pago que les concedimos, Uds. no han atendido el pago pendiente.	Trotz des Ihnen gewährten Zahlungsaufschubs haben Sie die ausstehende Summe nicht beglichen.
No podemos diferir por más tiempo el cobro, ya que debemos cumplir nuestros propios compromisos contraídos con proveedores.	Wir können auf die Zahlung nicht länger warten, da wir unseren eigenen Verpflichtungen gegenüber Lieferanten nachkommen müssen.
En el futuro deberemos insistir en un pago inmediato.	In Zukunft müssen wir auf einer sofortigen Bezahlung bestehen.
Sus repetidos incumplimientos de pago no nos permitirán en el futuro servirles nuevos pedidos.	Da Sie die Zahlungsfristen wiederholt nicht eingehalten haben, sind wir in Zukunft nicht mehr bereit, Sie zu beliefern.
Su falta de pago y de explicaciones nos inducirán a recurrir a otros medios de cobro.	Sie haben weder gezahlt noch den Grund dafür mitgeteilt. Wir sehen uns deshalb gezwungen, die Entrichtung der geschuldeten Summe auf andere Weise herbeizuführen.
Como nuestra buena disposición no ha sido correspondida por su empresa, nos vemos obligados a iniciar acciones pertinentes.	Da Sie auf unser Entgegenkommen nicht reagiert haben, sehen wir uns leider gezwungen, entsprechende Schritte einzuleiten.
Pasaremos el asunto a un abogado, cargándoles a Uds. todos los gastos que se produzcan.	Wir werden die Angelegenheit einem Rechtsanwalt übergeben, wobei alle anfallenden Kosten zu Ihren Lasten gehen.
Les rogamos que efectúen el pago hasta el ... En caso contrario deberíamos encargar la gestión del cobro a nuestro departamento jurídico para que actúe en la forma que estime procedente.	Wir bitten Sie um Zahlung bis zum ... Andernfalls müßten wir die Angelegenheit unserer Rechtsabteilung zur Veranlassung der nötigen Schritte übergeben.
En vista de su negativa a cumplir sus obligaciones de pago pendientes desde hace seis meses, no nos queda otra alternativa que recurrir a procedimientos procesales.	Angesichts Ihrer Weigerung, Ihren seit sechs Monaten fälligen Zahlungsverpflichtungen nachzukommen, müssen wir leider gerichtliche Maßnahmen gegen Sie einleiten.

C. I. F. C 276598031

LANEX, S.R.L.

Polígono de Lezama, s/n
33011 OVIEDO

22 de setiembre de 19..

Sres.
Gebr. Hausmann KG
Landgraben 12
D-52072 AACHEN

ASUNTO: Su estado de cuenta

Señores:

Nos permitimos recordarles a Uds. que su cuenta presenta un saldo a nuestro favor de 00.000 ptas., correspondiente a nuestra factura Nº 1.080 que aún no nos ha sido abonada.

En la confianza de que atenderán con la habitual puntualidad este pago pendiente, les saludamos muy atentamente,

LANEX, S. R. L.

Fdo.: Javier Núñez López

Cta. cte. en Banco de Asturias, Oviedo, 32459-0
TELFS. 45901/48671 – TELEX 234 LAN – TELEFAX 45805

Primera reclamación por falta de pago

Señores:

Al revisar las cuentas de nuestros clientes hemos comprobado que nuestra factura Nº 493 / A del 23–11–19.. por valor de 000.000 pesetas aún no ha sido saldada.
Les enviamos un duplicado de la misma y les rogamos que nos reembolsen el importe indicado mediante cheque cruzado o transferencia bancaria.

Atentamente,

Anexo: 1 factura

Señores:

Nuestro Departamento de Contabilidad nos indica que el importe de nuestra factura Nº 789 del 4 de agosto por valor de 00.000 pesetas aún no ha sido liquidado.

Agradeceremos se sirvan cancelar este saldo.

Atentamente,

Segunda reclamación por falta de pago

Estimados señores:

Nuestro escrito del 22 de enero ha quedado sin respuesta.
En dicho escrito les adjuntábamos un extracto de cuenta con un saldo a nuestro favor de 00.000,00 ptas., cuyo pago aún está pendiente.

En espera de una pronta cancelación, les saludamos atte.,

Estimados señores:

Hacemos referencia a nuestra carta del 7 del mes en curso en la que les solicitábamos el pago de nuestra factura Nº 321.
Hasta el día de hoy no hemos recibido la cantidad adeudada por Uds. ni tampoco una respuesta a nuestra carta recordatoria.
Sírvanse efectuar el pago correspondiente a la mayor brevedad posible para que no nos veamos obligados a recurrir a una reclamación formal.

Sin otro particular, quedamos de Uds. muy atte.,

Estimados señores:

Nos permitimos recordarles que su casa todavía no ha atendido nuestra solicitud de pago del 18 de octubre pasado.
Sírvanse hacer efectivo el pago antes del 5 de noviembre.
Tengan en consideración que adicionalmente al importe debido han de agregar los gastos e intereses moratorios.

Les saludamos muy atte.,

Tercera reclamación por falta de pago

Muy señores nuestros:

Nos dirigimos a Uds. con referencia a nuestros requerimientos de pago del 00–00–0000 y 00–00–0000 que han dejado sin atender.
Dado que no podemos demorar más el cobro de la mercadería que les servimos, nos vemos obligados a fijarles un último plazo de pago hasta el 00–00–0000. En caso de no recibir el montante adeudado antes de esa fecha, remitiremos el asunto a nuestro departamento jurídico para que actúe en la forma que estime procedente.

Atentamente,

Muy señores nuestros:

Con gran extrañeza hemos constatado que hasta el día de hoy no hemos recibido ninguna clase de respuesta a nuestras cartas de cobro del 15 y 30 de octubre últimos.
Tampoco acertamos a comprender las causas de su silencio.
En vista del retraso en el pago, nos vemos obligados a comunicarles que les concedemos un último plazo de 7 días para hacerlo efectivo.
En caso de no recibir la cantidad adeudada antes del 15 del mes en curso, iniciaremos la acción legal correspondiente.

Atentamente,

Muy señores nuestros:

Hasta ahora no nos han remitido los fondos para cancelar nuestra factura, a pesar de los dos requerimientos de pago que les enviamos.
Esta falta de pago constituye un grave incumplimiento del contrato, situación que no estamos dispuestos a aceptar.
Nos veremos forzados a recurrir a la vía judicial si no nos transfieren el saldo adeudado antes del 00–00–0000.

Atentamente,

Cliente solicita prórroga de pago

Muy estimados señores:

A fines de mes vence la letra que giraron a nuestro cargo por el importe de su último envío.
Debido a la atonía del mercado estamos atravesando una situación económica sumamente difícil y con pocas posibilidades de vender nuestros stocks de mercaderías en el plazo de tiempo que hubiéramos deseado.
Por ello, les solicitamos que nos concedan una prórroga de 30 días a partir de la fecha de vencimiento mencionada, cargándonos, por supuesto, los intereses de demora correspondientes.
No dudamos que, considerando las buenas relaciones y la regularidad con que hemos cumplido hasta ahora nuestros compromisos de pago, tendrán la bondad de acceder a esta petición.
Les damos las gracias de antemano y quedamos pendientes de sus noticias.

Atentamente,

Zahlungserinnerung ▶

Zweite Mahnung

Sehr geehrter Herr Solar,

am 00. 00. 19.. übersandten wir Ihnen einen Kontoauszug, der einen Saldo von DM 00 000,00 zu unseren Gunsten aufwies, und baten Sie um Ausgleich Ihres Kontos bis zum 00. 00. 19..
Da wir bis heute keinen Zahlungseingang verbuchen konnten, bitten wir Sie nochmals, den offenstehenden Betrag bis zum 00. 00. 19.. auf eines unserer Konten zu überweisen.

Mit freundlichem Gruß

Export GmbH ABC

Herrn
Manuel Jorge Aguirre
C/Diputación, 14

E-20080 San Sebastián

Tal 39 – 41
80331 München

Telefon: (0 89) 22 55-0
Telex: 5 212 223 Abc
Telefax: (0 89) 223 54 64

Rechnung Nr. *3245-12-A vom 00.00.19..*

Zahlungserinnerung

Sehr geehrter Herr Aguirre,

mit Schreiben vom 00.00.19.. übersandten wir Ihnen unsere Rechnung Nr. 3245-12-A über den Betrag von DM 0 000,00.

Leider konnten wir bisher keinen Zahlungseingang feststellen. Wir nehmen an, daß lediglich ein Versehen vorliegt und bitten Sie um umgehenden Ausgleich unserer Rechnung.

Sollte sich dieses Schreiben mit Ihrer Zahlung gekreuzt haben, betrachten Sie es bitte als gegenstandslos.

Mit freundlichen Grüßen

ABC-Export GmbH

i. A. Hoffmann

Postgirokonto:
München 1234-098   BLZ: 700 000 000
Bankkonten:
Europa-Bank München   Konto 4321-123   BLZ: 701 000 000
Kredit-Bank München   Konto 5431-567   BLZ: 710 000 000

Dritte und letzte Mahnung

Sehr geehrte Damen und Herren,

leider mußten wir feststellen, daß trotz der beiden Mahnungen vom 00 .00. 19.. und vom 00. 00. 19.. unsere Rechnung Nr. 4567–ax vom 00. 00. 19.. bis heute nicht bezahlt wurde. Wir fordern Sie deshalb nochmals auf, den offenen Saldo von DM 00 000,00 bis zum 00. 00. 19.. auszugleichen. Andernfalls sehen wir uns gezwungen, rechtliche Schritte gegen Sie einzuleiten.

Mit freundlichen Grüßen

Ungerechtfertigte Zahlungserinnerung

Sehr geehrte Damen und Herren,

Ihre Zahlungserinnerung vom 00. 00. 19.. über den Betrag von 00.000 Peseten haben wir heute erhalten. Es muß sich dabei jedoch um einen Irrtum Ihrer Buchhaltung handeln, da wir die Rechnung bereits kurz nach Eingang Ihrer Lieferung, nämlich am 00. 00. 19.., nach Abzug von 2% Skonto durch Überweisung auf Ihr Konto Nr. 000 000 000 bei der EUROPA-BANK beglichen haben.
Unser Konto wurde inzwischen auch mit dem Rechnungsbetrag belastet.

Mit freundlichen Grüßen

Zahlungsaufschub wird gewährt

Sehr geehrter Herr Ramírez,

Ihr Schreiben vom 00. 00. 19.. mit der Bitte um Gewährung eines Zahlungsaufschubs für den Rechnungsbetrag von DM 0 000,00 ist bei uns eingegangen.
In Anbetracht unserer langjährigen geschäftlichen Zusammenarbeit und der Pünktlichkeit, mit der Sie stets Ihren Verpflichtungen nachgekommen sind, möchten wir Ihnen in dieser schwierigen Lage entgegenkommen. Wir sind deshalb bereit, Ihnen dreißig Tage zum Ausgleich Ihres Kontos zuzubilligen.

Mit freundlichen Grüßen

Ablehnung eines Zahlungsaufschubs

Sehr geehrter Kunde,

leider müssen wir Ihnen mitteilen, daß wir Ihrer Bitte um Stundung des fälligen Rechnungsbetrages von DM 00 000,00 nicht nachkommen können.
Da wir selbst gegenüber unseren Lieferanten unaufschiebbare Verpflichtungen haben, bitten wir Sie um umgehende Überweisung der offenstehenden Summe.

Mit freundlichem Gruß

El mercado de trabajo

La solicitud de empleo y el currículum vitae

Concepto

¿Quién escribe?

El *aspirante* a un puesto de trabajo en una empresa o entidad.

¿Por qué se escribe?

- Para responder a una oferta de empleo aparecida en la prensa.
- Para dirigirse a una empresa o entidad que ha contestado a un anuncio inserto por el propio candidato que busca una colocación.
- Por iniciativa propia del postulante, es decir, cuando se presenta una autocandidatura a una empresa o entidad que se considere de interés.

¿A quién se le escribe?

- A la empresa, entidad o sociedad de selección de personal que haya formulado una oferta de empleo.
- A las empresas o entidades donde se supone que hay puestos sin cubrir o que pretendan ampliar la plantilla.

¿Qué se escribe?

- Una *solicitud de empleo,* en la que se manifiesta el interés por una plaza vacante en una empresa o entidad. Es la carta de acompañamiento al currículum vitae.
- Un *currículum vitae* o historial, en el que deben figurar los datos personales y profesionales del candidato interesado en ingresar en una empresa o entidad.

Estructura . . .

. . . de una solicitud de empleo

1. ESCRIBA una introducción haciendo referencia a la manera cómo se ha enterado de la plaza vacante o convocatoria (periódico, recomendación, etc.).
2. ESCRIBA especificando el puesto o cargo que se solicita.
3. ESCRIBA explicando que cree reunir los requisitos exigidos en el anuncio o convocatoria.
4. ESCRIBA que se adjunta un currículum vitae con los datos personales y profesionales del solicitante.
5. ESCRIBA indicando los motivos por los que se desea cambiar de empresa (salvo si se busca trabajo por primera vez).
6. ESCRIBA señalando las referencias que puedan dar testimonio sobre la persona del postulante. (También pueden añadirse al currículum vitae.)
7. ESCRIBA cuáles son sus pretensiones económicas, en caso de que éstas se requieran.
8. ESCRIBA una frase de cierre manifestando que espera se le conceda una entrevista personal.
9. ESCRIBA una fórmula de despedida.

. . . de un currículum vitae o historial

1. ESCRIBA los datos del currículum vitae ordenándolos cronológicamente o bien por temas. Si se elige una ordenación temática, los temas pueden ordenarse a su vez de manera cronológica.
2. ESCRIBA los DATOS PERSONALES fundamentales: apellidos y nombres; lugar y fecha de nacimiento; nacionalidad, D.N.I.; estado civil; número de hijos; domicilio; teléfono de contacto, etc.
3. ESCRIBA cuáles son los ESTUDIOS REALIZADOS, detallando por orden cronológico los centros en que se cursaron. Indique los certificados, títulos, grados, etc. obtenidos.
4. ESCRIBA cuál es la EXPERIENCIA LABORAL acumulada, es decir, mencione las actividades profesionales desempeñadas desde el primer empleo hasta la ocupación actual; su duración y causa de abandono de la actividad anterior.
5. ESCRIBA OTROS CONOCIMIENTOS de que se dispone, como por ejemplo, idiomas extranjeros que se hablan, leen o escriben.
6. ESCRIBA señalando posibles REFERENCIAS.
7. ESCRIBA al final del currículum vitae la FECHA y la FIRMA.

Frases modelo

Fórmulas de apertura

A través de su anuncio publicado en el diario XYZ he sabido que buscan una secretaria de dirección con alemán como idioma nativo y dominio del castellano hablado y escrito.

Con referencia a su oferta de empleo inserta en el periódico XYZ por la que solicitan la colaboración de un traductor, me es grato ofrecerles a Uds. mis servicios.

Por intermedio de la Oficina de Empleo he tenido conocimiento de que en su sede central de Madrid se necesita un / una ...

Me he enterado que en su empresa está vacante un puesto de secretaria ejecutiva / jefe de marketing / director comercial / ingeniero.

Me permito enviarles la presente solicitud con el fin de ocupar una plaza en su conocida empresa.

Como creo reunir los requisitos exigidos en su convocatoria, me permito optar al cargo mencionado en la referencia.

Estoy seguro de poseer el perfil adecuado y la formación específica que piden para incorporarse a su empresa.

Estoy en condiciones de aportar los conocimientos que requiere el puesto.

Les ruego me envíen una hoja-formulario de oferta de servicios.

Einleitung

Wie ich aus Ihrer Anzeige in der Zeitung XYZ erfahren habe, suchen Sie eine Direktionssekretärin mit deutscher Muttersprache, die Spanisch in Wort und Schrift beherrscht.

Ich beziehe mich auf Ihr Stellenangebot in der XYZ-Zeitung und möchte mich bei Ihnen als Übersetzer bewerben.

Durch das Arbeitsamt habe ich erfahren, daß Sie eine/n ... für Ihre Zentrale / Ihren Hauptsitz in Madrid suchen.

Wie ich erfahren habe, ist in Ihrem Betrieb die Stelle der Chefsekretärin / des Leiters der Marketing-Abteilung / des kaufmännischen Direktors / eines Ingenieurs neu zu besetzen.

Hiermit möchte ich mich um eine Stelle in Ihrem bekannten Unternehmen bewerben.

Da ich glaube, die für die ausgeschriebene Stelle notwendigen Voraussetzungen zu erfüllen, möchte ich mich bei Ihnen bewerben.

Ich glaube, das Anforderungsprofil und die für den Eintritt in Ihr Unternehmen gewünschten fachlichen Qualifikationen zu besitzen.

Ich besitze die dem Posten entsprechenden Kenntnisse.

Bitte übersenden Sie mir einen Personalbogen.

Datos personales

Nací en 19.., soy soltero/a y residente en esta ciudad.

Edad: 24 años; estado civil: casado/a.

Poseo la nacionalidad española / peruana / alemana.

Persönliche Angaben

Ich wurde 19.. geboren, bin ledig und hier wohnhaft.

Alter: 24 Jahre; Personenstand: verheiratet.

Ich bin spanische(r) / peruanische(r) / deutsche(r) Staatsangehörige(r).

Les incluyo un currículum vitae para informarles de mis datos personales y profesionales.

Anbei übersende ich Ihnen einen Lebenslauf, dem Sie alle weiteren Angaben zu meiner Person und meinem beruflichen Werdegang entnehmen können.

Les adjunto una reseña de mis datos personales y copia de los certificados de estudios y trabajo.

Eine Aufstellung meiner persönlichen Daten sowie Schul- und Arbeitszeugnisse in Fotokopie liegen bei.

Acompaño a la presente solicitud un historial personal y profesional, así como los certificados correspondientes.

Dem Bewerbungsschreiben beigefügt sind ein Lebenslauf mit persönlichen und beruflichen Daten sowie die entsprechenden Zeugnisse und Bescheinigungen.

Estudios realizados

Schulbesuch und Studium

He cursado estudios de bachillerato.

Ich habe die höhere Schule besucht.

Soy Licenciado en Ciencias Empresariales, habiendo cursado mis estudios en la Universidad Autónoma de Madrid.

Ich habe ein Studium der Betriebswirtschaftslehre an der Universität Madrid absolviert.

He cursado mis estudios de idiomas en el Instituto ... de ...

Meine Sprachkenntnisse / Fremdsprachenkenntnisse habe ich am Institut ... in ... erworben. / Mein Sprachstudium habe ich am ... Institut in ... absolviert.

Actualmente estoy matriculado en la Facultad de ...

Derzeit bin ich an der ... Fakultät immatrikuliert.

He realizado varios cursos de perfeccionamiento.

Ich habe zahlreiche Fortbildungskurse besucht.

Asistí a un cursillo de programador.

Ich habe an einem Programmierkurs teilgenommen.

Seguí un curso de idioma español en la Universidad de Verano de ...

Ich habe an einem Ferienkurs für Spanisch der Universität ... teilgenommen.

Obtuve una beca de perfeccionamiento para estudiar en Inglaterra.

Ich habe ein Stipendium für ein Aufbaustudium in England erhalten.

Experiencia laboral

Berufserfahrung

Poseo una amplia experiencia profesional en el campo que Uds. solicitan.

Ich verfüge über eine umfassende Berufserfahrung auf dem von Ihnen gewünschten Gebiet.

Dispongo de largos años de experiencia adquirida en una empresa multinacional.

Meine langjährige Berufspraxis habe ich in einem multinationalen Unternehmen erworben.

Llevo trabajando cinco años en una empresa líder en el sector de la electrónica.

Seit fünf Jahren bin ich in einem führenden Unternehmen der Elektronikbranche tätig.

Puedo aportar una vasta experiencia.

Ich bringe eine umfassende Berufserfahrung mit.

Mi experiencia profesional comprende ...

Meine Berufserfahrung umfaßt ...

En la actualidad estoy trabajando en el departamento de comercio exterior.

Derzeit arbeite ich in der Außenhandelsabteilung.

He desempeñado un cargo similar durante cinco años.

Fünf Jahre lang hatte ich einen ähnlichen Posten inne.

Domino todos los trabajos de secretariado requeridos: mecanografía, taquigrafía, procesamiento de textos, télex, telefax, agenda de trabajo, archivo, conocimientos fluidos del idioma inglés hablado y escrito.

Ich beherrsche alle verlangten Sekretariatstätigkeiten: Maschinenschreiben, Stenographie, Textverarbeitung, Telex, Telefax, Terminplanung, Ablage, fließende Kenntnisse der englischen Sprache in Wort und Schrift.

Otros conocimientos y aptitudes

Zusatzkenntnisse und -fähigkeiten

Hablo y escribo correctamente francés.

Ich beherrsche die französische Sprache in Wort und Schrift.

Conozco a fondo la terminología económico-financiera, especialmente la relativa a la actividad aseguradora.

Ich kann gründliche Kenntnisse der finanzwirtschaftlichen Terminologie insbesondere im Versicherungsbereich vorweisen.

Domino las técnicas de ofimática.

Ich beherrsche die modernen Informations- und Bürotechniken.

Estoy dispuesto a viajar y trasladarme de ciudad.

Ich bin zu Reisen und zu Ortswechsel bereit.

Estoy en condiciones de incorporarme inmediatamente.

Ich könnte die Stelle sofort antreten.

Dispongo de vehículo propio.

Ich besitze ein eigenes Kraftfahrzeug.

Motivos por los que se desea cambiar de empleo

Gründe für den Wechsel des Arbeitsplatzes

Me interesan las posibilidades de desarrollo y promoción profesional que Uds. ofrecen.

Mich interessieren die von Ihnen gebotenen Möglichkeiten der beruflichen Weiterentwicklung.

Los beneficios económicos y sociales que ofrece su empresa coinciden con mis pretensiones.

Die von Ihrem Unternehmen gebotenen finanziellen und sozialen Leistungen entsprechen meinen Vorstellungen.

El cargo me atrae y la retribución corresponde a mis deseos.

Die Aufgabe reizt mich, und auch das Gehalt entspricht meinen Erwartungen.

Las posibilidades de ascenso y de asumir mayores responsabilidades me conducen a optar al puesto.

La empresa en la que actualmente trabajo cesará próximamente sus actividades.

Me gustaría trabajar en una ciudad como Barcelona.

Referencias

Las siguientes personas / empresas podrán proporcionarles los informes necesarios sobre mi persona: ...

Con mucho gusto puedo presentarles referencias si así lo desean.

Cierre y despedida

Les ruego tengan a bien concederme una entrevista personal en la que podría darles más detalles sobre mi persona.

Estoy a su disposición para todo tipo de información complementaria que pudieran necesitar sobre mi persona.

En la confianza de recibir una respuesta favorable, les saludo muy atentamente ...

Con la esperanza de recibir una respuesta afirmativa, me despido de Uds. con cordiales saludos ...

En espera de que me sea asignada la plaza convocada, les saludo muy atentamente ...

Respuesta a los candidatos

Nos complace poder comunicarle que la dirección de nuestra empresa ha acogido favorablemente su demanda para ocupar el cargo vacante.

Tenemos el gusto de participarle que nuestra casa ha decidido concederle la representación exclusiva de nuestros productos en su país.

Die beruflichen Aufstiegschancen und die Möglichkeit zur Übernahme von mehr Verantwortung haben mein Interesse an dieser Stelle geweckt.

Das Unternehmen, bei dem ich derzeit beschäftigt bin, wird in Kürze seinen Betrieb einstellen.

Ich möchte sehr gerne in einer Stadt wie Barcelona arbeiten.

Referenzen

Folgende Personen / Unternehmen können Ihnen die erforderlichen Auskünfte über mich erteilen: ...

Falls Sie es wünschen, werde ich Ihnen gerne Referenzen nennen.

Briefschluß und Abschiedsformeln

Ich würde mich freuen, Ihnen bei einem persönlichen Gespräch nähere Einzelheiten über mich mitteilen zu können.

Gerne stehe ich Ihnen für weitere Auskünfte zur Verfügung.

In der Hoffnung auf eine positive Antwort verbleibe ich mit freundlichen Grüßen ...

Ich hoffe auf einen günstigen Bescheid und verbleibe inzwischen mit freundlichen Grüßen ...

Über eine Berücksichtigung meiner Bewerbung würde ich mich sehr freuen. Mit freundlichen Grüßen ...

Antwort an die Bewerber

Wir freuen uns, Ihnen mitteilen zu können, daß Ihre Bewerbung bei der Unternehmensleitung Zustimmung fand.

Es freut uns, Ihnen mitteilen zu können, daß unser Haus Ihnen die Alleinvertretung für unsere Produkte in Ihrem Land überträgt.

Le rogamos que se ponga en contacto con nosotros para poder fijar día y hora en que podemos recibirle para una entrevista personal.

Bitte setzen Sie sich mit uns in Verbindung, damit wir einen Termin für ein persönliches Gespräch vereinbaren können.

Le rogamos que nos llame por teléfono para poder concertar una entrevista.

Wir bitten Sie, uns zwecks Vereinbarung eines Gesprächstermins anzurufen.

Le rogamos acuda a nuestras oficinas para conocerle personalmente.

Bitte kommen Sie bei uns vorbei, damit wir Sie persönlich kennenlernen können.

Correspondemos a su deseo y le enviamos un impreso de solicitud de empleo que puede remitir debidamente rellenado a nuestro Departamento de Personal.

Wunschgemäß übersenden wir Ihnen einen Bewerbungsbogen, den Sie bitte ordnungsgemäß ausgefüllt an unsere Personalabteilung zurücksenden wollen.

Nuestra empresa suele cubrir las plazas vacantes mediante oposición. Si desea tomar parte en la oposición deberá presentarse el día ... El número de opositores es elevado.

In unserem Unternehmen werden die unbesetzten Stellen durch ein Auswahlverfahren vergeben. Falls Sie daran teilnehmen möchten, finden Sie sich bitte am ... bei uns ein. Die Anzahl der Bewerber ist hoch.

Hemos confiado la selección de nuestro personal a una sociedad de consultoría. Le garantizamos que todos sus datos serán tratados confidencialmente.

Wir haben ein Consultingunternehmen / eine Personalberatungsgesellschaft mit der Auswahl unserer Mitarbeiter beauftragt. Ihre persönlichen Angaben werden garantiert vertraulich behandelt.

De momento no podemos atender a su petición de empleo por no disponer de ninguna vacante.

Derzeit können wir Ihre Bewerbung leider nicht berücksichtigen, da wir über keine Vakanz verfügen.

Sentimos mucho manifestarle que no podemos considerar su oferta de servicios porque en la actualidad no tenemos ninguna plaza disponible.

Wir bedauern, Ihre Bewerbung nicht berücksichtigen zu können, da wir derzeit über keine unbesetzte Stelle verfügen.

Lamentamos no poder satisfacer su demanda de destino en nuestra empresa.

Leider können wir Ihre Bewerbung um eine Stelle in unserem Unternehmen nicht berücksichtigen.

Lamentamos tener que comunicarle que la plaza ya ha sido ocupada.

Leider müssen wir Ihnen mitteilen, daß die Stelle schon vergeben ist.

Agradecemos su confianza de haberse dirigido a nuestra casa y nos permitimos devolverle la documentación que nos ha enviado.

Wir danken Ihnen für Ihre Bewerbung und senden Ihnen anbei Ihre Unterlagen wieder zurück.

Si no tiene nada en contra, nos quedamos con su documentación a fin de ponernos en contacto con Ud. cuando se produzca otra vacante.

Sofern Sie damit einverstanden sind, möchten wir Ihre Unterlagen behalten; sobald sich bei uns eine neue Vakanz ergibt, werden wir uns mit Ihnen in Verbindung setzen.

Correspondencia

Solicitud de impreso de candidatura

Señores:

En el periódico "El País" del 18 de octubre del presente año he leído la convocatoria para contratar al Jefe de la División Española del Servicio Lingüístico del Consejo de las Comunidades Europeas. Les agradecería que me enviasen todos los detalles y requisitos para poder optar a dicho concurso-oposición.

Con atentos saludos,

Envío de impreso de candidatura

Muy señora mía:
Muy señor mío:

En contestación a su solicitud, le adjuntamos el Diario Oficial de las Comunidades Europeas Nº C 329 con la notificación de las oposiciones citadas en el asunto.
Sírvase mandar su solicitud a la Secretaría General utilizando el formulario del acta de candidatura obligatorio adjunto. Su solicitud y los documentos necesarios deberá Ud. enviarlos a más tardar el día 1 de febrero de 19.. a las doce de la noche, dando fe el matasellos de correos.

Le saluda atentamente,

Escrito de solicitud de empleo

Asunto: referencia Nº 128 / E
Economista
Su anuncio en el Noticiario Económico del 20–11–19..

Estimados señores:

Me dirijo a Uds. con el fin de solicitar el puesto ofrecido en su anuncio arriba indicado.
Considerando mis estudios y experiencia profesional, creo reunir los requisitos exigidos para el puesto.
Adjunto les envío mi *currículum vitae* detallado con fotografía así como los certificados correspondientes.
Actualmente ocupo el cargo de apoderado en Investa, S. A.
Confío en poder mantener con Uds. una entrevista personal en la que les pueda dar más detalles sobre mi persona.

En espera de sus noticias, les saludo muy atentamente,

Entrevista personal con el solicitante

Estimado señor:

Le agradecemos su solicitud de empleo del 12 de mayo de 19..
Su candidatura al puesto ha superado con éxito la primera etapa de selección y le rogamos que acuda a nuestras oficinas el día 25 de mayo a las 11 de la mañana para celebrar una entrevista con nuestra Directora de Personal, la señora Contreras.
En caso de existir algún tipo de inconveniente de su parte, sírvase ponerse en contacto con el n° de teléfono 29 86 49, extensión 208 (señorita Jiménez).

En espera de su grata visita, le saludamos muy atentamente,

Respuesta negativa a solicitud de empleo

Estimado señor:

Acusamos recibo de su amable carta de fecha 25 de abril por la que Ud. manifiesta su interés por el puesto que se indicaba en la prensa.
Lamentamos tener que comunicarle que la vacante en cuestión ya ha sido cubierta. Sin embargo, y si Ud. no tiene nada en contra, nos quedamos con su documentación a fin de ponernos en contacto con Ud. cuando se produzca otra vacante.

Atentamente,

Currículum vitae ▶

Certificado de trabajo: recepcionista (España)

Por la presente certificamos que la señorita BARBARA PETERSEN estuvo desempeñando el cargo de recepcionista en nuestro hotel durante la temporada de verano de junio a setiembre de 19..
La señorita PETERSEN siempre cumplió sus tareas a nuestra entera satisfacción y sentimos mucho que deje nuestra casa para regresar a su país y continuar con sus estudios de idiomas.

En Marbella, a veintinueve de setiembre de 19..

CURRICULUM VITAE

Datos personales

Apellidos:	Padilla Vidal
Nombre:	Luis Alberto
Lugar de nacimiento:	Tarragona
Fecha de nacimiento:	18 de febrero de 19..
Nacionalidad:	española
D.N.I.:	n°16.289.607
Estado civil:	soltero
Servicio militar:	cumplido
Domicilio:	Amargós, 5, 08002 Barcelona
Teléfono:	(93) 3172894

Estudios realizados

19.. - 19..	Enseñanza General Básica (E.G.B.) en la Escuela de San José, Barcelona.
19.. - 19..	Bachillerato Unificado Polivalente (B.U.P.) en el Instituto Alpe, Barcelona.
19.. - 19..	Curso de Orientación Universitaria (C.O.U.) en el mismo centro docente.
19.. - 19..	Estudios Universitarios de Ciencias Económicas y Sociales en la Universidad Central de Barcelona con calificación de sobresaliente.
19..	Presentación de la tesis doctoral "La desgravación fiscal a la exportación de productos químicos".

Experienca Laboral

19.. - 19..	Período de prácticas en la sede central del Europa Bank en Francfort del Meno.
19.. - actualidad	Banco Urbión, S.A., Departamento de Créditos a la Exportación.

Otros Conocimientos

Idioma alemán	Instituto Alemán de Barcelona, nivel alcanzado: Oberstufe I. Curso de Verano en la Universidad de Heidelberg.
Idioma Inglés	Instituto Británico de Barcelona, nivel alcanzado: proficiency.

Otros informes Colaborador de la Revista de Economía "Análisis", de aparición bimestral.

./.

Hoja N° 2

Referencias	Dr. Peter Wüst, Europa Bank, Jefe de la Sección de Comercio Exterior. Prof. Alfonso Ballester Cano, catedrático de Política Económica, Universidad de Barcelona.
(fecha)	(firma) LUIS ALBERTO PADILLA VIDAL

Constancia de trabajo: secretaria (Argentina)

Certificamos que la señora SILVIA MADARIAGA ACEVEDO ha prestado sus servicios como secretaria en el "Proyecto Argentino-Alemán para el Fomento de la Citricultura en la Provincia de Misiones, Argentina", desde el 1° de marzo de 19.. hasta el 30 de junio de 19..
Durante el tiempo que colaboró en nuestro proyecto, la señora Madariaga demostró gran eficiencia como dactilógrafa y traductora de textos alemanes al castellano y viceversa, así como también en las otras tareas usuales de secretaría. Se ha interiorizado rápidamente en el sistema contable, teniendo a su cargo la contabilidad doble de este proyecto.
La señora Madariaga ha llegado siempre puntual a su lugar de trabajo y ha mostrado en todas las tareas esmero e interés. Es una agradable colaboradora y compañera de trabajo, diestra y amable en el trato con colegas y huéspedes del proyecto.
Debido al volumen de trabajo la señora Madariaga ha hecho numerosas horas extras.
La señora Madariaga se retira por su propia voluntad y se la recomienda incondicionalmente para el desempeño en cualquier otra empresa.

Se expide la presente constancia en la ciudad de Montecarlo, Provincia de Misiones, República Argentina, a los treinta días del mes de junio del año mil novecientos noventa y ...

Certificado de trabajo: ingeniero (Ecuador)

A quien interese:

El señor ingeniero EDMUNDO MARTINEZ CUADRA trabajó en nuestra sociedad de productos alimenticios desde octubre de 19.. hasta febrero de 19.. inclusive, habiendo tenido a su cargo tanto el servicio de mantenimiento y reparación de toda la maquinaria de la empresa como la coordinación del equipo de mecánicos que laboran en dicho departamento.
El espíritu de superación y de trabajo del ingeniero Martínez le permitieron afrontar con éxito la compleja labor encomendada, tanto más difícil cuanto que la fábrica trabaja en tres turnos diarios y durante los 365 días del año.
Durante el tiempo que colaboró con nosotros, el señor Martínez desarrolló una excelente labor, demostrando dedicación, responsabilidad y dominio de su profesión, cualidades que permiten recomendarlo para puestos de responsabilidad similar en cualquier otra institución.
El señor Martínez deja nuestra empresa por motivos personales.

Kurzbewerbung als Spanischlehrer unter Chiffre

Für ein Mitglied unserer Firmenleitung suchen wir eine(n)

qualifizierte(n) Spanisch-Lehrer(in)

für privates Sprachtraining, vorzugsweise abends.
Der Unterricht kann auf bereits vorhandenen recht guten
Grundkenntnissen aufbauen und sollte sowohl Grammatik als auch
anspruchsvolle Konversation beinhalten.

Zuschriften mit Angabe von Referenzen erbeten unter
RZ987650987 an FZ

Jorge López Gil, Gerner Straße 12, 80638 München

München, 15. März 19..

Ihre Annonce in der FZ vom 13./14. März 19.. - RZ987650987
Spanischlehrer/in

Sehr geehrte Damen und Herren,

die in Ihrer Annonce vom 13./14. März angebotene Aufgabe als Spanischlehrer für privates Sprachtraining interessiert mich sehr.

Ich stamme aus Salamanca/Spanien und bin seit über acht Jahren hauptberuflich als Dozent für Spanisch an der Wirtschafts- und Sprachakademie (WISA) in München tätig.

Da ich vor allem die Fächer Grammatik, Syntax, Idiomatik und Konversation unterrichte, glaube ich, Ihre Anforderungen zu erfüllen.

Nähere Einzelheiten können wir gegebenenfalls bei einem persönlichen Gespräch erörtern.

Ich würde mich freuen, von Ihnen zu hören, und verbleibe

mit freundlichen Grüßen

Positive Antwort auf eine Bewerbung als Spanischlehrer

Herrn
Jorge López Gil
Gerner Straße 12

80638 München

München, 22. März 19..

Chiffre RZ 987650987

Sehr geehrter Herr López Gil,

für Ihre Zuschrift auf unser Inserat in der FZ vom 14. März danken wir Ihnen vielmals.
Wir sind an einem Gespräch mit Ihnen sehr interessiert. Nach den Osterfeiertagen werden wir uns zwecks Vereinbarung eines Termins wieder mit Ihnen in Verbindung setzen.

Mit freundlichen Grüßen

BECK & WOLF GMBH
Personal und Organisation

Negative Antwort auf eine Bewerbung als Spanischlehrer

Herrn
Jorge López Gil
Gerner Straße 12

80638 München

München, 22. März 19..

Chiffre RZ 987650987

Sehr geehrter Herr López Gil,
wir danken für Ihre Bewerbung auf unsere Annonce in der FZ vom 14. März 19.. und teilen Ihnen mit, daß wir uns bereits für einen anderen Bewerber entschieden haben.
Sollte sich künftig in unserem Hause eine weitere Möglichkeit zur Zusammenarbeit ergeben, werden wir uns gerne an Sie erinnern.

Mit freundlichen Grüßen

BECK & WOLF GMBH
Personal und Organisation

Bewerbungsschreiben

Sehr geehrter Herr Direktor Salinas,

von Herrn Carlos Domínguez habe ich erfahren, daß in Ihrer Madrider Zentrale die Position des stellvertretenden Exportleiters neu zu besetzen ist.

Eine überaus interessante Aufgabe, für die ich glaube, das notwendige Anforderungsprofil zu besitzen.

Nach meinem Studium der Betriebswirtschaftslehre an der Universität Köln war ich zwei Jahre bei der Firma Textilland KG in Essen als Assistent des Produktmanagers beschäftigt.

19.. bot sich mir die Möglichkeit zu einer beruflichen Verbesserung, und ich wechselte zu INTERFASHION AG in Hamburg, wo ich derzeit tätig bin. Mein Aufgabengebiet umfaßt hier in erster Linie die Erstellung von Marktanalysen für den Bereich Damenoberbekleidung sowie die Einführung neuer Produkte. Unsere Firma arbeitet eng mit Ihrem Land zusammen, weshalb ich den spanischen Markt gut kenne und auch die Sprache fließend beherrsche.

Gerne möchte ich mehr über die zu besetzende Position erfahren und auch die Angaben zu meiner Person ausführen und ergänzen. Über eine Einladung zu einem Vorstellungsgespräch würde ich mich deshalb sehr freuen.

Mit freundlichen Grüßen

Anlagen: Lebenslauf
Zeugniskopien

Lebenslauf

Persönliche Angaben

Name:	Renate May
Adresse:	Bismarckstraße 27 10625 Berlin Tel. (030) 7 89 67 91
Geburtstag und -ort:	2. März 19.. in Leipzig
Familienstand:	ledig
Staatsangehörigkeit:	deutsch
Eltern:	Karl und Eva May, geb. Sommer

Schulbesuch und Berufsausbildung

19.. - 19..	Grundschule in Leipzig
19.. - 19..	Realschule in Berlin Abschluß: Mittlere Reife
19.. - 19..	Staatliche Fachschule für Wirtschafts-korrespondenz in Berlin Fremdsprachen: Spanisch und Französisch Kaufmännische Fächer: Betriebswirtschaftslehre, Volkswirtschaftslehre, kaufmännisches Rechnungswesen Schreibtechnische Fächer: Maschineschreiben, Kurzschrift Textverarbeitung Abschluß: Staatlich geprüfte Wirtschafts-korrespondentin

Berufstätigkeit

19.. - 19..	Fa. INTEREX GmbH, Dresden Sachbearbeiterin für den Bereich Südwesteuropa
Seit 19 ..	Fa. GLOBAL AG, Berlin Verkaufskorrespondentin für Spanien und Lateinamerika

Auslandsaufenthalte

Juli bis Dezember 19..	Aufenthalt in Spanien zur sprachlichen Weiterbildung
März bis August 19..	Sprachkurs in Frankreich

Berlin, 25. Februar 19..

Renate May

Arbeitszeugnis: Buchhalter

Herr Johannes Mann, geb. am 20.3.19.., trat am 1.9.19.. in unsere Dienste.
Herr Mann wurde als Sachbearbeiter in unserer Abteilung Buchhaltung eingesetzt. Sein Tätigkeitsbereich umfaßte die selbständige Bearbeitung der Buchhaltung bis hin zur Vorbereitung für den Jahresabschluß.
Aufgrund seiner äußerst raschen Auffassungsgabe und seines großen Engagements hat sich Herr Mann schnell und umfassend in sein Aufgabengebiet eingearbeitet. Er war fleißig, ehrlich und pünktlich und führte die ihm übertragenen Arbeiten stets zu unserer vollsten Zufriedenheit aus. Sein Verhalten gegenüber Vorgesetzten und Kollegen sowie seine persönliche Führung gaben nie den geringsten Anlaß zu Klage.
Herr Mann hat das Arbeitsverhältnis auf eigenen Wunsch zum 30.6.19.. gekündigt, da er sich ins Ausland verändern möchte. Wir bedauern sein Ausscheiden sehr und werden uns schwertun, einen gleichwertigen Nachfolger zu finden. Für seine Dienste danken wir Herrn Mann und wünschen ihm auf seinem weiteren Lebensweg viel Glück und Erfolg.

Zwischenzeugnis: Sekretärin

Frau Maria Böhm, geb. 18.7.19.., ist seit 1. April 19.. halbtags in unserem Sekretariat tätig und befindet sich in ungekündigter Stellung.
Zu ihren speziellen Aufgabenbereichen gehört die Erledigung einer umfangreichen, teilweise fremdsprachigen Korrespondenz, die sie selbständig bearbeitet. Daneben hat sie einen starken, mehrsprachigen Telefondienst zu bewältigen, ist in der Kundenberatung eingesetzt und darüber hinaus für die Registratur verantwortlich.
Der umfangreiche Betrieb eines großen Sekretariats erfordert gute Nerven, fundierte Sachkenntnis, größte Gewissenhaftigkeit und rasche Auffassungsgabe. Alle diese Eigenschaften besitzt Frau Böhm in hervorragender Weise und ist uns deshalb eine sehr wertvolle Mitarbeiterin, die bei ihren Kolleginnen und der Betriebsleitung sehr angesehen und beliebt ist.
Dieses Zwischenzeugnis wird auf eigenen Wunsch ausgestellt.

EMPRESA DE TRANSITARIOS

BUSCA PARA SU SUCURSAL DE MALAGA

UN RESPONSABLE DE TRAFICO TERRESTRE IMPORT - EXPORT

SE PIDE:
- Experiencia de 5 años en puesto de responsabilidad, en empresa transitaria y/o transportes internacionales.
- Experiencia en transportes terrestres europeos.
- Acostumbrado a dirigir equipos humanos.
- Conocimientos de alemán e inglés.

SE OFRECE:
- Integración en empresa líder mundial en su sector.
- Jornada de lunes a viernes.
- Grato ambiente de trabajo.
- Sueldo a convenir.

Interesados enviar currículum vitae al apartado 181 de Coslada (Madrid).

EMPRESA NACIONAL DE DISTRIBUCION Y EXPORTACION DE PRODUCTOS DEL SECTOR QUIMICO
ofrece puesto en MADRID, de

secretaria trilingüe

- Dentro del Area de Ventas, se encargará del apoyo administrativo al Departamento de Extranjero: contactos con otros países, télex, fax, facturación ...
- Se requiere buen nivel cultural, dominio de los idiomas **alemán y francés** y tres años de experiencia en puesto afín.
- La remuneración es del orden de

0.000.000 Ptas.

- Rogamos envíen a la mayor brevedad, historial profesional, fotografía reciente, señas y teléfono de contacto a
- **SOFEMASA-Selección 17.313**

EMPRESA DE BIENES DE EQUIPO
PARA SU FACTORIA A 20 KM DE MADRID
PRECISA

JEFE DE MARKETING

SE REQUIERE:
- Titulación de ingeniero superior.
- Conocimientos de electrónica.
- Dominio del idioma **inglés** (valorándose el alemán).
- Persona responsable, dinámica, dispuesta a viajar al extranjero.
- Experiencia técnico/comercial de al menos **3 años**.

SE OFRECE:
- Integración en empresa líder del sector.
- Dependencia de la dirección general.
- 0.000.000 pesetas brutas/año negociables.

INTERESADOS: Enviar historial profesional con fotografía reciente y pretensiones económicas al
Apartado de Correos núm. 158. 28080 MADRID.
Indicando en el sobre la referencia núm. 1.982.

ADMINISTRATIVO
CON ALEMÁN

Se requiere:
- Muy buenos conocimientos de alemán.
- Experiencia en trabajos administrativos.
- Conocimientos de informática.

Se ofrece:
- Remuneración acorde a conocimientos y experiencia.
- Trabajo en Multinacional en Madrid, con jornada de lunes a viernes.

Enviar *currículum vitae* con **pretensiones económicas** al apartado de Correos número 8.401.
28080 Madrid. Ref. AA.

BANCO ALEMAN EN EXPANSION

Seleccionará

JOVENES LICENCIADOS EN ECONOMICAS, EMPRESARIALES O DERECHO

con dominio del alemán e inglés para su Departamento de Extranjero en Madrid.

Se valorará muy positivamente la formación específica sobre Comercio Exterior.

Tendrán la oportunidad de desarrollar una interesante carrera profesional dentro de un Banco en fuerte proceso de expansión.

Se estudiará la remuneración de acuerdo con el nivel de las candidaturas.

Interesados enviar *currículum vitae* y fotografía reciente al apartado de Correos n.º 937 de Madrid indicando Ref. «EXT».

Empresa multinacional del sector agroquímico precisa una

SECRETARIA DE AGENCIA COMERCIAL

Para sus oficinas en Burgos

SE REQUIERE:

- Edad comprendida entre 23 y 40 años.
- Título de Bachiller Superior como mínimo.
- Estudios y experiencia de secretariado, con absoluto dominio de taquigrafía y mecanografía, elaboración de facturas, hojas de pedidos y entregas, cartas a clientes, manejo de archivos y liquidación de viajes.
- Se valorarán conocimientos en el manejo de sistemas de comunicación y del idioma alemán.
- Capacidad organizativa y de gestión.
- Iniciativa, decisión, responsabilidad y discreción.
- Experiencia profesional mínima de 2 años en puestos de trabajo similares.
- Residencia en Burgos capital o alrededores.

SE OFRECE:

- Contrato de trabajo por tiempo indefinido.
- Jornada laboral de cinco días a la semana, e intensiva (de 8 a 15 horas) durante los meses de verano.
- Retribución interesante en función de la experiencia y capacidad profesionales.
- Incorporación inmediata a la plantilla de la Empresa.

Interesadas presentar personalmente «Currículum Vitae» detallado, con teléfono de contacto, en **CONCORDIA, S.A., c/. Villanueva, 16-3.º derecha,** antes del próximo miércoles, día 22 de junio.

Garantizamos absoluta reserva.

- Español, 37 años, técnico de turismo, 14 años trabajando en hotel internacional en Hannover (Alemania), idiomas alemán, inglés, francés e italiano, desearía trabajar de administrativo en empresa española-alemana u hotel de categoría en Madrid. Dirigirse a Cámara de Comercio Alemana, referencia 277

- Alemana, nacionalidad española (por matrimonio), muchos años de experiencia como secretaria de dirección en industria y banca; alemán, español y amplios conocimientos de inglés; taquigrafía, tratamiento de textos, desea cambiar de puesto de trabajo en Madrid o alrededores. Dirigirse a Cámara de Comercio Alemana, referencia 278

- Española, 27 años, profesora de E.G.B., actualmente secretaria de dirección en empresa multinacional, proyecta trasladarse de España a Bochum (Alemania). BUSCA empleo en esta zona de Alemania. Idiomas: español, alemán e inglés. Amplios conocimientos de francés. Dirigirse a Cámara de Comercio Alemana, referencia, 161

- Ingeniero industrial, 42 años, especialidad técnicas energéticas, con amplia experiencia como jefe de proyectos para las industrias siderúrgicas, mineras y nuclear, así como instalaciones industriales en empresas de calderería y de fabricación de maquinaria, BUSCA trabajo de responsabilidad en el área de Madrid, alemán e inglés fluidos y buenos conocimientos de francés. Dirigirse a Cámara de Comercio Alemana, referencia 140

- Español, 45 años. Ingeniero Técnico Químico, Master en Dirección de Empresa. Larga experiencia en los sectores: embalajes y materiales plásticos. Buenos conocimientos teóricos y prácticos en comercio exterior, aduanas, compras, análisis de inversiones, contratación de transportes, producción, lanzamiento de nuevos productos. Buenos conocimientos de alemán. BUSCO empresa en Barcelona o zona metropolitana de cualquier sector. Dirigirse a Cámara de Comercio Alemana, referencia 214

Wir suchen zum sofortigen Eintritt eine gewandte

Konsulats-Sekretärin

Wir erwarten perfekte Kenntnisse der spanischen Sprache, Auslandserfahrung, einwandfreien Briefstil, selbständiges Arbeiten und eine hervorragende Allgemeinbildung.

Wir bieten einen sicheren Arbeitsplatz, eine leistungsgerechte Bezahlung sowie zahlreiche interessante Vergünstigungen.

Ihre Bewerbung mit Lichtbild richten Sie bitte an das

Generalkonsulat von ...
Schloßstraße 25
70174 Stuttgart

Wir sind ein zukunftsorientiertes Unternehmen der Pharmaindustrie. Aufgrund unserer zahlreichen Verbindungen mit dem Ausland suchen wir für den Sprachendienst unseres Hauptsitzes am Stadtrand von München

Übersetzer (innen) mit spanischer Muttersprache

Aufgaben:
Übersetzung von Fachtexten aus der deutschen in die spanische Sprache.

Qualifikation:
Wir erwarten eine Ausbildung als Übersetzer an einer Universität und hervorragende Kenntnisse des Fachgebietes Naturwissenschaften einschl. Medizin sowie sehr gute Kenntnisse der englischen Sprache.

Wir bieten
ein interessantes Arbeitsgebiet und ein Ihren Qualifikationen und Fähigkeiten angemessenes Gehalt.

Bitte richten Sie Ihre Bewerbung mit aussagefähigen Unterlagen und der Angabe des frühesten Eintrittstermins an

INTERPHARM AG
Personalabteilung
Effnerstraße 86
81925 München

Comunicaciones comerciales varias

Citas

Solicitud de entrevista

Estimado señor:

Nuestro Director, el señor Claudio Orrego Vicuña, emprenderá su viaje anual a Europa el próximo 15 de abril. Tal como en ocasiones anteriores, desearía entrevistarse con Ud. para conocer las últimas novedades de sus artículos y conversar sobre otros asuntos de interés común.
Tenga a bien comunicarnos si Ud. se encontrará en la ciudad entre el 25 y el 30 de abril y darnos a conocer en qué día y a qué hora le será posible recibirlo.

En espera de sus gratas noticias, reciba nuestros más cordiales saludos

Confirmación de una cita

Estimado señor Schneider:

Don Patricio Molina le agradece su escrito y le comunica que con mucho gusto le podrá recibir en las oficinas de nuestra sede central en Madrid en la fecha propuesta por Ud., es decir, el 12 de mayo a las 10 de la mañana.

En espera de su grata visita, le saludamos atentamente,

Postergación de una cita

Distinguida señora von Aufhofen:

Le agradezco su amable carta en la que me participa su intención de venir a Las Palmas a finales de abril.
Lamentablemente estaré ausente de la ciudad por motivos de negocios. Regresaré el 5 de mayo y si le es posible, podemos posponer nuestra entrevista al 6 de mayo o una fecha posterior.

En espera de sus noticias, me despido de Ud. afectuosamente,

Cancelación de cita

Estimados señores:

Siento mucho tener que comunicarles que por motivos ajenos a mi voluntad, debo posponer mi viaje tres semanas.
Dentro de unos días, les informaré sobre la fecha exacta para que podamos acordar una nueva cita.

Atentamente,

Anknüpfung von Geschäftsbeziehungen

Sehr geehrte Frau Castillo,

vielen Dank für Ihr Schreiben vom 11. Mai 19.. und das geäußerte Interesse an einer Zusammenarbeit unserer beiden Zeitschriften.
Grundsätzlich stehen wir Ihrem Vorschlag positiv gegenüber und sind an einem ersten Informationsaustausch durchaus interessiert.
Ein leitender Mitarbeiter unserer Redaktion, Herr Werner Zinn, wird sich Anfang Juli zu einer Reportage in Nordspanien aufhalten. Herr Zinn könnte diese Reise mit einem Besuch in Madrid verbinden und Ihnen ab 7. Juli für Gespräche zur Verfügung stehen.
Falls Ihnen dieser Termin zusagt, bitten wir Sie, die entsprechende Zimmerreservierung vorzunehmen und einen Dolmetscher bereitzustellen.
In Erwartung Ihrer Nachricht verbleiben wir inzwischen

mit freundlichen Grüßen

Viajes

Télex anunciando llegada

TELEX

att: sr. fuchs

llegada del sr. acevedo a francfort: lunes, 15 de agosto, 14.50 horas, iberia 624.
rogamos reserva hotel continental y recogida aeropuerto.
esperamos confirmacion.

muchas gracias y saludos.

TELEX

Reserva de hotel

Señores:

Sírvanse reservar una habitación individual con baño para el profesor Miguel del Valle para la noche del 18 al 19 de setiembre próximo.
El señor del Valle llegará aproximadamente a las 7 de la tarde.

En espera de su confirmación, les saludamos atentamente,

Anulación de reserva

Señores:

Les ruego anulen la reserva de habitación doble hecha para los días 15 y 16 de junio a nombre de Mario Garrido Albornoz y señora.
Sírvanse disculpar las molestias causadas.

Atentos saludos,

Bestätigung einer telefonischen Hotelreservierung

guten tag,

hiermit bestaetigen wir gerne die soeben telefonisch vereinbarte reservierung von zwei doppelzimmern fuer die zeit vom oo.oo.19.. bis oo.oo.19.. fuer unsere direktoren dr. maurer und prof. rutz mit gattinnen. die herrschaften werden am oo.oo.19.. voraussichtlich gegen 20.00h bei ihnen eintreffen.

mit freundlichen gruessen

Ankunft verzögert

WEGEN STREIK DES FLUGPERSONALS ANKUNFT VON DIREKTOR GRAF VERSPÄTET STOP BITTE SITZUNG VERSCHIEBEN, DA ANWESENHEIT UNBEDINGT ERFORDERLICH STOP

Ferias

Invitación para asistir a una feria

Estimada señora Lilonett:

Nuestra organización ANCAHUAL LTDA. estará presente una vez más en la próxima Feria Internacional de Francfort que se celebrará del 27 al 31 de agosto.
Como en ocasiones anteriores, presentaremos una variada muestra de artesanía chilena: cerámicas, piedras, metales, joyería, textiles …
La invitamos cordialmente a visitar nuestro stand 2.0 B.26 y a conocer nuestros productos.

Con los mejores saludos,

Tarjeta de comprador

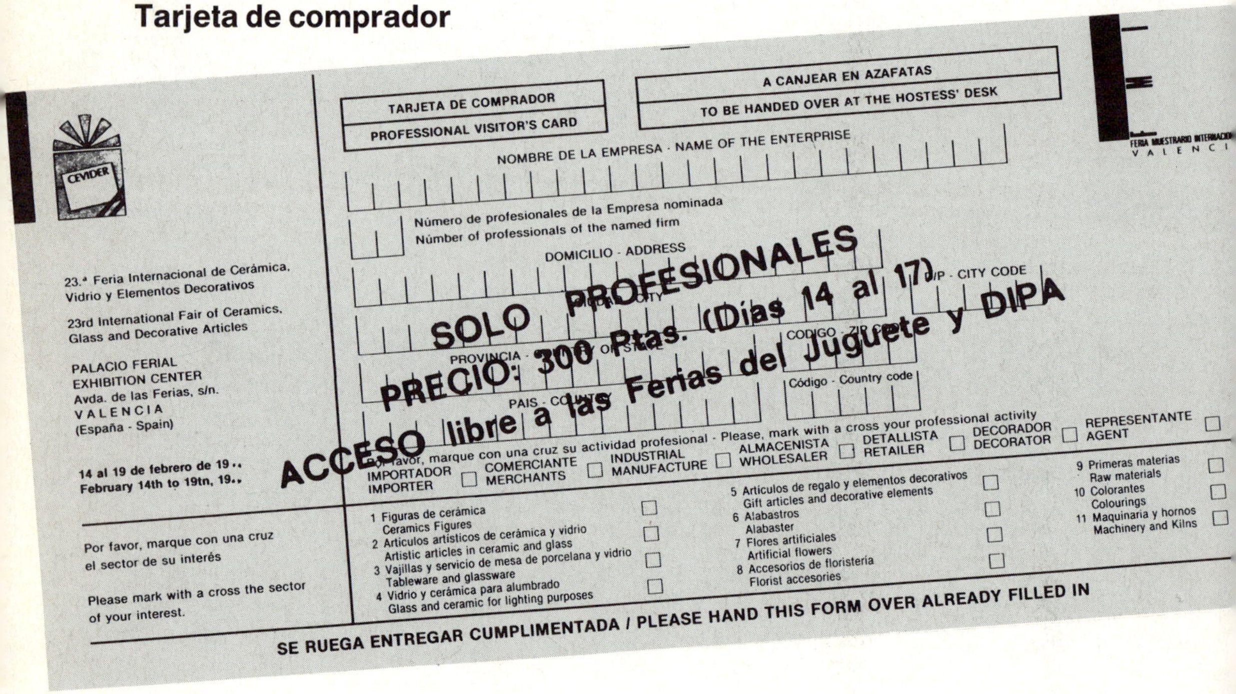

CEVIDER

TARJETA DE COMPRADOR
PROFESSIONAL VISITOR'S CARD

A CANJEAR EN AZAFATAS
TO BE HANDED OVER AT THE HOSTESS' DESK

FERIA MUESTRARIO INTERNACIONAL VALENCIA

NOMBRE DE LA EMPRESA · NAME OF THE ENTERPRISE

Número de profesionales de la Empresa nominada
Number of professionals of the named firm

DOMICILIO · ADDRESS

CIUDAD · CITY

C.P. · CITY CODE

PROVINCIA · COUNTRY OR STATE

CODIGO · ZIP CODE

PAIS · COUNTRY

Código · Country code

23.ª Feria Internacional de Cerámica, Vidrio y Elementos Decorativos

23rd International Fair of Ceramics, Glass and Decorative Articles

PALACIO FERIAL
EXHIBITION CENTER
Avda. de las Ferias, s/n.
VALENCIA
(España - Spain)

14 al 19 de febrero de 19..
February 14th to 19tn, 19..

SOLO PROFESIONALES
PRECIO: 300 Ptas. (Días 14 al 17)
ACCESO libre a las Ferias del Juguete y DIPA

Por favor, marque con una cruz su actividad profesional · Please, mark with a cross your professional activity

IMPORTADOR / IMPORTER ☐ COMERCIANTE / MERCHANTS ☐ INDUSTRIAL / MANUFACTURE ☐ ALMACENISTA / WHOLESALER ☐ DETALLISTA / RETAILER ☐ DECORADOR / DECORATOR ☐ REPRESENTANTE / AGENT ☐

Por favor, marque con una cruz el sector de su interés

Please mark with a cross the sector of your interest.

1 Figuras de cerámica / Ceramics Figures ☐
2 Articulos artisticos de cerámica y vidrio / Artistic articles in ceramic and glass ☐
3 Vajillas y servicio de mesa de porcelana y vidrio / Tableware and glassware ☐
4 Vidrio y cerámica para alumbrado / Glass and ceramic for lighting purposes ☐
5 Articulos de regalo y elementos decorativos / Gift articles and decorative elements ☐
6 Alabastros / Alabaster ☐
7 Flores artificiales / Artificial flowers ☐
8 Accesorios de floristería / Florist accesories ☐
9 Primeras materias / Raw materials ☐
10 Colorantes / Colourings ☐
11 Maquinaria y hornos / Machinery and Kilns ☐

SE RUEGA ENTREGAR CUMPLIMENTADA / PLEASE HAND THIS FORM OVER ALREADY FILLED IN

Expositor agradece visita

Estimado señor:

Por medio de la presente queremos agradecerle su visita a nuestro stand en la pasada Feria del Mueble de Valencia.
Adjuntamos nuestra factura nº 70045 de Ptas. 000.000,– correspondiente a la mercancía pedida por Ud. y entregada hoy a Transportes Silva Hnos. para que le sea enviada.
A la espera de sus futuras órdenes, aprovechamos la ocasión para saludarle muy atentamente,

Anexo

Messeanmeldung

Veranstalter:
Bundesministerium für Wirtschaft, Bonn
In Zusammenarbeit mit:
Ausstellungs- und Messe-Ausschuss der Deutschen Wirtschaft e.V. (AUMA), Köln

Anmeldung
FISA Feria Internacional
SANTIAGO DE CHILE
vom 25. Oktober bis 5. November 19. .

Wir melden uns hiermit rechtsverbindlich unter Anerkennung der umseitigen „Allgemeinen Teilnahmebedingungen" sowie der beigefügten „Besonderen Teilnahmebedingungen" zur Teilnahme an der Firmengemeinschaftsausstellung im Rahmen der amtlichen deutschen Beteiligung an.

1. Aussteller:

Straße:

Ort: | | | | | Postleitzahl

Telefon: (Vorwahl)

Telex:

Telefax:

Sachbearbeiter:

2. Vertreter in Chile:

Name:

Straße / P.O.B.:

Ort:

Tel.:

3. Ausstellungsfläche:

.... m² gedeckte Fläche (Hallen)	á/m²	DM	000,–
.... m² Freigeländefläche	á/m²	DM	00,–
.... m² Werbefläche	à/m²	DM	000,–

4. Technische Anschlüsse:

Licht kW

Kraft kW

Anmerkung:

1 kW Stromanschluß = US $ 00,– für Messezeit

5. Ausstellungsgüter: Abmessungen: Gewicht:

Die Anzahlung von 10 % der Beteiligungsbeiträge
erfolgte am auf
☐ Postgirokonto München Nr. 000 00-00 (BLZ 700 000 00)
☐ Europa-Bank München Konto-Nr. 000 00-000 (BLZ 700 00 00)
☐ Scheck liegt bei

Ort und Datum

Firmenstempel
rechtsverbindliche Unterschrift

Solicitud de extracto de cuenta

Muy señores míos:

Tengo el agrado de dirigirme a Uds. para solicitarles que me remitan el saldo de mi cuenta de ahorros hasta la fecha. Asimismo, les ruego que toda la correspondencia sea dirigida a mi domicilio en Sánchez de Bustamante N° 142, Depto. 3, Rosario 2000, República Argentina.

Atentos saludos,

Se pide extracto de cuenta y relación de acciones

Muy señores míos:

Ruego a Uds. tengan a bien enviarme el extracto de la cuenta que mantengo con Uds. (N° 339/835730) así como una relación detallada del número de acciones que poseo de las diferentes sociedades y su valor nominal y efectivo al día de la fecha.

Esperando verme complacida, les saluda atentamente,

Petición de transferencia

Señores:

Les agradeceré se sirvan transferir con cargo a mi cuenta corriente N° 844/8337058 la cantidad de marcos alemanes resultante de la venta de mis acciones a la libreta de ahorros N° 14.087–14 del Banco Hispano Americano, Sucursal Infanta Carlota, Barcelona, España.

Sin otro particular, aprovecho la ocasión para saludarles con mi consideración más distinguida,

Se solicita transferencia por télex

Estimados señores:

Adjunto a la presente les envío mi libreta de ahorros a efectos de que me transfieran por télex la suma de 00.000.– francos suizos a mi cuenta Nº 50234–9 en el Banco Popular, calle Cavallers, s/n, Palafrugell, Provincia de Gerona, España.

Agradeciéndoles una rápida ejecución de esta transferencia, les saluda atentamente,

Se ruega cancelación de cuenta

Muy señores míos:

Por la presente les ruego tengan la amabilidad de proceder a la cancelación de mi libreta de ahorros Nº 086304, traspasando el saldo más los intereses devengados hasta el día de la fecha a la cuenta que mantengo en la Caja de Ahorros Provincial de Orense, Sucursal de Monterrey.

En la confianza de ver atendida mi petición, aprovecho la ocasión para saludarles muy atentamente,

Kreditgewährung

Sehr geehrte Frau Valdés,

wir beziehen uns auf die mit Ihnen geführten Gespräche und gewähren Ihnen folgenden Kredit:
Betrag: DM 40000,– (in Worten: Deutsche Mark vierzigtausend)
Laufzeit: bis zum 31.08 19..
Zinssatz: 8,75 % jährlich aus der tatsächlichen Kreditinanspruchnahme.
Sicherheiten: Ihre bei uns verwahrten Wertpapiere im Kurswert von mindestens DM 50000,–.
Ergänzend gelten die Allgemeinen Geschäftsbedingungen unseres Institutes, die jederzeit erhältlich oder einsehbar sind.
Wir hoffen, daß Sie mit den vorstehenden Bedingungen einverstanden sind, und bitten Sie, uns die beigefügte Kopie dieses Schreibens unterzeichnet zurückzusenden.

Mit freundlichen Grüßen

Rückzahlung von Verbindlichkeiten

Kredit Nr. 1888 987

Sehr geehrter Herr Torres Leal,

Sie haben Ihre Geschäfte hier aufgelöst und sind in Ihr Heimatland zurückgekehrt, ohne die bei uns bestehenden Verbindlichkeiten beglichen zu haben. Laut Kreditvertrag waren Sie auch verpflichtet, uns Ihren Wohnsitzwechsel mitzuteilen.
Unsere Forderung beläuft sich derzeit auf DM 00000,00 zuzüglich 0,00 % Zinsen pro Tag.
Wir ersuchen Sie deshalb, sich bis spätestens *00. 00. 19..* in dieser Angelegenheit zu äußern und uns einen Rückzahlungsvorschlag zu unterbreiten. Andernfalls müßten wir einen Anwalt in Spanien mit der gerichtlichen Geltendmachung unserer Forderung beauftragen.

Mit freundlichem Gruß

Suscripciones

Renovación de suscripción y envío de cheque

Señores:

Con la presente les estamos enviando el cheque N° 0625833 del Banco de Bogotá a cargo del Europa Bank – Frankfurt, Alemania Federal, a su favor, por valor de DM 000,00, para renovar por un año nuestra suscripción a la revista COMPUTECH.
Sírvanse acusar recibo del cheque mencionado.

Atentamente,

Anexo: 1 cheque

Se ruega información sobre suscripción

Muy señores nuestros:

Hace ya varios años que somos suscriptores de la revista PLASTICOS INDUSTRIALES. Sin embargo, al querer renovar la suscripción por medio del distribuidor en Argentina, Ediciones Internacionales S.A., nos informaron de que ya no representan dicha publicación.
En consecuencia, les agradeceríamos que nos informasen si existe alguien en Buenos Aires que acepte pagos en suscripción para la mencionada revista.
En caso contrario, les rogamos enviarnos una factura proforma para una suscripción anual, incluyendo gastos de envío a Buenos Aires. Cuando nos comuniquen el importe les enviaremos el cheque correspondiente.
El último ejemplar recibido es el Año 35, N° 4.
Sírvanse dirigir su respuesta a ARGENPLAST, Biblioteca Técnica, Paseo Colón 123, (1330) Buenos Aires, República Argentina.

Sin más y esperando tener pronto noticias suyas, nos despedimos muy atentamente,

La revista suscrita no se ha recibido

Estimados señores:

Por medio de la presente nos permitimos informarles de que solamente hemos recibido los números correspondientes a los bimestres enero-febrero y marzo–abril de la revista IDEEN, a pesar de haber renovado la suscripción con suficiente antelación.
Adjuntamos fotocopia de la carta en la que les notificamos el envío del cheque correspondiente.
Les agradecemos la atención a la presente y nos suscribimos de Uds.,

atentamente,

Boletín de suscripción

BOLETIN DE SUSCRIPCION – **EL EMPRESARIO MODERNO**

PRECIO 1 AÑO DE SUSCRIPCION

España .... 0.000 Ptas.*
Extranjero .... 0.000 Ptas.**
(*) IVA incluido (**) Más gastos de envío

Firma

FORMA DE PAGO

☐ Giro Postal ☐ Cheque Nominal
☐ con Tarjeta de Crédito
Nº de tarjeta: ____________________

Entidad emisora: ____________________

Fecha de caducidad: ____________________

Nombres y apellidos ____________________

Domicilio ____________________

Ciudad ____________________ País ____________________

(Enviar este boletín a la C/. Sagasta, 28 – 28004 Madrid)

Abonnementerneuerung

Sehr geehrte Damen und Herren,

vielen Dank für Ihr Schreiben vom 15.02.19.. und Ihr Interesse an unserer internationalen Modefachzeitschrift „CHIC 2000".
In der Anlage übersenden wir Ihnen die gewünschte Proforma-Rechnung über DM 000,00 für die Hefte 1/19.. bis 4/19.. einschließlich Luftpostversand.

Mit freundlichen Grüßen

Anlage: 1 Proforma-Rechnung

Abonnementbestellung von Wiederverkäufer

Ihr Schreiben vom 00. 00. 19..

Sehr geehrter Herr Blanco,

dankend bestätigen wir den Erhalt Ihrer Abonnementbestellung unserer Zeitschrift „FOTOART". Die Lieferung erfolgt wie gewünscht an die angegebene Kundenadresse.
Die Rechnung geht an Sie, und wir räumen Ihnen als Wiederverkäufer einen Rabatt von 15 % auf den Jahresabonnementpreis ein.
Gern stellen wir Ihnen Informationsmaterial über weitere in unserem Hause erscheinenden Zeitschriften zur Verfügung. Einen Prospekt finden Sie als Anlage, unsere Preisliste wird Ihnen nach Erscheinen Anfang September zugehen.
Wir freuen uns auf eine gute Zusammenarbeit und verbleiben

mit freundlichen Grüßen

Anlagen

Inscripciones

Inscripción en un curso de español para extranjeros

Estimado(a) señor(a):

Tenemos el placer de enviarle material informativo sobre los Cursos de Lengua y Cultura Españolas para estudiantes extranjeros que nuestra Universidad organiza cada verano.
Para formalizar la matrícula le rogamos nos remita la Hoja de Inscripción debidamente cumplimentada y una fotografía tamaño carnet.
El pago de los derechos de matrícula para este Curso podrá efectuarse mediante transferencia bancaria a la cuenta corriente nº 843.7543306 del Banco Hispánico.

En la confianza de poder contar con su asistencia, nos despedimos atentamente,

Boletín de inscripción

BOLETIN DE INSCRIPCION

CONFERENCIA

PERSPECTIVAS ECONOMICAS DE ESPAÑA

Hotel Palace de Madrid
11 de abril de 19..

La cuota de participación es de 60.000 pesetas o equivalente en moneda convertible por cada participante. El precio incluye la documentación de la Conferencia, cena, almuerzo y el cocktail de recepción.

☐ Cheque incluido

☐ Por favor, envíen factura

Apellidos ______
Nombre ______
Cargo ______
Empresa ______
Dirección ______
Ciudad ______
País ______ Fax ______
Teléfono ______

Auskunft über Spanischkurs

Sehr geehrte Damen und Herren,

da ich an Ihrem Kurs „Theorie und Praxis der spanischen Wirtschaftssprache" sehr interessiert bin, bitte ich Sie, mir das entsprechende Informationsmaterial (Niveau, Dauer, Preise, Unterkunft, Teilnahmebestätigung etc.) und ein Anmeldeformular baldmöglichst zuzusenden.
Für Ihre Bemühungen bedanke ich mich im voraus und verbleibe

mit freundlichen Grüßen

Einschreibung nicht möglich

Sehr geehrter Herr Villanueva,

leider müssen wir Ihnen mitteilen, daß wir zu dem von Ihnen gewünschten Termin des Kurses „Deutsch für Internationale Führungskräfte" keine Teilnehmer mehr zulassen können. Der nächstmögliche Eintrittstermin für Sie wäre der 1. September. Falls Sie daran interessiert sind, bitten wir um baldige Nachricht, da die Nachfrage sehr groß ist.

Mit freundlichem Gruß

Cortesía comercial

Participaciones

Constitución de una sociedad

Señores:

Nos es grato poner en su conocimiento que hemos constituido en esta ciudad una sociedad comercial bajo la razón social LAS DELICIAS, cuyo objeto será la importación y distribución de productos alimenticios, vinos y licores provenientes de Sudamérica.
Como se desprende del material informativo que les adjuntamos, se trata de productos genuinos de las marcas de mayor renombre.
En la confianza de poder contarles entre nuestros clientes e iniciar unas fructíferas relaciones comerciales, les saludamos muy atentamente,

Apertura de una sucursal

Distinguido cliente:

Nos complace comunicarle que el 15 de abril inauguraremos una nueva sucursal de CASA RUSTICA en Puerto de la Cruz, Tenerife.
Estaremos a disposición de nuestra estimada clientela en:

Parque de las Flores, 13
Barrio San Antonio
Puerto de la Cruz, Tenerife
Teléf. 922 / 38 57 41

Esperamos vernos favorecidos con su visita y le saludamos cordialmente,

Cambio de domicilio

Señor(a):

Tenemos el placer de comunicarle que a partir del próximo 15 de noviembre nuestras oficinas serán trasladadas a

Avda. Independencia, 680, bajo dcha.
08037 BARCELONA

Los números de teléfono, télex y telefax no cambiarán.

Esperamos que durante su próximo viaje a España nos honrará con su visita a nuestro nuevo domicilio y entretanto le saludamos muy atentamente,

Cambio de teléfono

Señores:

Les rogamos tomen nota de nuestro nuevo número de teléfono a partir del día 15 de febrero próximo:

93–274 30 28

Gracias. Atentamente.

Nuevo Director

Señores:

Les comunicamos que don Rubén Pacheco Villar fue nombrado Director del Departamento de Exportaciones de nuestra Compañía. El señor Pacheco sustituye en dicho cargo a don Gerardo Donoso Díaz, que se ha jubilado.

Les rogamos tomen nota de su firma estampada al pie y les saludamos muy atentamente,

Textiles SEDALAN, S. A.
Gregorio Fernández G.
Director General

D. Rubén Pacheco Villar firmará

. . . .

Fallecimiento de un socio

Señores:

Cumplimos el penoso deber de comunicarles el fallecimiento de nuestro socio don Gregorio Peralta Acevedo acaecido el 3 de julio a causa de un accidente de tráfico.

Atentamente,

Mitteilung über Schließung einer Firma

Sehr verehrte Kunden,
liebe Geschäftsfreunde,

hiermit möchten wir Ihnen mitteilen, daß wir aus Altersgründen unseren Betrieb zum Jahresende schließen werden.
Für das Vertrauen, das Sie unserem Hause über einen so langen Zeitraum entgegengebracht haben, danken wir Ihnen von ganzem Herzen.

Neuer Geschäftsführer

Sehr geehrte Damen und Herren,

wir geben bekannt, daß der bisherige Geschäftsführer, Herr Konrad Kurt Haller, in den Ruhestand getreten ist. Zum neuen Geschäftsführer der HALLER GmbH wurde auf der Gesellschafterversammlung vom 29. Februar 19.. Herr Georg Karl Haller bestellt.
Wir bitten Sie, von dieser Veränderung Kenntnis zu nehmen.

Mit freundlichen Grüßen

Mitteilung über den Tod eines Gesellschafters

Sehr geehrte Damen und Herren,

wir haben die schmerzliche Pflicht, Ihnen den Tod unseres Gesellschafters, Herrn Walter Angerer, mitzuteilen, der am 5. November 19.. vollkommen unerwartet im Alter von 64 Jahren von uns gegangen ist. Der Verstorbene, Komplementär unseres Unternehmens, trug maßgeblich zur heutigen Bedeutung unserer Gesellschaft bei. Sein Leben und Wirken sind uns Vorbild und Verpflichtung.
Entsprechend dem letzten Willen des Verstorbenen zeigen wir seinen Tod erst nach der Trauerfeier an, die im engsten Familienkreis stattgefunden hat.

Invitaciones

Invitación a una recepción del Embajador de España

El Embajador de España
y la Señora de Fernández
tienen el honor de invitar al

Profesor D. David Steinitz
y señora

a la recepción que con ocasión de la Fiesta Nacional
tendrá lugar el miércoles, 12 de octubre,
de 17.30 a 20.00 horas en la Residencia,
Am Kurpark 7, Bad Godesberg.

s.r.c. (tarjeta adjunta)

Invitación a un "vino español"

Con motivo del partido de fútbol que
el Real Madrid F.C.
ha de disputar contra el F.C. Bayern
el próximo día 4 de marzo,
valedero para la Copa de Europa,

el Director
del Instituto Español de Cultura

se complace en invitarle a un »vino español«
en honor de la Directiva de dicho club,
acompañantes y periodistas,
que tendrá lugar
en la Sala de Actos,

el jueves, 3 de marzo, a las 12 horas.

Invitación de la Cámara de Comercio Internacional / Comité Nacional Venezolano

Estimado señor:

Por considerarlo de su interés, tenemos el gusto de anexarle un folleto informativo de la Conferencia Marítima Internacional de la Cámara de Comercio Internacional, que deseamos ver prestigiada con su presencia.
Esta importante reunión se celebrará entre los días 7 y 10 del próximo mes de setiembre en Caraballeda y contará con la asistencia de destacadas figuras públicas y privadas de gran número de países.
En espera de una consideración favorable a nuestra invitación nos complace saludarle.

Atentamente,

Einladung zu einer Ausstellungseröffnung

EL GRECO

Porträts
Sammlung
Fundación Carlos Sánchez, Madrid

Städtisches Museum Mainz

Einladung zur Eröffnung der Ausstellung
am Dienstag, den 14. September, 20 Uhr

Begrüßung:
Dr. Maximilian Ludwig, Direktor des Museums
Carlos Sánchez, Präsident der Fundación Carlos Sánchez

Einführung in die Ausstellung:
Professor Ferdinand Müller

Dauer der Ausstellung:
15. September 19.. bis 30. November 19..

Die Einladung gilt für zwei Personen

Einladung zur Hochzeit

Zu unserer Trauung
am Samstag, den 23. Mai 19.. um 16.00 Uhr
in der Kirche St. Thomas
und zur anschließenden Hochzeitsfeier im
Parkhotel
laden wir herzlich ein.

Susanne Schneider   Fernando López Ruiz

Rückantwort erbeten bis 9. Mai 19.. Telefon 95 61 90

Felicitaciones

Aniversario de empresa

Señores:

Con motivo del 30° aniversario de su distinguida casa les hacemos llegar nuestras más cordiales felicitaciones.
El constante auge de su empresa se debe, sin duda, a la acertada e incansable gestión de su fundador y director, don Enrique Conde Escriba.
Les deseamos también en el futuro toda clase de éxitos y esperamos seguir contándoles entre nuestros apreciados clientes.

Cordialmente,

Apertura de sucursal

Apreciados señores:

Reciban nuestras más sinceras felicitaciones con ocasión de la apertura de su nueva sucursal en Baleares.
Estamos seguros de que la ampliación de sus actividades contribuirá a una intensificación de las relaciones comerciales entre nuestras empresas y quedamos, como siempre, a sus órdenes.

Atentamente,

Navidad y Año Nuevo

Estimados señores:

No quisiéramos que finalice el año sin dejar de expresarles nuestro agradecimiento por la excelente y fructífera cooperación durante los pasados 12 meses.
En la confianza de que estas buenas relaciones continúen en el futuro, aprovechamos la oportunidad para desearles Felices Navidades y un Próspero Año Nuevo.

Afectuosos saludos,

Boda

Estimado don Antonio:

Con gran alegría hemos recibido la participación de su próximo enlace matrimonial. Nuestra más sincera enhorabuena!
Todos los que aquí le conocen le envían un sinfín de felicidades y le ruegan que también las haga extensivas a su prometida.

Afectuosos saludos y un fuerte abrazo,

Glückwünsche zum Weihnachtsfest und Neuen Jahr

*Für das Vertrauen, das Sie uns im Jahre 19..
entgegengebracht haben,
danken wir bestens und wünschen Ihnen
zum Weihnachtsfest und zum Jahreswechsel
viel Glück und Erfolg!*

DAS CHRISTIAN-KONRAD-ATELIER
WÜNSCHT SEINEN KUNDEN EIN FROHES WEIHNACHTSFEST
UND EIN GLÜCKLICHES, ERFOLGREICHES NEUES JAHR.

DEZEMBER 19..

Glückwunsch zum Geburtstag eines Geschäftsfreundes

Sehr geehrter Herr de Castro,

wir wollen es nicht versäumen, Ihnen als langjährigem und engem Geschäftsfreund zu Ihrem 60. Geburtstag die allerbesten Glückwünsche unseres Hauses zu übermitteln.

Mögen Ihnen auch in den kommenden Jahren Gesundheit und Glück, aber auch ebenso große geschäftliche Erfolge beschieden sein wie jene, auf die Sie mit Stolz zurückblicken können.

Nochmals alles Gute wünscht Ihnen

Ihre
FI-DELO AG, Hamburg

Condolencias

Pésame a una empresa por fallecimiento de un socio

Señores:

Con profundo pesar hemos sabido a través de nuestro representante del fallecimiento de su socio, D. Jorge Ruiz Pelayo.
Les enviamos nuestro más sincero y profundo pésame, que rogamos hagan extensivo a la familia del difunto.

Atentamente,

Condolencia por muerte del esposo

Estimada señora Bauer:

La triste noticia de la muerte de su amado esposo nos ha conmovido profundamente. Era un hombre al que todos apreciábamos por su gran humanidad y al que nos unían largas y amistosas relaciones comerciales. Su recuerdo permanecerá vivo en nosotros.
La acompañamos en su dolor por la irreparable pérdida y le hacemos llegar nuestro testimonio de condolencia.

Atentamente,

Beileid zum Tode eines Mitarbeiters

Die Nachricht vom Tode von

Herrn Roberto Salinas Chávez

erreichte uns völlig unerwartet und macht uns sehr betroffen.
Wir haben einen Mitarbeiter verloren, der unsere Niederlassung in Mexiko viele Jahre lang wesentlich mitgetragen hat.
Die HANSEN AG verliert in Herrn Salinas Chávez viel zu früh einen geachteten Fachmann, um den wir trauern. Seiner Familie gilt unser aufrichtiges Mitgefühl.

Agradecimientos

Se agradece la hospitalidad

Estimado señor Maier:

De regreso a Ciudad de México me apresuro a escribirle para expresarle mi gratitud por el cordial recibimiento y la hospitalidad que me dispensó durante los días que pasé en su ciudad.
Espero que pronto pueda recibir también su visita aquí en mi país y entretanto me despido de Ud.

con cordiales saludos.

Atenciones recibidas

Estimado señor Klein:

Por la presente queremos manifestarle nuestro agradecimiento tanto a Ud. como al Sr. Rossmaier por todas las atenciones que nos brindaron durante nuestro reciente viaje a Alemania.
Hemos quedado gratamente impresionados de la avanzada tecnología aplicada en la elaboración de sus productos así como del orden, disciplina y alta eficiencia apreciadas en su planta.
Hacemos extensivo nuestro agradecimiento a todo el personal técnico por el tiempo que nos dedicaron.

Les saludamos muy cordialmente.

Felicitaciones y regalo

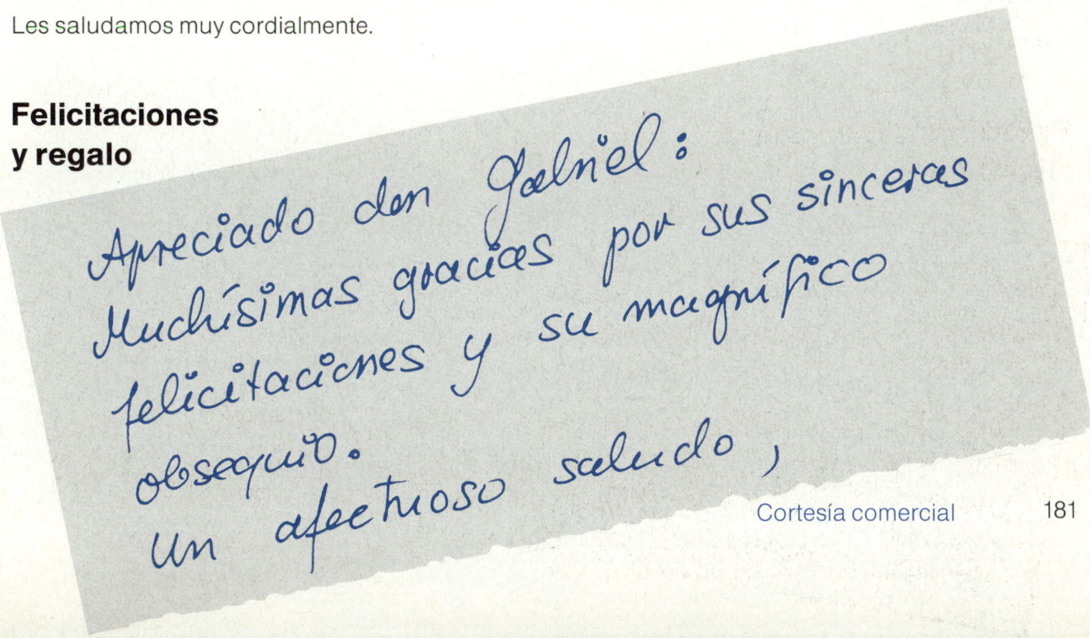

Apreciado don Gabriel:
Muchísimas gracias por sus sinceras felicitaciones y su magnífico obsequio.
Un afectuoso saludo,

Favor prestado

Querido amigo:

Te escribo estas líneas para agradecerte las gestiones que has realizado por mí y comunicarte que éstas han tenido el éxito deseado. Me has hecho un gran favor, que espero poder corresponder adecuadamente en una próxima ocasión.

Un fuerte abrazo y saludos cordiales a tu familia.

Dank für Genesungswünsche und Geschenk

Lieber Herr Reyes,

Ihre guten Wünsche und Ihr nettes Geschenk haben mich sehr gefreut. Ich danke Ihnen herzlich dafür. Es tut gut zu wissen, daß so viele Kolleginnen und Kollegen an mich denken.
Wahrscheinlich wird dieser Brief Sie mit Verspätung erreichen, da ich erst jetzt gesundheitlich in der Lage bin, Ihnen zu schreiben.

Nochmals herzlichen Dank und viele Grüße

Ihr

Dankschreiben für erwiesene Gastfreundschaft

Sehr geehrte Damen und Herren,

nach meiner Rückkehr nach Deutschland möchte ich Ihnen – auch im Namen meiner Frau – ganz herzlich für die wunderbaren und interessanten Tage danken, die wir in Ihrem Schulungs- und Gästezentrum in Fuengirola verbringen durften.
Ihre großzügige und selbstverständliche Gastfreundschaft wird uns unvergessen bleiben.
Das Seminar mit seinen hochinteressanten Vorträgen und die Möglichkeit, Kontakte mit den internationalen Teilnehmern zu knüpfen, waren ein sehr großer Gewinn für mich.

Nochmals meinen herzlichen Dank.

Ihr

Terminología del comercio exterior

Los canales de comercialización

Se pueden distinguir dos formas principales de penetración en un mercado exterior: la *venta directa* y la *venta indirecta*.

La venta directa

El departamento de exportación

Constituye un departamento separado dentro de la empresa exportadora. Sus funciones están relacionadas con la colocación de los productos en el extranjero: ventas, promociones y publicidad, contabilidad de las exportaciones, contacto con los agentes mediadores así como con las sucursales de ventas, relaciones con bancos, etc. En muchas ocasiones las grandes empresas transforman su departamento de exportación en una empresa de exportación independiente cuya sede puede ser el país de la casa exportadora mismo, una plaza marítima o bien cualquier otro país.

La agrupación de exportadores

Se trata de empresas exportadoras que fabrican productos similares o complementarios y que deciden mancomunar sus esfuerzos y recursos para llevar a cabo sus ventas en los mercados extranjeros. Esta acción colectiva de varias empresas comprende medidas como: estudios de mercado, prospección sectorial, transporte agrupado, representación comercial, publicidad, redes de distribución, servicio postventa, participación en licitaciones públicas, etc.

Los agentes de comercio exterior

En el comercio exterior existen muchos tipos de intermediarios con una variedad de denominaciones. Por lo general, se distingue entre agentes a comisión por cuenta ajena y que no asumen mayores riesgos de las operaciones comerciales y aquellos agentes que trabajan por cuenta propia asumiendo los riesgos de las operaciones comerciales.

El representante asalariado

Es un empleado de la casa exportadora que asume la responsabilidad comercial de uno o varios mercados extranjeros. Este tipo de comercialización directa le permite a la empresa exportadora un control sobre los precios y las condiciones de venta de sus productos. El representante reside en el extranjero o bien debe desplazarse para establecer contacto con las empresas compradoras.

La sucursal de ventas y la filial

La *sucursal* consiste en la apertura de una oficina en el extranjero. Es uno de los sistemas de comercialización más directos porque permite mantener contacto con el cliente en su mismo mercado. La sucursal dispone de stocks in situ, salas de exposiciones y servicio postventa. Depende financiera y administrativamente de la casa matriz.
La *filial* se distingue de la sucursal porque posee personalidad jurídica propia de acuerdo con la legislación del país seleccionado. Además, puede ser independiente de la casa matriz en el área financiera, comercial, administrativa y técnica.

La cesión de licencias

Según este método de comercialización, una empresa cede a otra empresa el derecho a la fabricación o comercialización de un determinado producto sujeto a patente o secreto industrial. Los derechos se transfieren a través de un contrato de licencia, según el cual la empresa cedente le cede a la empresa receptora – la licenciataria – dibujos, procedimientos de fabricación, patentes, marcas, asistencia técnica o "know how" a cambio del pago de "royalties" o un precio alzado.
Una variante de este método es el *"franchising" (franquicia),* por el cual una empresa cede a otra el derecho de presentarse bajo su razón social o para vender productos que lleven su distintivo.

La venta indirecta

El distribuidor

Compra en firme los productos a la empresa suministradora y los vende por su cuenta en el mercado en que opera. Dispone de una red de vendedores especializados, asume la financiación de la importación, se encarga de la publicidad y del servicio postventa así como de velar por el buen nombre del producto. La distribución puede ser en exclusiva o no.

El corredor de comercio

Es un agente mediador, independiente, que actúa como promotor de ventas poniendo en contacto a compradores y vendedores, sin concluir los contratos en nombre de las partes. La remuneración percibida por su intervención se denomina corretaje.

El comerciante exportador

Tiene su domicilio en el país del fabricante cuyos productos adquiere para luego colocarlos en los mercados extranjeros. Percibe una comisión que se deduce del precio de venta. Suele estar especializado en una determinada gama de productos y posee servicios de venta en diversos países.

El fabricante de productos afines

Es una forma de cooperación entre empresas mediante la cual una empresa, por lo general pequeña, comercializa sus productos de exportación a través de otra empresa, por lo general grande, productora de bienes no competitivos. La empresa de mayor tamaño compra los productos en firme y vende estos bienes complementarios en el exterior a través de su propia red de distribución.

El embalaje

El embalaje exterior

Es la envoltura protectora empleada por el exportador
para que los productos vendidos no sufran daños durante su manipulación y transporte.

El tipo de embalaje depende de factores como
- la naturaleza de la mercancía;
- el modo de transporte;
- la duración y distancia del viaje;
- el país de destino.

Caja de madera

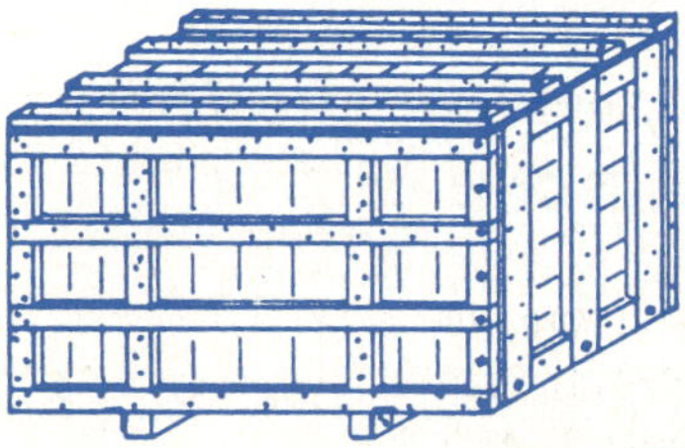

Clases de embalajes

Existe una gran variedad de embalajes.
Los más usuales son los siguientes:
- Cajas de madera.
- Jaulas de madera.
- Cajas de cartón.
- Balas.
- Sacos de tela, papel o plástico.
- Toneles.
- Bidones.
- Barriles.
- Tambores.

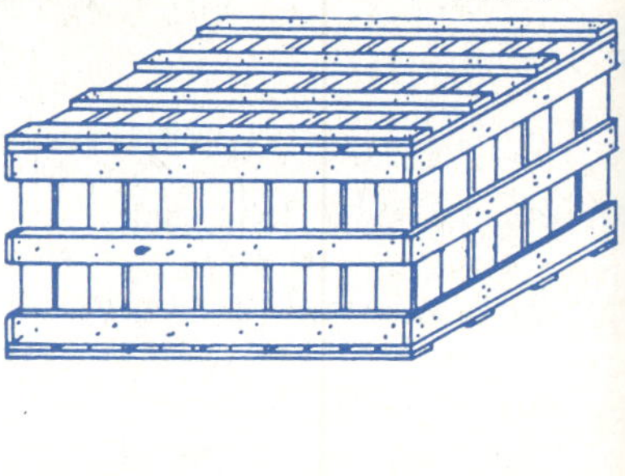

Jaula

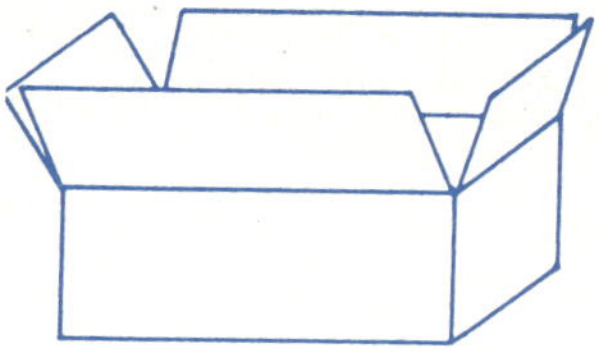

Caja de cartón

Bidón

Bala

Tambor

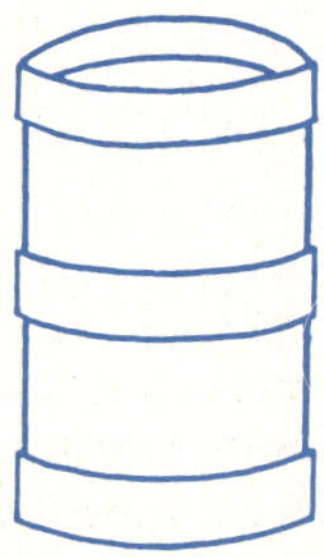

Barril

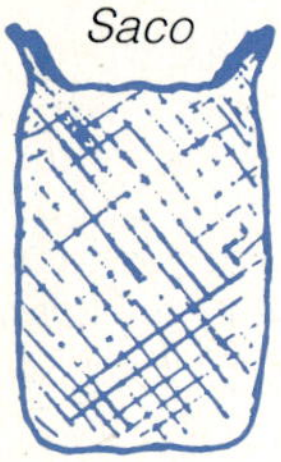

Saco

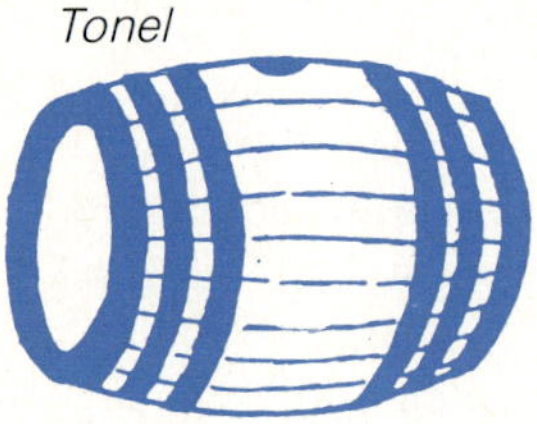

Tonel

Protecciones especiales

Aparte de los embalajes exteriores nombrados, se aplican métodos de protección especiales para evitar una serie de daños específicos.

Protección contra golpes

Papel, cartón, virutas de madera y papel, serrín, fieltro, corcho, espumas de material plástico, almohadillas y bolas de polietileno insufladas de aire, mantas de polietileno con burbujas.

Protección contra la humedad y la corrosión

Papeles preparados (embreados, asfálticos, plastificados, parafinados, encerados, etc.), grasas y aceites, protecciones pelables, barnices y lacas, materiales barrera (complejos termosoldables, complejos adhesivos, deshidratantes, etc.).

Las marcas

El embalaje que contiene las mercancías debe marcarse de forma adecuada para que se pueda identificar fácilmente el envío. Las marcas y los números figurarán en todos los documentos relacionados con la expedición.

Un *marcaje completo* constará de los siguientes datos:

- Nombre y señas del consignatario, o bien, sus iniciales y anagramas.
- Punto de destino.
- Número de pedido.
- Número del bulto y cantidad total de bultos.
- Peso bruto y peso neto.
- Medidas exteriores.
- Denominación de origen.

Señales de protección

En el embalaje suelen indicarse señales para evitar daños durante el transporte y manipulación de la mercancía.

- Abrir por aquí
- Cuidado
- Este lado arriba
- Frágil
- Guardar en lugar fresco
- No tumbar
- Proteger contra el calor
- Proteger contra la humedad

Técnicas de carga

Además de los embalajes mencionados anteriormente hay otros sistemas de acondicionamiento de las mercancías que facilitan enormemente su transporte y evitan su deterioro.

La paleta

Plataforma de carga de pequeña altura, formada por dos pisos unidos entre sí, que facilita el traslado de las mercancías mediante aparatos de elevación. Las mercancías apiladas homogéneamente sobre su superficie forman una *unidad de carga* (paletización). A través de flejes, metálicos o de plástico, se puede unir la carga con su base.

El contenedor

Se trata de un gran recipiente que posibilita el transporte de mercancías por uno o varios medios de transporte, sin manipulación intermedia de la carga. Sus dimensiones están reguladas internacionalmente.
El empleo de contenedores presenta varias ventajas: se puede emplear repetidamente, reduce los costes de embalaje y flete, disminuye el riesgo de robo y pérdidas, y con ello, la prima del seguro.
Existen contenedores para varios usos: carga general, refrigerados, frigoríficos, ventilados, térmicos, para líquidos y sólidos a granel, etc.

El iglú o igloo

Tapa o cubierta de material resistente que se coloca sobre una paleta y que sujeta la mercancía cargada. Su uso es frecuente en el transporte aéreo.
Los contenedores, paletas e iglús reciben el nombre genérico de *ULD* ("Unit Load Device"), expresión que se traduce al español como *Dispositivo Unitario de Carga.*

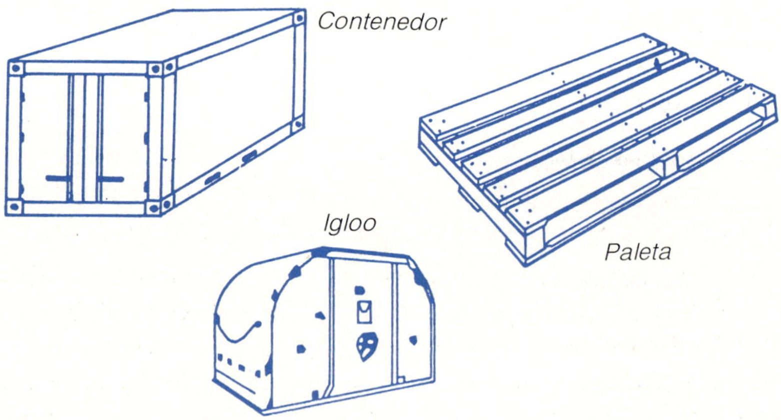

El transporte

La elección del medio de transporte

El transporte a elegir dependerá de

- las condiciones de venta;
- las exigencias del cliente;
- la naturaleza de la mercancía;
- los medios de transporte disponibles;
- las tarifas aplicadas.

Clases de transporte

El envío de las mercancías puede efectuarse mediante

Transporte terrestre

Existen dos modalidades:

– *Por carretera.*
– *Por ferrocarril.*

Transporte marítimo

Hay dos tipos importantes de buques mercantes:

– *Buques de línea regular.*
– *Buques tramp.*

El *buque de línea regular* transporta mercancías en una ruta determinada y cumple un itinerario fijo. Las mercancías transportadas son, por lo general, productos manufacturados que se envían en su mayor parte en bultos de diferentes tamaños y pesos.

Se habla de una *Conferencia Marítima* cuando diferentes compañías navieras que operan en una misma línea regular acuerdan condiciones de embarque y tarifas de fletes comunes. Las empresas navieras que no se adhieren a estas conferencias, se conocen bajo la denominación anglosajona de *"Outsiders"*.

El *buque tramp* generalmente transporta mercancías a granel, no mantiene un servicio regular y sirve cualquier ruta comercial. El usuario debe contratar con el armador las condiciones particulares de cada transporte.

Transporte aéreo

Se lleva a cabo a través de:
- *Líneas regulares.*
- *Chárters o aviones fletados.*

Transporte por aguas interiores

La navegación interior se puede denominar según la vía empleada:
- *Transporte fluvial (ríos y canales).*
- *Transporte lacustre (lagos).*

Transporte combinado o multimodal

En esta clase de transporte intervienen varios porteadores sucesivamente, ya sea, debido a la gran distancia del punto de entrega, o bien, debido a la necesidad de tener que emplear distintos medios de transporte (terrestre, marítimo, aéreo).

Mediante el empleo de paletas y contenedores, los diferentes porteadores pueden transportar las mercancías de *puerta a puerta,* por ejemplo, del almacén del vendedor hasta el almacén del comprador, sin que las mercancías mismas tengan que cargarse o descargarse durante el trayecto. Esto reduce los costes de manipulación de las mercancías y ahorra embalaje.

Un tipo especial de transporte combinado lo constituye el *sistema ro-ro* (roll-on-roll-off): Los remolques de camiones o trenes de carretera se cargan con la mercancía a bordo de un buque y después de su llegada al puerto de destino se descargan de la misma manera.

El *tráfico contenerizado* permite combinar todos los medios de transporte.

El contrato de transporte

Es aquel en que una persona *(porteador)* se obliga a trasladar de un lugar a otro mercancías por un precio determinado.

Personas que intervienen en el transporte

- *El transportista o porteador:* persona que asume la obligación de realizar el transporte de la mercancía.
- *El cargador:* persona que concierta el transporte con el porteador. Es el remitente de la mercancía, que puede ser el vendedor-exportador mismo o bien un agente transitario.
- *El consignatario:* persona a quien el porteador debe entregar la carga en el punto de destino. Es el destinatario de la mercancía, que puede ser el comprador-importador mismo o bien un agente transitario.

En el *transporte marítimo y aéreo,* el porteador suele denominarse también *fletante* y el cargador *fletador.*

En el *transporte por aguas interiores* se aplica la misma terminología que en la del transporte terrestre.

El precio del transporte

El precio del transporte terrestre se denomina *porte.*
Si lo paga el cargador se habla de *porte pagado.*
Si lo ha de pagar el consignatario se habla de *porte debido.*

El precio del transporte marítimo / aéreo se denomina *flete.*
Si lo paga el cargador o fletador se habla de *flete pagado.*
Si lo ha de pagar el consignatario se habla de *flete debido.*

Los documentos de transporte

Según el medio de transporte, el transportista extenderá uno de los siguientes documentos:*

En el transporte terrestre:
- *La carta de porte por carretera.*
- *La carta de porte por ferrocarril.*

En el transporte marítimo:
- *El conocimiento de embarque.*

En el transporte aéreo:
- *La carta de porte aéreo (conocimiento aéreo).*

---

* Véase también el apartado "Documentos", págs. 214 ss.

El seguro

El contrato de seguro de transporte

Los riesgos derivados del transporte de la mercancía desde el lugar de origen hasta el lugar de destino pueden cubrirse mediante un seguro.

El *contrato de seguro de transporte* es aquel en que una persona *(el asegurador)* se obliga a indemnizar a otra persona *(el asegurado)* los daños que pueda sufrir la mercancía transportada a cambio del pago de un precio *(la prima).*

Según el medio de transporte utilizado, el contrato de seguro puede ser: terrestre, marítimo, fluvial y aéreo.

Personas que intervienen en el seguro de transporte

- *El asegurador:* persona que se obliga a indemnizar los daños que puedan sufrir las mercancías transportadas a cambio de la percepción de un precio llamado prima.
- *El asegurado:* persona que mediante el pago de una prima tiene derecho a recibir una indemnización del asegurador por la pérdida o por los daños que pudieran sufrir las mercancías durante el transporte.

El precio del seguro de transporte

El precio del seguro *(la prima)* dependerá de factores como

- el tipo de cobertura deseado;
- la cantidad, valor y naturaleza de la mercancía;
- el embalaje utilizado;
- el medio de transporte;
- el trayecto y destino;
- los transbordos.

El valor asegurable

El valor de los bienes que se han de transportar se determina conforme a datos como

- el valor de la mercancía según la factura comercial;
- el importe de los portes o fletes;
- los derechos de aduanas en origen y destino.

Además se puede asegurar el daño que surgiría de un beneficio que se deja de percibir a causa de siniestro de la mercancía. Este es el llamado *beneficio probable o lucro cesante,* que se puede incluir en la suma asegurada con un valor entre 10 % y 20 % del importe cif.

La póliza de seguro

Es el *documento que suscriben los contratantes del seguro.*

Clases de pólizas

Póliza individual

Se concluye para cubrir *un solo envío* de mercancías.

Póliza abierta

Se puede concluir por un período de *tiempo limitado,* por ejemplo, un año, y prolongarse automáticamente. También puede concluirse por un *tiempo ilimitado,* hasta que se rescinda.
Con este tipo de pólizas, el asegurado puede cubrir *todos los envíos* que efectúe.
El asegurador calcula la prima a pagar en base a los envíos efectuados que el asegurado le comunica.

Póliza flotante

Se concluye por un *importe global* determinado para cubrir *varios envíos.*

El asegurado comunica cada envío a la compañía de seguros hasta completar la suma total asegurada por la póliza flotante. Cuando se haya alcanzado esa suma, se renueva la póliza, pagando la prima por adelantado.

Como comprobante de que la mercancía está asegurada, el asegurador extiende un *certificado de seguro* para cada envío que le notifica el asegurado. Esto vale tanto para la póliza abierta como para la póliza flotante.

La avería

En el seguro marítimo se emplea como sinónimo de siniestro la expresión *avería.*

Clases de averías

Avería gruesa (avería común)

Son los daños y gastos causados *intencionadamente* para salvar el buque, su cargamento o ambas cosas a la vez de un peligro. La cuantía de los daños y gastos se distribuye proporcionalmente entre las partes afectadas: dueño del buque, propietario de las mercancías, asegurador, fletador.

Avería simple (avería particular)

Son los daños que se producen accidentalmente en un buque o en su cargamento. Al contrario de lo que ocurre en la avería gruesa, los daños y gastos son de cuenta de cada uno de los propietarios de los respectivos bienes dañados. Si existe un seguro correspondiente, los daños son indemnizados por el asegurador.

Las cláusulas del seguro de transporte

Las cláusulas más empleadas internacionalmente para cubrir los riesgos del transporte, especialmente del transporte marítimo, son las siguientes:

Cláusula de almacén a almacén

Cubre la mercancía desde la salida en el lugar de origen hasta la entrega en el punto o almacén de destino. ("Warehouse-to-warehouse")

Cláusula de embarcaciones

Cubre los riesgos relacionados con el transporte de la mercancía hasta y desde el buque por medio de embarcaciones auxiliares y gabarras.

Cláusula de pérdida total efectiva

El asegurador paga el cargamento sólo si el buque queda totalmente destruido. Constituye la garantía mínima posible. ("Total Loss of Vessel Only", T. L. V. O.)

Cláusula de riesgo de guerra

Cubre el riesgo de captura, confiscación, etc. a causa de guerra o revolución.

Cláusula de huelga o motines

Cubre la pérdida o deterioro de la mercancía producidos por huelgas, motines y disturbios civiles.

Cláusula de pérdida total por abandono

El asegurador paga la indemnización solamente si el costo de salvar el cargamento y el envío a su destino es superior al valor de las mercancías en el lugar de destino. ("Total Loss Only", T. L. O.)

Cláusula franco de avería particular

Cubre el riesgo de "avería gruesa" pero no protege contra "avería particular", con la excepción de embarrancada, hundimiento, incendio o colisión del buque. ("Free of particular average", F. P. A.)

Cláusula con avería particular

El asegurador paga las pérdidas parciales o daños de la mercancía siempre que excedan el porcentaje de franquicia establecido. Si la cuantía del siniestro es inferior a la cantidad estipulada como franquicia, su coste corre por completo a cargo del asegurado. ("With average", W. A.)

Cláusula a todo riesgo

Es la cláusula de seguro con la mayor protección. Cubre todo riesgo de pérdida o daño de la mercancía asegurada con excepción de los producidos por guerras, huelgas y similares, y las pérdidas o daños debido a retraso o deterioro interno de la carga. ("All risks")

En el año 1983 el Instituto de Aseguradores de Londres (Institute of London Underwriters) elaboró una nueva interpretación de las "Institute Cargo Clauses" "F. P. A.", "W. A." y "all risks".
Estás cláusulas se conocen ahora por las *Institute Cargo Clauses A, B, y C.*

Cláusula C

Cubre solamente *riesgos limitados:* los daños ocasionados por avería común y los producidos por incendio, naufragio o varada del buque, así como los que se deben a maremotos y colisiones.

Cláusula B

Cubre *riesgos específicos:* los riesgos de la cláusula C y además los daños a causa de entrada de agua en las mercancías y la pérdida total de las mercancías durante la carga y descarga.

Cláusula A

Cubre *todos los riesgos* de una manera similar a la de la cláusula "all risks".

Seguros económicos

Además de los riesgos que pueden surgir durante el transporte de la mercancía, hay muchos otros riesgos relacionados con las actividades del comercio exterior. Estos riesgos pueden cubrirse mediante seguros especiales. Al respecto caben mencionar, entre otros:

El seguro de crédito a la exportación

Cubre el riesgo de impago por parte del comprador.

El seguro de diferencias de cambio

Cubre el riesgo de pérdidas a causa de variaciones en la cotización de las monedas.

Las condiciones de entrega
Los incoterms

Grupo		**Los incoterms 1990**
Término "E" Salida	EXW	Ex works (... named place) En fábrica (... lugar convenido) Ab Werk (... benannter Ort)
Términos "F" Sin pago transporte principal	FCA	Free carrier (... named place) Franco transportista (... lugar convenido) Frei Frachtführer (... benannter Ort)
	FAS	Free alongside ship (... named port of shipment) Franco al costado del buque (... puerto de carga convenido) Frei Längsseite Seeschiff (... benannter Verschiffungshafen)
	FOB	Free on board (... named port of shipment) Franco a bordo (... puerto de carga convenido) Frei an Bord (... benannter Verschiffungshafen)
Términos "C" Con pago transporte principal	CFR	Cost and freight (... named port of destination) Coste y flete (... puerto de destino convenido) Kosten und Fracht (... benannter Bestimmungshafen)
	CIF	Cost, insurance and freight (... named port of destination) Coste, seguro y flete (... puerto de destino convenido) Kosten, Versicherung und Fracht (... benannter Bestimmungshafen)
	CPT	Carriage paid to (... named place of destination) Transporte pagado hasta (... lugar de destino convenido) Frachtfrei (... benannter Bestimmungsort)
	CIP	Carriage and insurance paid to (... named place of destination) Transporte y seguro pagados hasta (... lugar de destino convenido) Frachtfrei versichert (... benannter Bestimmungsort)

Medio de transporte			
Todos los medios, incluido el transporte multimodal	Aéreo	Ferrocarril	Por mar y vías navegables interiores
●			
●	●	●	
			●
			●
			●
			●
●			
●			

Grupo		**Los incoterms 1990**
Términos "D" Llegada	DAF	Delivered at frontier (... named place) Entregada en frontera (... lugar convenido) Geliefert Grenze (... benannter Ort)
	DES	Delivered ex ship (... named port of destination) Entregada sobre buque (... puerto de destino convenido) Geliefert ab Schiff (... benannter Bestimmungshafen)
	DEQ	Delivered ex quay (duty paid) (... named port of destination) Entregada en muelle (derechos pagados) (... puerto de destino convenido) Geliefert ab Kai (verzollt) (... benannter Bestimmungshafen)
	DDU	Delivered duty unpaid (... named place of destination) Entregada derechos no pagados (... lugar de destino convenido) Geliefert unverzollt (... benannter Ort)
	DDP	Delivered duty paid (... named place of destination) Entregada derechos pagados (... lugar de destino convenido) Geliefert verzollt (... benannter Ort)

Medio de transporte			
Todos los medios, incluido el transporte multimodal	Aéreo	Ferrocarril	Por mar y vías navegables interiores
●			
			●
			●
●			
●			

Los *incoterms* ("International Commercial Terms") son cláusulas elaboradas por la Cámara de Comercio Internacional para definir de manera precisa las *condiciones de entrega en un contrato de compraventa internacional.* Su uso es facultativo para las partes.

Los *incoterms* definen tres aspectos fundamentales en las operaciones de comercio exterior:

- la transmisión del riesgo del vendedor al comprador,
- la distribución de los gastos entre vendedor y comprador,
- la especificación de los trámites documentales que deberán efectuar el vendedor y el comprador.

Los *incoterms* fueron publicados por primera vez en 1936 y revisados en 1953, 1967, 1976, 1980 y 1990.

La revisión de 1990 se ha llevado a cabo principalmente para adaptar los *incoterms* al creciente empleo del intercambio de datos electrónicos y a las nuevas técnicas de transporte.

Los *incoterms 1990* comprenden *13 términos* que han sido agrupados en cuatro categorías:[1]

Término "E": EXW
El vendedor debe poner la mercancía a disposición del comprador en los propios locales del vendedor.

Términos "F": FCA, FAS y FOB
El vendedor debe entregar la mercancía a un medio de transporte elegido por el comprador.

Términos "C": CFR, CIF, CPT y CIP
El vendedor debe contratar el transporte, pero sin asumir el riesgo de pérdida o daño de la mercancía o de costes adicionales debidos a hechos ocurridos después de la carga y despacho.

Términos "D": DAF, DES, DEQ, DDU y DDP
El vendedor debe soportar todos los gastos y riesgos necesarios para llevar la mercancía al país de destino.

Mientras que la cláusula EXW constituye el mínimo de obligación para el vendedor, la cláusula DDP implica el máximo de obligación.

A continuación se define cada uno de los *incoterms* 1990:

EXW
Ex works (... named place)
En fábrica (... lugar convenido)
Ab Werk (... benannter Ort)

El vendedor debe poner la mercancía en su propio establecimiento (fábrica, taller, almacén, etc.) a disposición del comprador.
El comprador debe asumir todos los gastos y riesgos del transporte desde este punto hasta el lugar de destino deseado de la mercancía.
El término EXW no debe emplearse si el comprador no está en condiciones de realizar los trámites de exportación. En este caso resulta recomendable utilizar el término FCA.

[1] En los *incoterms* 1990 se han suprimido los términos FOR/FOT y FOB aeropuerto que aparecían en la versión de 1980. Estos han sido sustituidos por el término FCA. Además, la revisión de 1990 comprende el nuevo término DDU.

FCA
Free carrier (... named place)
Franco transportista (... lugar convenido)
Frei Frachtführer (... benannter Ort)

El vendedor debe entregar la mercancía – despachada en aduana para la exportación – al transportista nombrado por el comprador, en el lugar o punto convenido. El riesgo lo asume a partir de este momento el comprador.
Este término puede utilizarse con cualquier medio de transporte, incluido el transporte multimodal.

FAS
Free alongside ship (... named port of shipment)
Franco al costado del buque (... puerto de carga convenido)
Frei Längsseite Seeschiff (... benannter Verschiffungshafen)

El vendedor debe colocar la mercancía al costado del buque, sobre el muelle o en barcazas, en el puerto de embarque convenido.
El comprador debe asumir desde ese momento todos los gastos y riesgos de pérdida o daño de la mercancía, incluidos los derechos y tasas eventuales de exportación, así como los documentos y trámites necesarios para llevar a término la misma. No debe usarse este término si el comprador no puede llevar a cabo los trámites de exportación.
El término FAS puede emplearse solamente para el transporte por mar o por vías acuáticas interiores.

FOB
Free on board (...named port of shipment)
Franco a bordo (... puerto de carga convenido)
Frei an Bord (... benannter Verschiffungshafen)

El vendedor debe colocar la mercancía a bordo del buque en el puerto de embarque convenido, despachada en aduana para la exportación.
El precio cotizado de la mercancía no incluye, por lo tanto, los gastos de flete y seguro, ni tampoco los riesgos de la mercancía una vez que ésta haya pasado la borda del navío transportador en el puerto de embarque. Estos gastos y riesgos debe asumirlos el comprador.
El término FOB puede utilizarse únicamente para el transporte por mar o por vías navegables interiores.
Cuando la borda del buque no posea ningún fin práctico, como en el caso del tráfico roll-on/roll-off o en el tráfico de contenedores, es preferible emplear el término FCA.

CFR
Cost and freight (... named port of destination)
Coste y flete (... puerto de destino convenido)
Kosten und Fracht (... benannter Bestimmungshafen)

El vendedor debe colocar la mercancía a bordo del buque y además debe contratar el transporte de la misma hasta el puerto que se haya convenido.
La responsabilidad del vendedor es, por lo tanto, la misma que en el término FOB, con la única diferencia de que en la cláusula CFR debe asumir los gastos y el flete necesarios para hacer llegar la mercancía al puerto de destino convenido.
El riesgo de pérdida o daño de la mercancía, así como cualquier gasto adicional debido a acontecimientos ocurridos después del momento en que la mercancía haya sido entregada a bordo del buque, se transfiere del vendedor al comprador cuando la mercancía traspasa la borda del buque en el puerto de embarque convenido.
El término CFR sólo se puede emplear en el transporte por mar o por vías de navegación interior. Cuando la borda del buque no posea ningún fin práctico, como en el caso del transporte roll-on/roll-off o en el tráfico de contenedores, es preferible emplear el término CPT.

DEQ
Delivered ex quay (duty paid) (... named port of destination)
Entregada en muelle (derechos pagados) (... puerto de destino convenido)
Geliefert ab Kai (verzollt) (... benannter Bestimmungshafen)

El vendedor debe colocar la mercancía a disposición del comprador sobre el muelle (desembarcadero), en el puerto de destino convenido, despachada en aduana para la importación.
Todos los riesgos y gastos derivados de llevar la mercancía hasta aquel punto corren a cargo del vendedor.
Si las partes contratantes acuerdan en que sea el comprador quien despache en aduana la mercancía para la importación y pague los derechos correspondientes, se deberán emplear las palabras duty unpaid (derechos no pagados) en vez de duty paid (derechos pagados).
El término DEQ, sólo puede usarse para el transporte marítimo o por vías navegables interiores.

DDU
Delivered duty unpaid (... named place of destination)
Entregada derechos no pagados (... lugar de destino convenido)
Geliefert unverzollt (... benannter Ort)

El vendedor debe colocar la mercancía en el lugar convenido del país de importación.
El vendedor debe correr con todos los gastos y riesgos relacionados con llevar la mercancía hasta aquel lugar (excluidos derechos, impuestos y otras cargas oficiales exigibles a la importación), así como los gastos y riesgos en relación con los trámites aduaneros.
El término DDU puede utilizarse con cualquier medio de transporte.

CIF
Cost, insurance and freight (... named port of destination)
Costo, seguro y flete (... puerto de destino convenido)
Kosten, Versicherung und Fracht (... benannter Bestimmungsort)

El vendedor debe colocar la mercancía a bordo del buque y además contratar y pagar el transporte y el seguro de la mercancía hasta el puerto de destino convenido.
Al igual que en el término FOB, la responsabilidad del vendedor cesa cuando éste coloca las mercancías a bordo. A partir de este momento el comprador asume los riesgos de la mercancía.
El término CIF sólo puede emplearse en el transporte marítimo o por vías de navegación interior. Cuando la borda del buque no posea ningún fin práctico, como en el caso del transporte roll-on/roll-off o en el tráfico de contenedores, es preferible emplear el término CIP.

CPT
Carriage paid to (... named place of destination)
Transporte pagado hasta (... lugar de destino convenido)
Frachtfrei (... benannter Bestimmungsort)

Al igual que en el término CFR, el vendedor debe pagar el transporte de la mercancía hasta el punto de destino convenido, despachada en aduana para la exportación.
El comprador debe asumir el riesgo de pérdida o daño de la mercancía, así como cualquier gasto adicional debido a acontecimientos que ocurran después del momento en que la mercancía haya sido entregada al transportista por el vendedor.
El término CPT puede emplearse con cualquier medio de transporte, incluido el transporte multimodal.
Si se utilizan transportistas sucesivos para realizar el transporte al lugar de destino convenido, el riesgo se transmite del vendedor al comprador cuando la mercancía ha sido entregada al primer transportista.

CIP
Carriage and insurance paid to (... named place of destination)
Transporte y seguro pagados hasta (... lugar de destino convenido)
Frachtfrei versichert (... benannter Bestimmungsort)

Este término es idéntico a CPT, pero además el vendedor está obligado a contratar a su cargo un seguro de transporte contra riesgo de pérdida o daños de la mercancía durante su transporte.
Al igual que en el término CPT, el comprador debe asumir el riesgo de pérdida o daño de la mercancía, así como cualquier gasto adicional debido a acontecimientos que ocurran después del momento en que la mercancía haya sido entregada al transportista por el vendedor.
El término CIP puede utilizarse para cualquier medio de transporte, incluido el transporte multimodal.

DAF
Delivered at frontier (... named place)
Entregada en frontera (... lugar convenido)
Geliefert Grenze (... benannter Ort)

El vendedor debe colocar la mercancía, despachada de aduana para la exportación, en el lugar convenido de la frontera, pero sin pasar la línea aduanera del país colindante designado en el contrato de compraventa.
El término DAF se aplica, sobre todo, en el transporte por ferrocarril o carretera, pero puede ser utilizado con independencia del medio de transporte.

DES
Delivered ex ship (... named port of destination)
Entregada sobre buque (... puerto de destino convenido)
Geliefert ab Schiff (... benannter Bestimmungshafen)

El vendedor debe colocar la mercancía a bordo del barco en el puerto de destino acordado en el contrato de compraventa, sin despacharla en aduana para la importación. El comprador debe asumir los costes y riesgos de la descarga.
El término DES sólo puede usarse para el transporte marítimo o por vías navegables interiores.

DDP
Delivered duty paid (... named place of destination)
Entregada derechos pagados (... lugar de destino convenido)
Geliefert verzollt (... benannter Ort)

El vendedor debe colocar la mercancía en el lugar convenido del país de importación, corriendo también con los derechos arancelarios correspondientes.
El término DDP puede utilizarse con cualquier medio de transporte.

Las formas de pago

El plazo de pago

El pago de las mercancías se efectúa según los plazos convenidos en el contrato de compraventa.

Pago previo o anticipado

El pago se efectúa – parcial o totalmente – con anterioridad a la entrega de las mercancías.

Pago al contado

El pago se efectúa simultáneamente a la entrega de las mercancías.

Pago aplazado

El pago se efectúa – parcial o totalmente – con posterioridad a la entrega de las mercancías.

Las modalidades de pago

La liquidación de operaciones internacionales se realiza, por lo general, a través de institutos bancarios.
En España se practican las modalidades de pago y cobro que se especifican a continuación. Estas modalidades definen cómo, cuándo y dónde se hará la liquidación de la compraventa.

Cheque

El cheque personal (talón de cuenta corriente)
El comprador (importador) libra un cheque personal con cargo a la cuenta corriente que mantiene en su banco y lo remite al vendedor (exportador). El exportador, a su vez, presentará el cheque a su banco para su cobro.

El cheque bancario
El cheque bancario es muy similar al cheque personal, con la diferencia de que en aquél, el cheque es extendido (librado) por el mismo banco del comprador.
El comprador ordena a su banco que le extienda un cheque, librado a favor del vendedor y con cargo a una entidad bancaria del país del vendedor. El vendedor presentará el cheque a su banco para cobrar el importe correspondiente.

Los cheques – a diferencia de las letras de cambio – solamente reconocen una modalidad de vencimiento: a la vista.

Transferencia bancaria

La orden de pago simple
Consiste en una *transferencia bancaria* que el comprador ordena efectuar a su banco a favor del vendedor.
El banco del comprador – a través de su corresponsal o sucursal en el país del exportador – traspasa una determinada suma de dinero de la cuenta del comprador a la cuenta del exportador o beneficiario para liquidar el importe de la compraventa.

La orden de pago contra entrega de documentos
Consiste en una *transferencia bancaria* que el comprador ordena efectuar a su banco – a través del banco corresponsal o sucursal en el país del exportador – a favor del vendedor.
A diferencia de la orden de pago simple, sin embargo, en este caso la orden de pago requiere la conformidad del comprador a los documentos que le presente el exportador y que acrediten la propiedad de las mercancías.
Esta modalidad se denomina también *orden de pago documentaria.*

Letra de cambio

La remesa simple
El exportador gira (libra) una letra de cambio a cargo del importador, dando instrucciones a su banco de que – a través del banco corresponsal o sucursal en el país del importador – obtenga el pago o aceptación de la letra de cambio, según sea el caso.

La remesa documentaria
Es una variante perfeccionada de la remesa simple.
El exportador libra una *letra de cambio* a cargo del comprador *acompañada de los documentos acordados.*
A continuación, el exportador entrega los documentos a su banco con instrucciones de que entregue estos documentos al comprador – a través de un banco corresponsal o sucursal en el país del comprador – contra el pago o aceptación de la letra de cambio.

Definición
Según el *Código de Comercio español* la letra de cambio es un documento por el cual una persona *(librador)* ordena a otra *(librado)* que pague cierta cantidad de dinero en fecha y lugar determinados a su propia orden *(librador)* o a la de una tercera *(tomador o tenedor).*
En España la legislación aplicable en materia de letras de cambio se encuentra en los artículos 443 y siguientes del Código de Comercio, así como en la Ley de Enjuiciamiento Civil.

Las personas que intervienen
El librador: crea y extiende la letra.
El librado: tiene que pagar la letra por orden del librador.
El tenedor: posee la letra y la presentará al cobro el día de su vencimiento; también puede endosarla antes de dicho día, o bien, descontarla.

Estas tres personas son fundamentales en la letra, si bien, en algunas ocasiones pueden quedar reducidas a dos, ya que el Código de Comercio español permite estos dos casos:

Letras giradas a la propia orden: una sola persona actúa de tenedor y *librador.* La letra llevará la expresión: "a la orden de mí mismo".

Letras giradas al propio cargo: librador y librado son la misma persona.

Requisitos

A continuación se mencionan algunos requisitos y datos de la letra de cambio que son de interés para la correspondencia comercial.

El vencimiento

Es el día en que debe ser pagada. Se distinguen las siguientes modalidades:

- *A la vista:* vence en el acto de su presentación al librado, es decir, cuando se presenta al cobro.
- *A días o meses vista:* vence los días que se indiquen, a partir de la fecha de aceptación.
- *A días o meses fecha:* vence al cumplirse los días señalados, a partir de la fecha de su creación (giro).
- *A un día fijo o determinado:* vence dicho día.

La aceptación

Es una declaración por la cual el librado *(aceptante)* de una letra de cambio se compromete a pagarla, estampando en la misma *"acepto" o "aceptamos"* seguida de la fecha y la firma.

La aceptación no es necesaria en las letras giradas a la vista, ya que en ellas el pago ha de hacerse en el momento de su presentación.

El endoso

Es una declaración puesta en la letra por la cual el tenedor de una letra *(endosante)* transmite la propiedad de la misma a otra persona *(endosatario).*

El endoso se ha de hacer constar en la letra: se efectúa al dorso de la misma, y si no hubiera sitio suficiente, en un suplemento.

El aval

Es una declaración puesta en la letra por la cual una persona *(avalista)* garantiza su pago en caso de no hacerlo el principal obligado (avalado).

Se habla de *aval bancario* cuando el banco garantiza el pago de una letra en el caso de que no lo efectúe la persona obligada a ello.

El protesto

Puede ocurrir que una letra presentada a su aceptación no sea aceptada o que presentada a su pago no sea pagada. El protesto es un *acto notarial* que acredita que la letra no ha sido aceptada o pagada.

El protesto permite al portador de la letra exigir el pago a las otras personas que se obligaron a pagar, por ejemplo, al avalista, al endosante, etc. en caso de no hacerlo el librado.

Crédito documentario

Definición

El crédito documentario es un convenio según el cual un banco *(banco emisor)*, siguiendo las instrucciones de su cliente *(ordenante)*, autoriza a otro banco *(banco avisador o notificador)* a que pague al vendedor de la mercancía *(beneficiario)* el importe de la compraventa contra entrega de los documentos convenidos.

El crédito documentario constituye la modalidad de pago más frecuente en las operaciones internacionales. Para facilitar su aplicación e interpretación, la Cámara de Comercio Internacional, con sede en París, redactó las *Reglas y Usos Uniformes relativos a los Créditos Documentarios (RUU)*. Se trata de normas y definiciones aceptadas voluntariamente por la mayor parte de los países y que regulan la emisión y tramitación del crédito documentario.

Las partes que intervienen

- El *importador* de la mercancía, es decir, el *ordenante del pago.*
- El *exportador* de la mercancía, es decir, el *beneficiario del pago.*
- El banco del importador, es decir, el *banco emisor u ordenante del crédito documentario.*
- El *banco en el país del exportador*, es decir, el *banco avisador o notificador*, que hace de intermediario entre el banco emisor y el beneficiario.

Mecanismo operativo (véase esquema pág. 212)

1. Contrato de compraventa entre el exportador (vendedor) y el importador (comprador). Forma de pago: crédito documentario.
2. El importador (ordenante) ordena a su banco (banco emisor) la apertura de un crédito documentario a favor del exportador (beneficiario).
3. El banco del importador (banco emisor) remite la orden recibida de apertura del crédito documentario y orden de pago al banco intermediario en el país del exportador (banco avisador).
4. El banco en el país del exportador (banco avisador) notifica (avisa) al exportador la apertura del crédito documentario y las condiciones de la orden de pago.
5. El exportador entrega las mercancías para su envío.En este ejemplo se trata de un envío por vía marítima.
6. La compañía naviera (o el capitán) confirma en los documentos de embarque la recepción de la mercancía.
7. El exportador presenta los documentos requeridos al banco avisador que comprueba si están en orden y cumplen lo estipulado entre el comprador y el vendedor.
8. El banco avisador paga el importe convenido al exportador contra entrega de los documentos si se trata de un crédito pagadero a la vista. En caso de que se trate de un crédito pagadero a un cierto plazo fijo, el pago se efectúa con posterioridad a la fecha de presentación de los documentos.
9. El banco avisador envía los documentos al banco del importador (banco emisor).
10. El banco del importador recibe los documentos y abona el importe correspondiente al banco avisador.

11./ El importador recibe los documentos del banco emisor contra pago del importe de la factura.
12.

13./ El importador presenta los documentos en el lugar de destino (puerto o almacén) y se hace
14. cargo de la mercancía a su llegada.

Clases de créditos documentarios

- <u>El crédito documentario revocable</u>
  Puede ser anulado por el banco emisor o por el comprador, en cualquier momento, sin previo aviso al exportador beneficiario.
  En este caso, el exportador no posee ninguna garantía de poder cobrar su venta si el crédito se anula o modifica antes de que presente los documentos conforme a lo exigido en el crédito, en las cajas del banco pagador.
- <u>El crédito documentario irrevocable</u>
  No puede ser anulado o modificado antes de la fecha de vencimiento sin el previo acuerdo de todas las partes que intervienen en él y, en especial, del beneficiario.
  Esta clase de crédito constituye un compromiso en firme por parte del banco emisor frente al beneficiario y una garantía de cobro.
  Debe indicarse la mención "irrevocable", ya que de lo contrario el crédito se considerará revocable.
  El crédito documentario irrevocable puede ser confirmado o no confirmado.
- <u>El crédito documentario irrevocable y confirmado</u>
  Cuando el banco avisador confirma el crédito, significa que se compromete frente al beneficiario a pagar el crédito si por cualquier causa el banco emisor no lo hiciera.
  Esta clase de crédito constituye una doble garantía para el exportador-beneficiario.
- <u>El crédito documentario irrevocable y no confirmado</u>
  El banco avisador se limita solamente a notificar al exportador-beneficiario de la apertura del crédito documentario a su favor, sin adquirir ningún tipo de responsabilidad frente al exportador-beneficiario.
- <u>El crédito documentario transferible</u>
  El beneficiario puede dar instrucciones al banco para que el crédito sea transferido – parcial o totalmente – a una o más personas.
  Un crédito solamente puede ser transferido, si en la apertura del mismo por el banco emisor figura la mención "transferible". Este tipo de crédito puede ser transferido solamente una vez.
- <u>El crédito documentario con "cláusula roja"</u>
  Esta cláusula permite al exportador disponer total o parcialmente del crédito antes de entregar la mercancía. Es como un pago anticipado. Este anticipo está destinado a financiar la fabricación o compra de las mercancías por parte del exportador.
  Se denomina "cláusula roja" por estar primitivamente escrita en tinta roja.
- <u>El crédito documentario con "cláusula verde"</u>
  Al igual que la "cláusula roja" sirve para que el banco intermediario o avisador de un crédito documentario anticipe fondos al beneficiario.
  La diferencia consiste en que para obtener anticipos es condición indispensable presentar justificantes o pruebas documentales que acrediten que el beneficiario está en posesión de las mercancías o que el destino de los fondos anticipados se aplican al proceso de fabricación o adquisición de las mismas.
- <u>El crédito documentario rotativo o "revolving"</u>
  Esta clase de crédito se caracteriza por ser renovable periódicamente. El período de tiempo puede ser semanal, quincenal, mensual, trimestral, etc. El período más frecuente es el mensual. Al final de cada período, independientemente de si se ha utilizado el crédito o no, queda automáticamente en vigor por el mismo importe.

El crédito puede ser acumulativo o no acumulativo. En el primer caso el importe no utilizado en un período de tiempo se acumula al importe del período siguiente. En el segundo caso si no se dispone de la suma relativa correspondiente a un período, ésta ya no puede ser utilizada en el período siguiente.

- El crédito documentario respaldado o "back to back"
  Se trata de un crédito que abre un banco basándose en el respaldo de otro crédito abierto a favor del ordenante.
  Los bancos suelen condicionar la utilización del segundo crédito a la del crédito original, de modo que el segundo crédito no puede utilizarse si no se utiliza el primero.
- La carta de crédito
  Es un documento utilizado especialmente en los países anglosajones, mediante el cual un banco autoriza a un beneficiario a disponer de hasta un importe determinado, en una o más veces, y en las condiciones que se especifican en la carta.

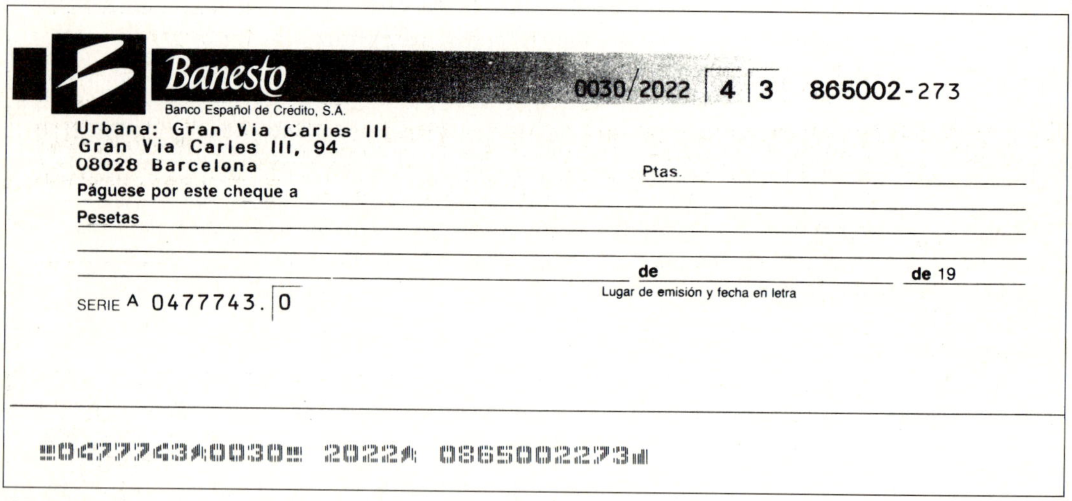
Banesto
Banco Español de Crédito, S.A.
0030/2022 4 3 865002-273
Urbana: Gran Via Carles III
Gran Via Carles III, 94
08028 Barcelona
Ptas.
Páguese por este cheque a
Pesetas
de de 19
Lugar de emisión y fecha en letra
SERIE A 0477743. 0
0477743 0030 2022 0865002273

Cheque

Mandante

Domicilio

Plaza

Provincia

Cuenta número

Solicitud de ☐ Transferencias ☐ Cheques a:

Banco Hispano Americano

Sucursal

Fecha en cifra

Muy señores míos: Cumplimenten las ____________ operaciones detalladas, cuyo importe total, más gastos (en su caso),

☐ **adeudarán** en mi cuenta ☐ Corriente ☐ de Ahorros ☐ entregaré en **efectivo** (sólo para Cheques)

Anule con trazo los espacios relativos a órdenes no utilizadas

①
Por vía
☐ Postal
☐ Teléf./Teleg.

Beneficiario
Domicilio, Plaza y Provincia
Observaciones
Entidad pagadora y Sucursal
N.º Cuenta del Beneficiario
Clase de Cuenta
☐ Corriente ☐ de Ahorros
Importe

②
Por vía
☐ Postal
☐ Teléf./Teleg.

Beneficiario
Domicilio, Plaza y Provincia
Observaciones
Entidad pagadora y Sucursal
N.º Cuenta del Beneficiario
Clase de Cuenta
☐ Corriente ☐ de Ahorros
Importe

3811-09.88

Total órdenes (importe en letra)

Total órdenes (importe en cifra)

Atentamente, (firma)

Nota:
■ Los recuadros en rojo serán cumplimentados por el Banco
■ Para cheques detalle sólo Beneficiario, Importe y Plaza

Impreso de transferencia ▲

Letra de cambio ▼

Acepto

A ____ de ____ de 19 ____

Lugar de libramiento | Importe

Fecha de libramiento | Vencimiento

Por esta LETRA DE CAMBIO pagará usted al vencimiento expresado

a ....

la cantidad de

en el domicilio de pago siguiente: C C C

PERSONA O ENTIDAD .... D.C.

DIRECCION ....

Núm. de cuenta ....

Cláusulas

Nombre y domicilio del librado

Firma, nombre y domicilio del librador

No utilice este espacio por estar reservado para inscripción magnética

Pesetas 10

Clase 14.ª

Hasta 4.000 Pesetas.

0386762

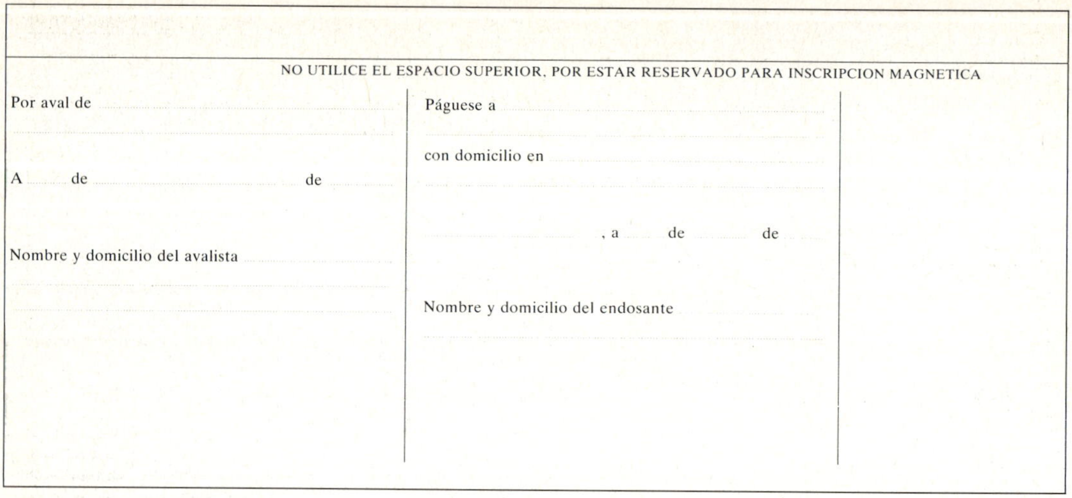
NO UTILICE EL ESPACIO SUPERIOR, POR ESTAR RESERVADO PARA INSCRIPCION MAGNETICA

Por aval de

A de de

Nombre y domicilio del avalista

Páguese a

con domicilio en

, a de de

Nombre y domicilio del endosante

Letra de cambio (dorso) ▲

Mecanismo operativo de un crédito documentario ▼

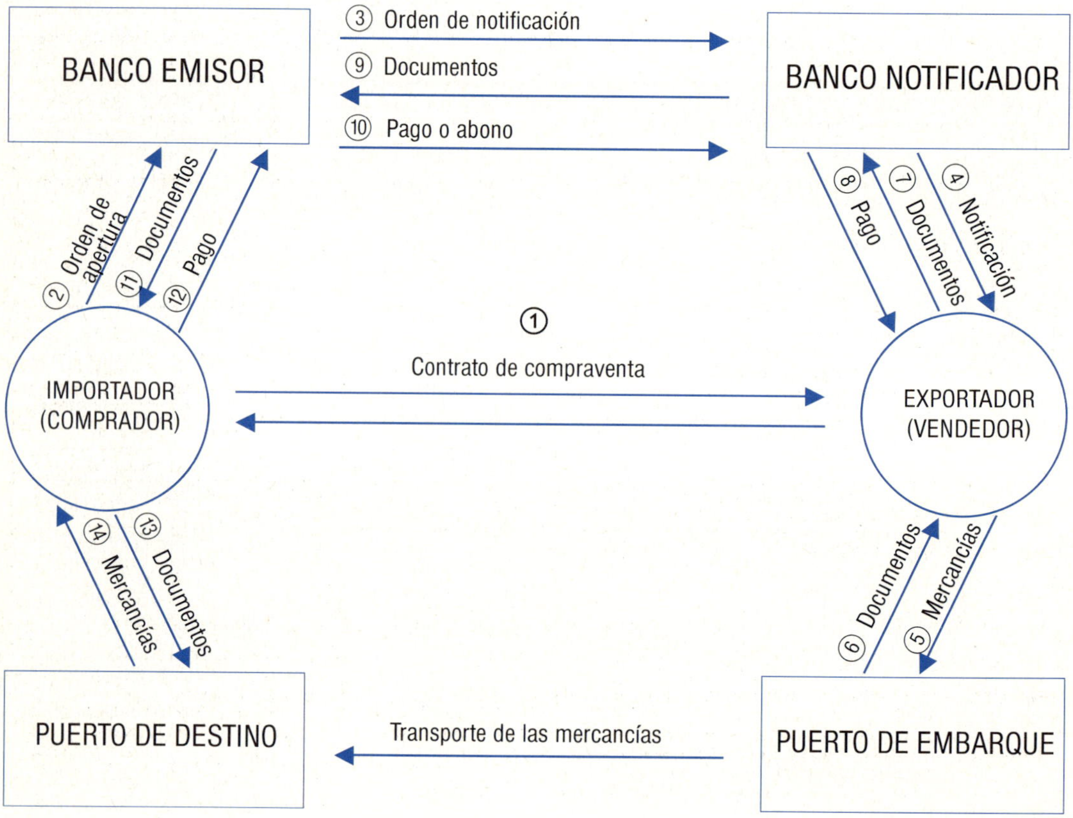

SOLICITUD DE EMISIÓN DE CRÉDITO DOCUMENTARIO

Plaza y fecha:	N/Ref.:

BANCO

Muy señores míos:

Ruego emitan por vía postal / telegráfica un crédito documentario con carácter irrevocable y el siguiente condicionado:

Ordenante:	Banco avisador:	
	confirmado / sin confirmar	Lugar y fecha de vencimiento:
Beneficiario:	Importe:	transferible / no transferible

Este crédito será utilizable después del .... mediante:

- ☐ Aceptación } de letra del beneficiario a ....
- ☐ Negociación } librada a cargo de ....
- ☐ Pago .... acompañada / contra entrega de los documentos siguientes:

- ☐ Factura comercial en .... ejemplares.
- ☐ Certificado de origen emitido por ....
- ☐ Certificado A.E.1
- ☐ Póliza o certificado de seguro.
- ☐ Lista de pesos.
- ☐ Juego completo de conocimiento de embarque marítimo, limpio, a bordo, mínimo 3 originales más........ copias no negociables ....
- ☐ Conocimiento de embarque aéreo
- ☐
- ☐

Mercancía (breve descripción):

Embarque/ expedición/ toma a cargo en/de:	con destino a: / no después del:	Transbordos / permitidos - prohibidos

Condiciones de entrega: (FOB. CIF. C&F. FOR. FCO. FRA. etc.)	Expediciones parciales / permitidas - prohibidas	Seguro cubierto por / importador - exportador

Los documentos se presentarán dentro de los.. días siguientes a la fecha de emisión del (de los) documento(s) de transporte, pero dentro del periodo de validez del crédito.

Instrucciones complementarias.

Este crédito está amparado en la(s) adjunta(s) Declaración(es)/Licencia(s) de Importación núm(s). .... y quedará sometido a las "Reglas y Usos Uniformes" vigentes, fijados por la Cámara de Comercio Internacional (París), relativos a los Créditos Documentarios, en la medida en que les son aplicables
El importe y gastos de esta operación se servirán adeudarlos en mi cuenta núm. .... con esa Oficina

En espera de sus noticias, les saluda atentamente,

Los documentos

Documentos comerciales

Son aquellos que extiende el vendedor (exportador) en una operación de comercio internacional.

La factura proforma

Documento provisional extendido por el vendedor (exportador) para informar al comprador (importador) sobre el precio y las condiciones de venta de la mercancía. El documento permite además al comprador efectuar la tramitación previa a la importación como, por ejemplo, solicitud de licencia de importación, obtención de divisas, apertura de un crédito documentario en su banco.
En la factura se deberá indicar la expresión "proforma" para diferenciarla de la factura definitiva.

La factura comercial*

Documento extendido por el vendedor (exportador) y que contiene el precio de las mercancías y las condiciones definitivas en que se realiza la venta.
La factura comercial cumple muchas veces la función de contrato de compraventa y forma de cobro. Deberá ir firmada e incluir las cláusulas de compraventa internacionales.

Lista de contenido ("packing-list")

Documento que se adjunta a la factura comercial y en el cual el vendedor (exportador) hace constar todos los bultos que componen la expedición de la mercancía, indicando marcas, numeración, cubicación y pesos bruto y neto de cada uno.

Certificados y documentos complementarios

En ocasiones será necesario presentar ciertos certificados que acrediten, por ejemplo, el peso, la calidad, la composición y el origen de la mercancía. Esto dependerá de la clase de producto y del país de destino de la exportación.

---

* Véase también el apartado "Envío y facturación", págs. 79 ss.

Certificado de origen

Documento extendido por la Cámara de Comercio, o entidad análoga del país del vendedor, en el que se certifica el origen de la mercancía.
De esta forma las autoridades aduaneras del país importador pueden determinar los derechos arancelarios de la mercancía importada.

Factura consular

Documento exigido por determinados países importadores, en especial por países latinoamericanos. Es extendido por el Consulado del país del importador residente en el país del exportador. Tiene una función similar al certificado de origen, sustituyéndolo en algunas ocasiones.

Certificado de circulación

Sustituye el certificado de origen en los países que pertenecen a una zona de libre cambio o a un mercado común. Acompaña las mercancías que circulan entre los países miembros o entre éstos y terceros países con los que se han firmado acuerdos preferenciales.

Documento único aduanero (DUA)

En la Comunidad Europea los formularios de tránsito han sido sustituidos por el Documento Unico Aduanero. Su empleo es preceptivo desde el 1 de enero de 1988, siendo su formato y las instrucciones de formalización idénticas para los 12 países de la Comunidad. Debe emplearse para el tráfico de mercancías entre los países miembros de la Comunidad, entre los países de la Comunidad y los países que integran la EFTA, así como con terceros países que no pertenecen a la EFTA.

Certificado de peso

Documento extendido por el propio exportador, o por un organismo oficial, que certifica el peso total de la expedición.

Certificados de análisis, sanitarios, fitosanitarios y de control de calidad

Documentos que certifican que la mercancía que se vende cumple con las exigencias requeridas por el comprador. Son extendidos por laboratorios, inspectores sanitarios, servicios oficiales, etc.

Documentos de transporte

La clase de documento depende del medio de transporte elegido: terrestre, aéreo, marítimo o combinado. Los documentos de transporte son extendidos por el transportista.

Transporte terrestre

Carta de porte por carretera o por ferrocarril
Constituye la prueba de la existencia del contrato de transporte y el recibo de la mercancía por parte del transportista o de la compañía de ferrocarril. Este documento no equivale a la titularidad de la mercancía. Es nominativo y no se puede endosar.

Transporte aéreo

Carta de porte aéreo (conocimiento aéreo)
Constituye la prueba de la existencia del contrato de transporte y el recibo de la mercancía por parte de la compañía aérea. Este documento no equivale a la titularidad de la mercancía. Es nominativo y no se puede endosar.

Transporte marítimo

Recibo a bordo ("mate's receipt")
Es un recibo provisional extendido por el cargador en que se acredita la recepción a bordo de la mercancía. Este recibo se canjea posteriormente por el conocimiento de embarque.

Conocimiento de embarque
Constituye la prueba de la existencia del contrato de transporte y el recibo de la mercancía por parte de la compañía transportista. Además es el título de propiedad de la mercancía, sin el cual éstas normalmente no se pueden retirar.

Hay varias clases:

- *Conocimiento recibido para embarque*
  ("received for shipment bill of lading")
  Se extiende solamente para confirmar que el transportista ha recibido la mercancía para embarcar. No se constata, por lo tanto, que la mercancía haya sido cargada.
- *Conocimiento a bordo*
  ("on board bill of lading")
  Se extiende cuando la mercancía está cargada a bordo del barco.
- *Conocimiento limpio*
  ("clean bill of lading")
  Es aquél que no contiene ninguna cláusula o anotación sobre algún defecto en el estado de la mercancía y/o del embalaje.
- *Conocimiento sucio*
  ("dirty bill of lading")
  Es aquél en que se hace constar expresamente algún defecto en el estado de la mercancía y/o del embalaje.
- *Conocimiento corrido*
  ("through bill of lading")
  Se extiende cuando la mercancía es objeto de transbordos. Este documento es emitido por el primer transportista.
- *Conocimiento a la orden*
  La propiedad de este conocimiento puede transmitirse por endoso.
- *Conocimiento nominativo*
  Se extiende a nombre de una determinada persona y no puede transmitirse por endoso, sino por cesión, la cual debe ser notificada al capitán o al armador o a su agente.

Póliza de fletamento ("charterparty")
Establece las condiciones del contrato de transporte. No constituye recibo ni título de propiedad de la mercancía. Se emplea cuando se contratan los servicios de buques tramp.

Transporte multimodal

Conocimiento de transporte combinado
Constituye el documento que ampara el envío de la mercancía por diversos medios de transporte. Contiene el lugar de recibo y entrega de la mercancía así como la aceptación de transportarla directamente.
(Véase también el apartado "El transporte", págs. 189 ss.)

Documentos de seguro

La póliza de seguro

Es la prueba de que una mercancía está asegurada para el transporte.

El certificado de seguro

Es la prueba de que una mercancía está asegurada para el transporte mediante una póliza flotante.
(Véase también el apartado "El seguro", págs. 192 ss.)

Terminología postal y de telecomunicaciones

Los servicios postales

Los envíos postales

En España pueden remitirse a través de los Servicios de Correos:

- Cartas y tarjetas postales;
- Impresos*, libros, material fonográfico, cecogramas y periódicos;
- Pequeños paquetes;
- Paquetes postales.

Las modalidades de los envíos postales

Los Servicios de Correos ofrecen diversas modalidades de envíos:

Correspondencia ordinaria

Este tipo de envíos requiere solamente un franqueo correcto, de acuerdo con las tarifas postales vigentes.

Correspondencia certificada

El remitente se queda con un recibo que demuestra la entrega de la correspondencia a Correos. El destinatario, por su parte, debe firmar un recibo que demuestre que Correos le ha hecho entrega de la correspondencia.
Este servicio se presta, abonando, además del franqueo ordinario, un derecho fijo por envío.

Aviso o acuse de recibo

El remitente de un envío certificado puede solicitar la confirmación de su entrega al destinatario abonando un derecho especial. Recibe, en este caso, una tarjeta en que figura la firma de la persona que se hizo cargo del envío.

---

* Una modalidad de impresos la constituyen los *impresos sin dirección,* que Correos reparte por encargo de sus usuarios en una ciudad, zona o barrio determinado. Son empleados por las empresas para distribuir su publicidad.

Correspondencia asegurada

En esta clase de envíos, Correos se responsabiliza no sólo de la entrega, sino también del valor del contenido asegurado hasta un determinado límite máximo.
Se debe abonar además del porte ordinario y del derecho de correspondencia certificada, otro, proporcional a la cantidad asegurada que se declare en la cubierta del envío.
Existen dos modalidades de correspondencia asegurada:

- *Valores declarados:* para remitir documentos de valor.
- *Objetos asegurados:* para el envío de objetos de valor.

Correspondencia por avión

Casi todos los envíos pueden cursarse por vía aérea para lograr una mayor rapidez en la entrega. Según el destino y la clase de envío debe pagarse una sobretasa.
El *aerograma* o *carta-sobre avión* es un envío destinado exclusivamente a circular por vía aérea y que resulta más barato que una carta normal. Consiste en una hoja de papel fino plegada en forma de sobre y que ya lleva el franqueo estampado.

Correspondencia urgente

Previo abono de un derecho especial, Correos cursa la correspondencia urgente por medios más rápidos y entrega a domicilio, en repartos especiales, inmediatamente después de la llegada.

Postal exprés

Este servicio especial es una variante perfeccionada de las modalidades de envío mencionadas anteriormente.
Los envíos pueden contener documentos (como las cartas) y productos o mercancías (como los paquetes postales). Se tratan como correspondencia certificada y urgente. Se entregan siempre a domicilio.

Existen dos posibilidades:

- Los *envíos con regularidad periódica:*
  son recogidos y entregados a domicilio. No necesitan franqueo previo porque Correos factura periódicamente su importe al remitente, según lo estipulado en un contrato previo.
- Los *envíos ocasionales:*
  deben ser presentados por el expedidor en las oficinas postales y requieren un franqueo previo.

Correspondencia contra reembolso

La entrega se efectúa solamente previo pago por parte del destinatario de la cantidad indicada por el remitente en la cubierta del envío.
Como correspondencia contra reembolso puede remitirse cualquier envío certificado o asegurado, también los paquetes postales. Correos "reembolsa" la cantidad percibida por el destinatario al remitente, descontando los derechos reglamentarios de este servicio postal.

Tarjetas de cobro

Son una modalidad de envío contra reembolso. Consisten en tarjetas postales que se envían contra reembolso para el cobro de cantidades de dinero adeudadas.

El franqueo de la correspondencia

Existen diferentes sistemas de franqueo:

- Sellos de Correos;
- Franqueo estampado (para tarjetas postales, aerogramas);
- Máquinas de franquear;
- Franqueo concertado (para periódicos, revistas);
- Franqueo pagado (para envíos masivos de correspondencia);
- Franqueo en destino (para respuestas comerciales).

Los datos a consignar en un sobre

A continuación se señalan los elementos a consignar en un sobre así como su correcta distribución:

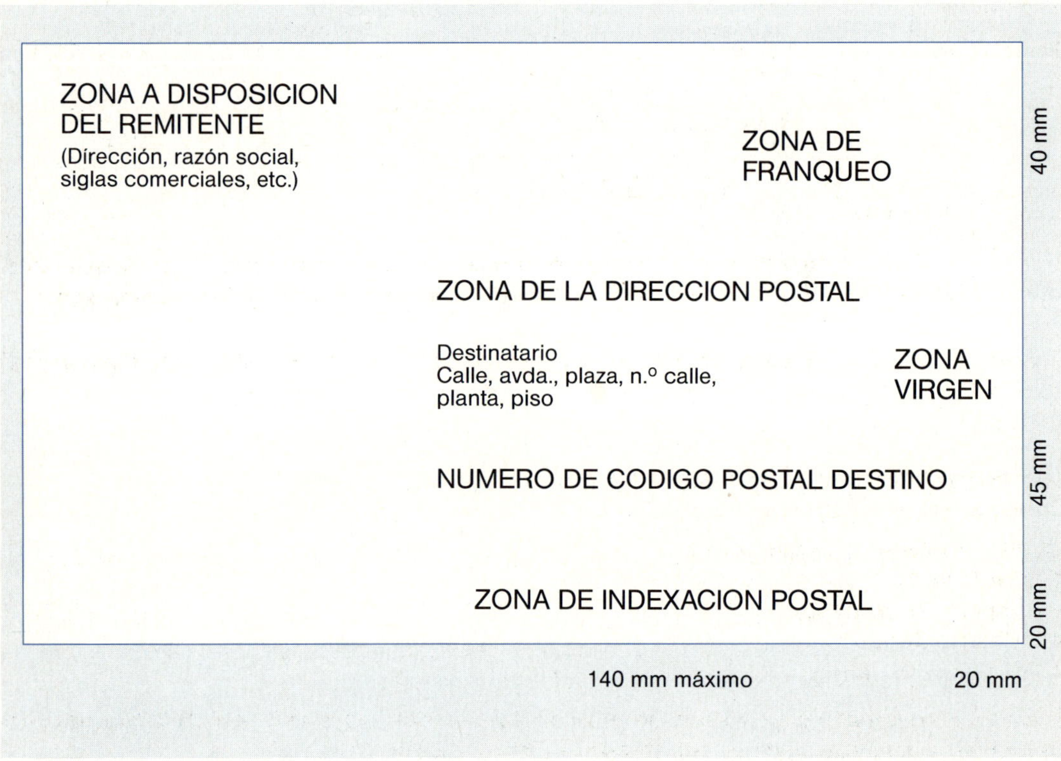

El código postal

En todos los envíos dentro del territorio español deberá indicarse el Código Postal del destinatario y del remitente.
Dicho Código está constituido por cinco dígitos. Los dos primeros identifican la provincia según el Código Geográfico Nacional; el tercero identifica ciudades importantes o itinerarios básicos; los dígitos cuarto y quinto se refieren a áreas de reparto o distritos postales.

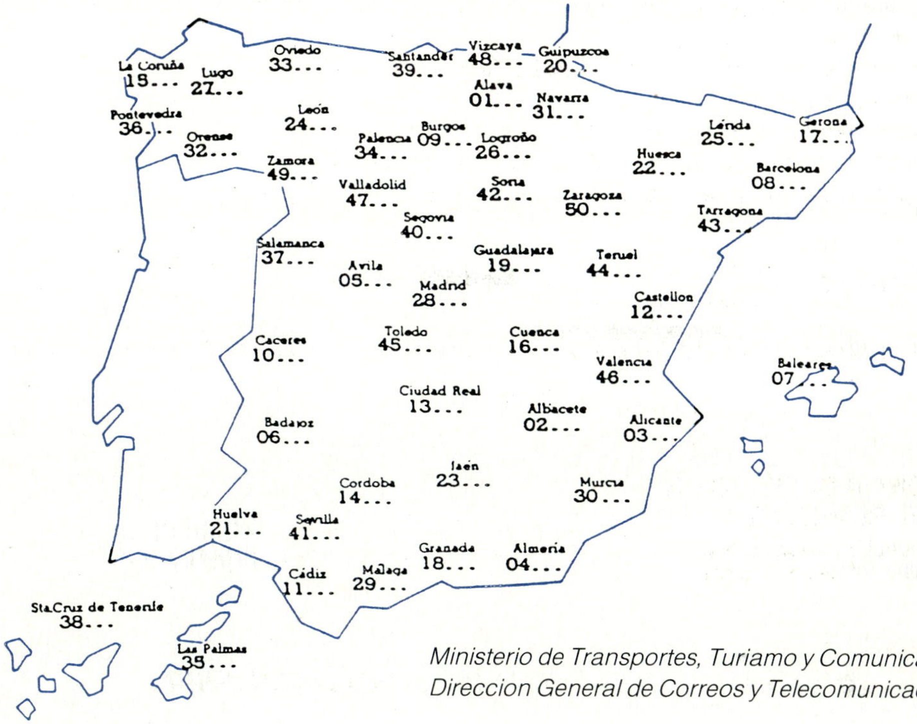

Ministerio de Transportes, Turiamo y Comunicaciones
Direccion General de Correos y Telecomunicacion

Para envíos desde el extranjero se debe consignar además del Código Postal, la *sigla internacional de España: E.*

La recepción de los envíos postales

Los envíos postales pueden recibirse:

- En el domicilio;
- En apartados postales;
- En lista de Correos;
- En oficinas de Correos.

Si el usuario-destinatario se ausenta de su localidad de residencia, puede solicitar la *reexpedición* de la correspondencia, para que ésta se le envíe a otra dirección.

Los servicios bancarios de Correos

Correos ofrece a sus usuarios diversos servicios bancarios:

Giro nacional

Este servicio bancario de Correos permite a los usuarios efectuar pagos a personas residentes en la misma o una distinta plaza.
Los giros nacionales pueden ser: *ordinarios*, si la orden de pago se cursa por vía postal, y urgentes, cuando se cursa por vía telegráfica.

Giro internacional

Este servicio permite realizar pagos a residentes en otros países. Se presta en las modalidades de giro ordinario y de giro telegráfico.

Caja postal

Esta entidad postal ofrece una extensa gama de servicios: cartillas de ahorro, cuentas corrientes, tarjetas de crédito, cajeros automáticos, cheques de viaje, etc.

Las telecomunicaciones

El teléfono

Para establecer una comunicación telefónica con un abonado de otra provincia o país, se debe marcar previamente *un prefijo.*

En España, los prefijos o códigos territoriales de las redes automáticas provinciales son:

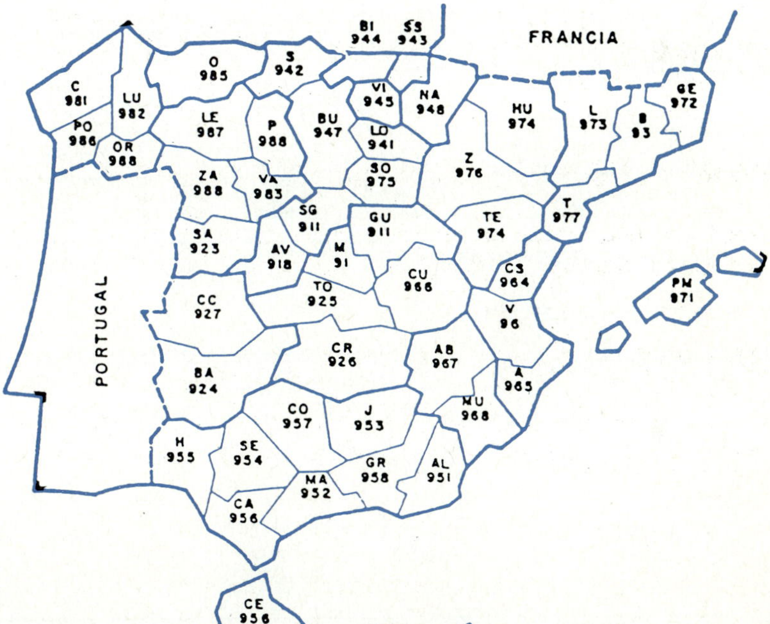

945 Álava
967 Albacete
965 Alicante
951 Almería
918 Ávila
924 Badajoz
971 Baleares
93 Barcelona
947 Burgos
927 Cáceres
956 Cádiz
964 Castellón
956 Ceuta
926 Ciudad Real
957 Córdoba
966 Cuenca
972 Gerona
958 Granada
911 Guadalajara
943 Guipúzcoa
955 Huelva
974 Huesca
953 Jaén
981 La Coruña
928 Las Palmas
987 León
973 Lérida
941 Logroño
982 Lugo
91 Madrid
952 Málaga
952 Melilla
968 Murcia
948 Navarra
988 Orense
985 Oviedo
988 Palencia
954 Sevilla
975 Soria
977 Tarragona
974 Teruel
925 Toledo
986 Pontevedra
923 Salamanca
922 Sta. Cruz de T.
942 Santander
911 Segovia
96 Valencia
983 Valladolid
94 Vizcaya
988 Zamora
976 Zaragoza

Desde el extranjero hay que suprimir el dígito 9.

Con el fin de evitar o aclarar cualquier tipo de malentendido, es conveniente *deletrear* las expresiones de difícil enunciación. Para ello suele emplearse el código siguiente:

a	de Antonio	*f*	de Francia	*l*	de Lorenzo	*p*	de París	*v*	de Valencia
b	de Barcelona	*g*	de Gerona	*ll*	de Llobregat	*q*	de Querido	*w*	de Washington
c	de Carmen	*h*	de Historia	*m*	de Madrid	*r*	de Ramón	*x*	de Xíquena
ch	de Chocolate	*i*	de Inés	*n*	de Navarra	*s*	de Sábado	*y*	de Yegua
d	de Dolores	*j*	de José	*ñ*	de Ñoño	*t*	de Tarragona	*z*	de Zaragoza
e	de Enrique	*k*	de Kilo	*o*	de Oviedo	*u*	de Ulises		

El telegrama

Para el despacho de mensajes telegráficos se requiere rellenar un impreso como el que se reproduce a continuación:

EL EXPEDIDOR DEBE RELLENAR ESTE IMPRESO, EXCEPTO LOS RECUADROS EN TINTA ROJA T. G.-1.-EGSA

INS O N.° MARCACION | SERIAL

IVA = 12 %

TELEGRAMA

INDICACIONES TRANSMISION

LINEA PILOTO

N.° .... Pal. .... día .... hora .... Ptas. ....

INDICACIONES: DESTINATARIO: ....

SEÑAS: ....

TELEFONO: .... TELEX: ....

DESTINO: ....

TEXTO: ....

SEÑAS DEL EXPEDIDOR | NOMBRE: .... TFNO.: ....

DOMICILIO: .... POBLACION: ....

A-5 UNE 1011.-(148 × 210)

IMPORTANTE.—La hoja adjunta sirve de recibo y copia.

El télex

Este servicio telegráfico, unido a la línea telefónica, permite una comunicación directa entre los usuarios por medio de *teleimpresores*.
La estructura de un télex es la siguiente:

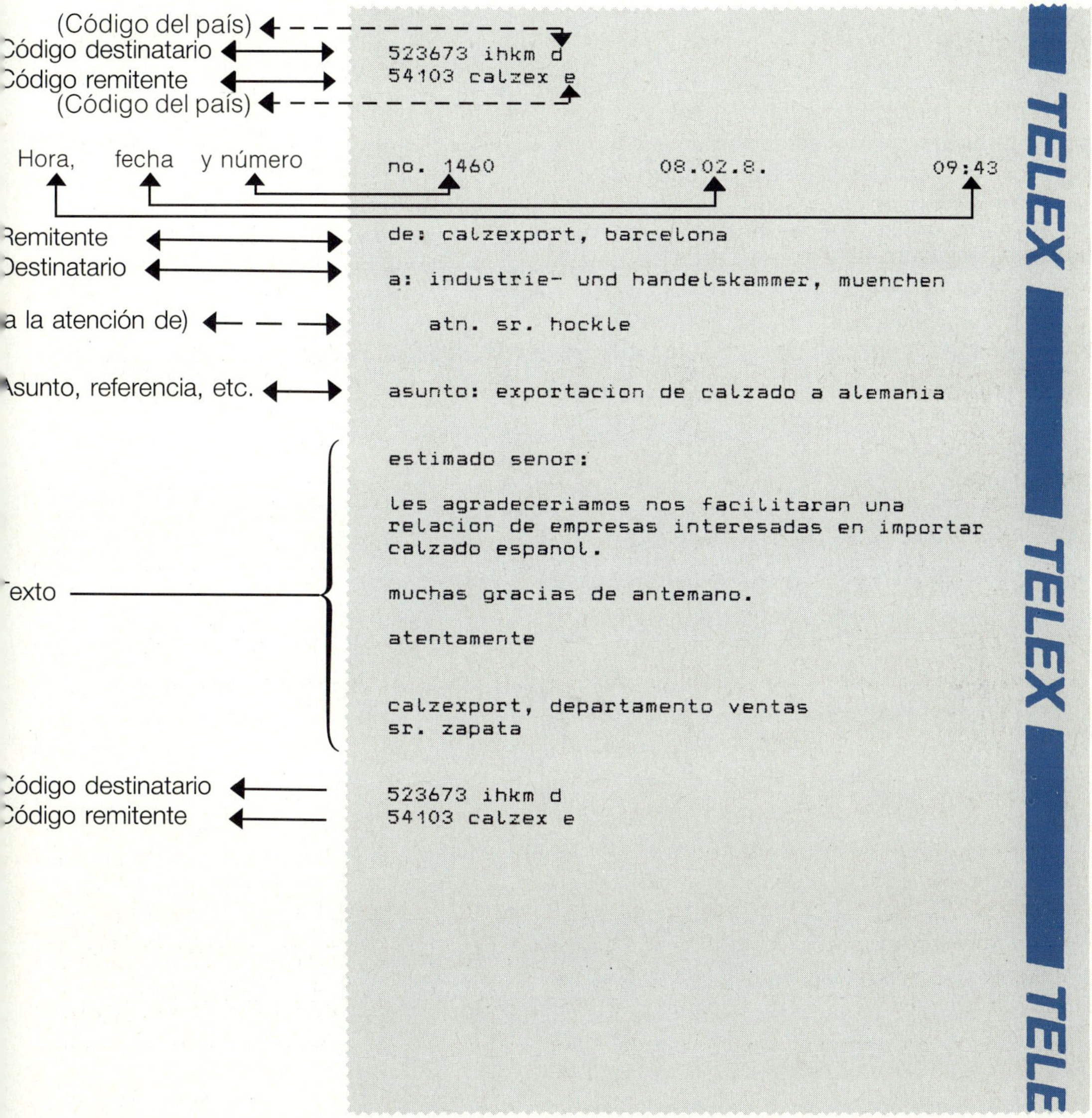


```
523673 ihkm d
54103 calzex e

no. 1460                08.02.8.                09:43

de: calzexport, barcelona

a: industrie- und handelskammer, muenchen

   atn. sr. hockle

asunto: exportacion de calzado a alemania

estimado senor:

les agradeceriamos nos facilitaran una
relacion de empresas interesadas en importar
calzado espanol.

muchas gracias de antemano.

atentamente

calzexport, departamento ventas
sr. zapata

523673 ihkm d
54103 calzex e
```

Los usuarios de este servicio pueden emplear un *Código Télex* que utiliza abreviaturas reconocidas internacionalmente.

El teletex

Este sistema posibilita el intercambio de textos entre memorias de dos terminales de ordenador a través de las redes de telecomunicación. El mensaje recibido puede aparecer en una pantalla o imprimirse.

El telefax

Este sistema permite la exacta reproducción a distancia de cartas, documentos, manuscritos, gráficos, planos, etc. mediante equipos de *telefacsímil*. La recepción de la *telecopia* en el aparato del destinatario es casi simultánea a la transmisión del original por el terminal emisor y sin necesidad de reescribir la información.
El mensaje facsímil puede servir, por ejemplo, como complemento y apoyo de una comunicación telefónica.

Apéndice

Abreviaturas comerciales

A

a/c.	a cuenta	auf Konto, à Konto
a.c.	año corriente	laufendes Jahr
a cgo.	a cargo	zu Lasten
acr.	acreedor	Gläubiger
admón.	administración	Verwaltung
a/f.	a favor	zugunsten
afmo., a	afectísimo	sehr ergeben
apdo.	apartado	Postfach
art., art°	artículo	Artikel (Ware); Paragraph
atn.	a la atención de	zu Händen von
atta., atto.	atenta, atento	Brief, Schreiben
atte.	atentamente	mit freundlichen Grüßen
Av., Avda.	avenida	Allee, Avenida

B

b., bco.	banco	Bank
b°	beneficio	Gewinn
B.O.E.	Boletín Oficial del Estado	Amts-, Gesetzblatt

C

c., C., c/, C/	calle	Straße
c.	cargo; corriente	zu Lasten; laufend
cª, Cía.	compañía	Gesellschaft
c/c., cta.cte.	cuenta corriente	Kontokorrent
c.c.	copia a carbón	Durchschlag, Verteilervermerk
C.C.	Código Civil	Bürgerliches Gesetzbuch
C.C.	Cámara de Comercio	Handelskammer
C.C.I.	Cámara de Comercio e Industria	Industrie- und Handelskammer
c/d., c/dto.	con descuento	mit Nachlaß, Skonto
cents., cts., ctvos	centavos	Centavos
cénts., cts.	céntimos	Céntimos

cgo.	cargo	zu Lasten
Cía. Ltda.	Compañía Limitada	Gesellschaft mit beschränkter Haftung
C.I.F.	Código de Identificación Fiscal	Steuernummer
C.P.	Código Penal	Strafgesetzbuch
C.P., c.p.	contestación pagada	Antwort bezahlt
Ctra.	carretera	Landstraße
c/u.	cada uno	jede/r/s einzelne, je

CH

ch/	cheque	Scheck

D

d/	día(s)	Tag(e)
d., dto.	descuento	Preisnachlaß, Skonto, Rabatt
D., D^{a}	Don, Doña	Herr, Frau
D/A	documentos contra aceptación	Dokumente gegen Akzept
dcha., dra.	derecha	rechts
Depto.	departamento	Abteilung; Wohnung (Am.)
d/f.	días fecha	Tage nach Sicht
D/P	documentos contra pago	Kasse gegen Dokumente
d/p.	días plazo	Tage Frist
dupl.	duplicado	doppelt, zweifach
d/v.	días vista	Tage Sicht

E

e.p.m.	en propia mano	eigenhändig

F

f/	favor	zugunsten
f/, fcha.	fecha	Datum
fa., fra.	factura	Rechnung
f.c., f/c.	ferrocarril	Eisenbahn
fca.	fábrica	Fabrik
fdo.	firmado	gezeichnet
f^{o}, fol.	folio	Blatt, Folio

G

g/	giro	Wechsel, Tratte; Überweisung
g/p.	giro postal	Postüberweisung
gtos.	gastos	Kosten, Ausgaben, Spesen
g.v., g/v.	gran velocidad	Eilgut

H

Hno./Hnos.	hermano(s)	Bruder, (Ge-)Brüder

I

incl.	incluido, inclusive	einschließlich
ints. y dtos.	intereses y descuentos	Zinsen und Preisnachlässe
IVA	impuesto sobre el valor añadido (Am.: … sobre el valor agregado)	Mehrwertsteuer
izda., izq^{a}.	izquierda	links

L

L/, l/	letra de cambio	Wechsel, Tratte
Ltda.	Sociedad Limitada	Gesellschaft mit beschränkter Haftung

M

m/	mes(es)	Monat(e)
m/	mi, mis	mein(e)
m/c., m/cta.	mi cuenta	meine Rechnung; mein Konto
m/cgo.	mi cargo	zu meinen Lasten
m/f.	meses fecha	Monate nach Dato
m/f.	mi favor	zu meinen Gunsten
m/fra.	mi factura	meine Rechnung
m/g.	mi giro	mein Wechsel, meine Tratte; meine Überweisung
m/l.	mi letra	mein Wechsel
m/o.	mi orden	meine Order
m/p.	meses plazo	Monate Frist
m/p.	mi pagaré	mein eigener Wechsel, Solawechsel
m/r.	mi remesa	meine (Geld-)Sendung
m/ref.	mi referencia	mein Zeichen
m/v.	meses vista	Monate Sicht

N

n/	nuestro, a	unser(e)
n/c., n/cta.	nuestra cuenta	unsere Rechnung; unser Konto
n/cgo.	nuestro cargo	zu unseren Lasten
n/f.	nuestro favor	zu unseren Gunsten
n/fra.	nuestra factura	unsere Rechnung
n/g.	nuestro giro	unser Wechsel, unsere Tratte; unsere Überweisung
N.I.F.	Número de Identificación Fiscal	Steuernummer
n/l.	nuestra letra	unser Wechsel
N°, n°, núm.	número	Nummer
n/o.	nuestra orden	unsere Order
n/r.	nuestra remesa	unsere (Geld-)Sendung
n/ref.	nuestra referencia	unser Zeichen

P

P., p.	pagaré	eigener Wechsel, Solawechsel
P.A.	por ausencia	in Abwesenheit
p.a.	por autorización	im Auftrag (i. A.)
p.b.	peso bruto	Bruttogewicht
p.c.	por cuenta	auf Rechnung
p/d.	por delegación	in Vertretung (i. V.)
p/d.	porte debido	frachtunfrei
P.D.	posdata	Nachtrag, -schrift
Pl.	plaza	Platz
p. m/c.	por mi cuenta	auf meine Rechnung
p.n.	peso neto	Nettogewicht
p°	paseo	Promenade, Paseo
p.o.	por orden	im Auftrag (i. A.)
Pol. Ind.	polígono industrial	Industriegebiet
p.p.	por poder	ppa., per Prokura
p/p.	porte pagado	frachtfrei
ppdo.	próximo pasado	voriger Monat
P.S.	postscriptum	Postskriptum
ptas.	pesetas	Peseten
pte.	presente	vorliegend, anwesend
p.v., p/v.	pequeña velocidad	Frachtgut

R

r., R.	remesa	(Geld-)Sendung
rbí.	recibí	Quittung; "dankend erhalten"
Rbla.	Rambla	Rambla (breit angelegte Allee in Barcelona)

R.D.	Real Decreto	Königliche Verordnung
RDA	República Democrática Alemana	Deutsche Demokratische Republik (DDR)
Rda.	ronda	Ronda (Ringstraße)
Ref., ref.	referencia	Bezug; Betreff
RENFE	Red Nacional de los Ferrocarriles Españoles	Staatliches Netz der spanischen Eisenbahnen
RFA	República Federal de Alemania	Bundesrepublik Deutschland (BRD)
R.O.	Real Orden	Königlicher Erlaß
R.P.	respuesta pagada	Antwort bezahlt
rte.	remitente	Absender

S

s/	su(s)	Ihr(e), sein(e), ihr(e)
S.A.	Sociedad Anónima	Aktiengesellschaft
s.b.f.	salvo buen fin	Eingang vorbehalten
s/c., s/cta.	su cuenta	Ihr Konto
s/cgo.	su cargo	zu Ihren Lasten
S. en C.	Sociedad en Comandita	Kommanditgesellschaft
S.E.u.O./s.e.u.o.	salvo error u omisión	Irrtum vorbehalten
s/f.	su favor	zu Ihren Gunsten
s/fra.	su factura	Ihre Rechnung
s/g.	su giro	Ihr Wechsel, Ihre Tratte; Ihre Überweisung
s/g., s/gtos.	sin gastos	kostenfrei
s/l.	su letra	Ihr Wechsel
S.L., S.R.L.	Sociedad (de Responsabilidad) Limitada	Gesellschaft mit beschränkter Haftung
s.n., s/n.	sin número	ohne Hausnummer
s/o.	su orden	Ihre Order
Sr., Sra.	señor, señora	Herr, Frau
s/r.	su remesa	Ihre (Geld-)Sendung
s.r.c.	se ruega contestación / contestar	um Antwort wird gebeten
S.R.C.	Sociedad Regular Colectiva	Offene Handelsgesellschaft
s/ref.	su referencia	Ihr Zeichen
Sres.	señores	Herren, Damen und Herren
Srta.	señorita	Fräulein
s/s, s.s.	nave (steamship)	Schiff
s.s.s.	su seguro servidor	Ihr sehr ergebener …
suc.	sucursal; sucesor	Filiale; Nachfolger

T

T., t., tmo, t°	tomo	Band
tel., tlf., telefs., tels., tls.	teléfono(s)	Telefonnummer(n)
Tm., tm	tonelada métrica	Metertonne
Trb	tonelada de registro bruto	Bruttoregistertonne

U

U., Ud. (V., Vd.)	usted	Sie (Sg.)
Uds. (Vds.)	ustedes	Sie (Pl.)

V

V., Vd. (U., Ud.)	usted	Sie (Sg.)
Vda.	viuda	Witwe
Vds. (Uds.)	ustedes	Sie (Pl.)
V°.B°.	visto bueno	gesehen und genehmigt
Vol., vols.	volumen, volúmenes	Band, Bände

Los países hispanohablantes

País y gentilicio	Nombre oficial	Población y superficie	Capital y ciudades importantes	Productos principales de exportación	Unidad monetaria
Argentina argentino, a	República Argentina	31.500.000 h. 2.767.889 km^2	**Buenos Aires** Córdoba, Rosario, Mendoza, La Plata	cereales, linaza, carne, lana, textiles, productos químicos, maquinaria	el peso argentino ($ arg.)
Bolivia boliviano, a	República de Bolivia	6.550.000 h. 1.098.581 km^2	**La Paz** (Gobierno) **Sucre** (constitucional) Cochabamba, Potosí	estaño, gas natural, petróleo, oro, cinc	el peso boliviano (Bs)
Colombia colombiano, a	República de Colombia	29.730.000 h. 1.138.914 km^2	**Bogotá** Medellín, Barranquilla, Cartagena	café, derivados de petróleo, esmeraldas, plátanos, fibra de algodón	el peso colombiano ($c)
Costa Rica costarricense costarriqueño, a	República de Costa Rica	2.670.000 h. 50.700 km^2	**San José** Puntarenas, Limón Cartago, Alajuela	café, plátanos, carne, productos químicos, maquinaria, textiles, cuero	el colón costarricense (₡)
Cuba cubano, a	República de Cuba	10.300.000 h. 114.524 km^2	**La Habana** Santiago de Cuba, Camagüey, Guantánamo	azúcar, tabaco, ron, níquel, maderas, frutas y verduras	el peso cubano ($c)
Chile chileno, a	República de Chile	12.540.000 h. 756.626 km^2	**Santiago** Valparaíso, Antofagasta, Concepción	cobre y otros metales, salitre, frutas y vegetales, pulpa de madera	el peso chileno ($Ch)
Ecuador ecuatoriano, a	República del Ecuador	9.650.000 h. 283.561 km^2	**Quito** Guayaquil, Cuenca, Portoviejo	petróleo, cacao, café, plátanos, productos de pesca, troncos de balsa	el sucre (s/.)
El Salvador salvadoreño, a	República de El Salvador	5.010.000 h. 21.041 km^2	**San Salvador** Santa Ana, San Miguel, Acajutla	café, algodón, oro, azúcar, productos químicos	el colón salvadoreño (¢)
España español, a	Reino de España	38.830.000 h. 504.782 km^2	**Madrid** Barcelona, Valencia, Sevilla, Bilbao, Zaragoza, Las Palmas, Palma de Mallorca	vino, cítricos, aceite de oliva, mercurio, mineral de hierro, textiles, productos químicos y de pesca, automóviles, maquinaria, libros; servicios turísticos	la peseta (Pta.)

Guatemala guatemalteco, a	República de Guatemala	8.430.000 h. 108.889 km^2	**Ciudad de Guatemala** Escuintla, Quetzaltenango, Puerto Barrios	café, algodón (fibra y semillas), plátanos, azúcar, cardamomo; turismo	el quetzal (Q)
Guinea Ecuatorial guineo, a ecuatorial	República de Guinea Ecuatorial	390.000 h. 28.051 km^2	**Malabo** Bata, Luba	cacao, café, madera	el franco CFA
Honduras hondureño, a	República de Honduras	4.510.000 h. 112.088 km^2	**Tegucigalpa** San Pedro Sula, El Progreso, Puerto Cortés	plátanos, café, carne, mariscos, madera, algodón, plomo, cinc	el lempira (L)
México mexicano, a	Estados Unidos Mexicanos	81.160.000 h. 1.958.128 km^2	**Ciudad de México** (= Distrito Federal) Guadalajara, Monterrey, Tijuana, Veracruz	petróleo, metales no férricos, textiles, algodón, azúcar, café, productos químicos, maíz, plata, cobre, camarones, tomates	el peso mexicano (mex$)
Nicaragua nicaragüense nicaragüeño, a	República de Nicaragua	3.380.000 h. 127.755 km^2	**Managua** León, Granada, Masaya	algodón, café, carne, azúcar, plátanos, madera, oro, plata	el córdoba ($c)
Panamá panameño, a	República de Panamá	2.270.000 h. 75.650 km^2	**Ciudad de Panamá** Colón, David	derivados de petróleo, plátanos, café, cacao	el balboa (B)
Paraguay paraguayo, a	República del Paraguay	3.920.000 h. 406.752 km^2	**Asunción** Pedro Juan Caballero, Concepción, Villarrica	algodón, carne, madera, pieles, productos industriales, soja y otras oleaginosas	el guaraní (G)
Perú peruano, a	República del Perú	20.730.000 h. 1.285.216 km^2	**Lima** Arequipa, Cuzco, Trujillo, Huancayo	aceite y harina de pescado, cobre, plata, cinc, algodón, café, cacao, azúcar	el inti (I/.)
Puerto Rico puertorriqueño, a	Estado Libre Asociado de Puerto Rico (EE. UU.)	3.500.000 h. 8.897 km^2	**San Juan** Bayamón, Ponce	ron, algodón, arroz, café, maíz, azúcar, piñas, cocos	el dólar de EE. UU. (US$)
Rep. Dominicana dominicano, a	República Dominicana	6.720.000 h. 48.734 km^2	**Santo Domingo** Santiago de los Caballeros, La Romana	azúcar, café, cacao, ferroníquel, bauxita, carnes, fruta y vegetales, tabaco	el peso dominicano ($RD)
Uruguay uruguayo, a	República Oriental del Uruguay	2.980.000 h. 177.508 km^2	**Montevideo** Salto, Paysandú, Minas, Mercedes	carne, lana, textiles, conservas, pieles, trigo, aceites vegetales, pescado (en conservas)	el peso uruguayo nuevo (NU$)
Venezuela venezolano, a	República de Venezuela	18.270.000 h. 912.050 km^2	**Caracas** Maracaibo, Valencia, Barquisimeto, Maturín	petróleo y derivados, minerales de hierro, bauxita, cacao, café, azúcar, madera, pieles	el bolívar (Bs.)

Ferias Internacionales en España

Sector agroalimentario

EUROAGRO
Feria Internacional de la Producción, Transformación y Comercialización Agrícola
Valencia

EUROFRUIT
Salón Internacional de la Fruta Dulce
Lérida

EXMA
(Bienal) Feria Internacional de la Manutención
Bilbao

EXPOAVIGA
(Bienal) Salón Internacional de Técnica Avícola y Ganadera
Barcelona

EXPOCARNE
(Bienal) Feria Internacional de las Industrias Cárnicas
Valencia

EXPOLIVA
(Bienal) Feria Internacional del Aceite de Oliva e Industrias Afines
Jaén

GELAT
Feria del Helado Artesano
Jijona

SEMANA VERDE DE GALICIA
Feria Internacional Agrícola, Ganadera, Forestal y Agroalimentaria
Silleda

TECNOALIMENTARIA
(Bienal) Salón Internacional para la Industria Alimentaria
Barcelona

Bienes de consumo

ARCO
Feria Internacional de Arte Contemporáneo
Madrid

BALEARES NAUTICA
Muestra Flotante Internacional
Palma de Mallorca

BARNAJOYA
Salón Internacional de la Joyería, Relojería, Platería y Afines
Barcelona

CEVIDER
Feria Internacional de Cerámica, Vidrio y Elementos Decorativos
Valencia

CEVISAMA
Salón Internacional de Cerámica, Vidrio, Mármol y Recambios para la Construcción, Saneamiento, Grifería, Materias Primas y Maquinaria
Valencia

DIPA
Feria Internacional de la Papelería
Valencia

EVENT
Feria Internacional de la Estética Profesional
Valencia

EXPOFARMACIA
Congreso y Exposición Internacional de Especialidades Farmacéuticas
Valencia

EXPO/HOGAR
Salón Internacional del Regalo
Barcelona

EXPO/OPTICA
Salón Internacional de la Optica, Acústica y Optrónica
Madrid

FEJU
Feria Internacional del Juguete
Valencia

FIAM
Feria Internacional de la Joyería, Lámparas y Arte en Metal
Valencia

FICC
Feria Internacional del Calzado
Elda

FIM
Feria Internacional del Mueble
Valencia

FIMI
Feria Internacional de la Moda Infantil y Juvenil
Valencia

GAUDI-HOMBRE
Barcelona

GAUDI-MUJER
Barcelona

IBERFLORA
Feria Internacional de Horticultura
Valencia

IBERJOYA
Salón Internacional de la Joyería, Platería y Relojería
Madrid

IBERPIEL/MARROQUINERIA
Salón de la Piel
Madrid

IBERPIEL/PELETERIA
Salón de la Piel
Madrid

IMAGENMODA
Salón Internacional de la Moda Femenina
Madrid

INTERMUSIC
Feria Internacional de Instrumentos Musicales y Accesorios
Valencia

LIBER
Salón Internacional del Libro
Madrid

MODATECC
Feria Internacional de la Tecnología y Moda del Calzado
Elda

MOSTRA DE TEJIDOS
Barcelona

MUNDOBELLEZA/DROGUEXPO
Feria Internacional de la Perfumería y Droguería
Valencia

PIELESPAÑA
Salón de la Moda de Ante, Nappa y Double Face
Barcelona

REGALO FAMA
Salón del Regalo
Madrid

SALON DEL CARAVANNING
Barcelona

SALON INTERNACIONAL DEL AUTOMOVIL
Barcelona

SALON INTERNACIONAL DEL BRICOLAJE
Madrid

SALON NAUTICO INTERNACIONAL
Barcelona

SEBIME
Feria Internacional de Bisutería de Fantasía de España
Mahón

SONIMAG
Salón Internacional de la Imagen, el Sonido y la Electrónica
Barcelona

SPORT
Salón del Deporte y Camping
Barcelona

Bienes industriales y tecnología

AUTOMACION
(Bienal) Salón Internacional de Componentes y Sistemas para Maquinaria
Bilbao

CONSTRUMAT
(Bienal) Salón Internacional de la Construcción
Barcelona

ELECTRO
(Bienal) Feria Internacional Monográfica de la Industria Eléctrica, Electrónica, Automatización, Alumbrado e Informática Industrial
Bilbao

EPOMATEX
(Cuatrienal) Feria Internacional de la Maquinaria Textil
Barcelona

FIMA
Feria Internacional de la Maquinaria Agrícola
Zaragoza

FIMMA
(Bienal) Feria Internacional de Maquinaria y Equipos para el Trabajo de la Madera
Valencia

FORESTA
(Bienal) Feria Internacional del Sector Forestal
Bilbao

GRAPHISPACK
(Cuatrenial) Salón Internacional de las Artes Gráficas
Barcelona

HISPACK
(Bienal) Salón Internacional del Envase y Embalaje
Barcelona

INDUFERIAS
Feria Internacional de Atracciones de Ferias, Parques Infantiles, Maquinaria de Juegos de Azar y Elementos Auxiliares
Valencia

INSTRUMENTALIA/EXPOMEDICA
(Trienal) Salón Internacional de la Instrumentación Científica
Madrid

MADERALIA
(Bienal) Feria Internacional de Complementos y Suministros para las Industrias del Mueble y de la Madera
Valencia

METROMATICA
(Bienal) Salón Internacional de la Instrumentación y Automatización Industrial
Zaragoza

NOVOTECH
(Bienal) Forum de Nuevas Tecnologías
Bilbao

ROBOTICA
(Bienal) Salón Internacional de Tecnología y Aplicaciones de la Robótica
Zaragoza

SIDEROMETALURGICA
(Bienal) Feria Internacional Monográfica de la Industria Siderometalúrgica
Bilbao

SIMO
Feria Oficial Monográfica Internacional del Equipo de Oficina y de la Infórmatica
Madrid

SMAGUA
(Bienal) Salón Internacional del Agua
Zaragoza

TECNOCLINIC
(Bienal) Salón Internacional de Técnicas y Equipamiento Hospitalario
Barcelona

TEXTILHOGAR
Feria Internacional de Manufacturas Textiles para el Hogar y la Decoración
Valencia

TRASMET
(Bienal) Feria Internacional de Equipos y Suministros para la Fundición, Forja, Laminación, Tratamiento de Superficies y Soldaduras
Bilbao

Multisectorial y otras

EQUIPAL
(Bienal) Salón Internacional del Equipo Comercial
Barcelona

FERIA DE MUESTRAS IBEROAMERICANA
Sevilla

FERIA INTERNACIONAL DE BARCELONA

FERIA INTERNACIONAL DE CANARIAS
Las Palmas

FERIA INTERNACIONAL DEL NOROESTE DE ESPAÑA
El Ferrol

FERIA INTERNACIONAL DE MUESTRAS DE ASTURIAS
Gijón

FERIA INTERNACIONAL DE MUESTRAS DE VALLADOLID

FEVAL
Don Benito

FITUR
Salón Internacional del Turismo
Madrid

FIV
Feria Internacional de Valencia

HOSTELCO
(Bienal) Salón Internacional del Equipamiento para Restauración, Hostelería y Colectividades
Barcelona

INTERDIDAC
(Bienal) Salón Internacional de la Educación
Madrid

MERCAFILM VIDEO Y TV
Feria del Audivisual
Valencia

MUNDITELE
Salón Mundial del Producciones de Televisión
Zaragoza

MUNICIPALIA
(Bienal) Salón Internacional de Servicios Municipales
Lérida

PROEXPORT
Salón Internacional de Apoyo a la Exportación
Zaragoza

PROMA
(Bienal) Feria Internacional de Protección del Medio Ambiente
Bilbao

RODATUR
Salón Internacional del Turismo
Barcelona

SUBCONTRATACION
(Bienal) Feria Internacional de la Subcontratación
Bilbao

TECNODEPORTE
(Bienal) Salón Técnico Internacional de Instalaciones Deportivas
Zaragoza

TECNOTURISTICA
Salón de Tecnología para la Industria Turística
Palma de Mallorca

Glosario comercial y económico

Español – Alemán

Alemán – Español

Español – Alemán

A

abastecimiento	(Be-)Lieferung, Versorgung
abonado	Teilnehmer (Telefon)
abonar	begleichen, bezahlen; gutschreiben
abono	Vergütung; Gutschrift
abrir por aquí	hier öffnen
accesorios	Zubehör
acción	Aktie; Aktion, Handlung
accionista (el/la)*	Aktionär(in)
aceite (el)	Öl
aceptación	Annahme, Entgegennahme
~ del pedido	Auftragsannahme
~ de la letra	Wechselakzeptierung, ~akzept
~ de venta	Auftragsannahme
aceptante (el/la)	Annehmer(in); Akzeptant(in), Bezogene(r)
aceptar	akzeptieren, annehmen; anerkennen
acogida	Aufnahme, Anklang
acompañar	begleiten, beifügen, beilegen
acreedor (el)	Gläubiger
acto notarial	Notariatsakt
acuerdo preferencial	Präferenzabkommen
acusar recibo	Empfang bestätigen, Eingang bestätigen
acuse (el) de recibo	Empfangs-, Eingangsbestätigung
adeudar	schulden
adjuntar	beifügen, beilegen
administrativo	kaufmännischer Angestellter
adornos de Navidad	Christbaum-, Weihnachtsschmuck
adquirir	erwerben, kaufen
adquisición	Erwerb, Kauf
aerograma (el)	Aerogramm, Luftpostleichtbrief
agencia	Agentur, Vertretung, Niederlassung, Zweigstelle, Außenstelle
agenda	Terminkalender
agente	Agent, Vertreter, Vermittler, Makler
~ comercial	Handelsagent
~ comisionista	unselbständiger Kommissionär, Kommissionsvertreter
~ de aduanas	Zollagent
~ de comercio exterior	Auslandsagent
~ de seguros	Versicherungsagent
~ de transportes	Spediteur, Transportagent
~ de ventas	Kommissionär
~ marítimo (de transportes)	Seespediteur
~ mediador	Vermittlungsagent
~ transitario	Transithändler, Grenzspediteur
agotado	vergriffen
agroalimentarios: productos ~	landwirtschaftliche Nahrungsmittel
agroquímico	agrochemisch
agroquímica	Agrikulturchemie
agrupación de exportadores	Exportgemeinschaft
aguas interiores	Binnengewässer
aguas residuales	Abwässer
aguja esterilizada	sterilisierte Nadel
aguja hipodérmica	subkutane Injektionsnadel
albaricoque (el)	Aprikose

* Der Artikel erscheint bei Substantiven nur in den Fällen, die von der Regel abweichen, daß Substantive auf **-o** im allgemeinen männlich, solche auf **-a** und **-ión** im allgemeinen weiblich sind.

algodón (el)	Baumwolle
almacén (el)	Lager
en ~	auf Lager
almacenista (el/la)	Lagerist(in)
almohadilla insuflada de aire	Luftpolster
alumbrado	Beleuchtung
ambiente (el) de trabajo	Arbeitsklima, ~atmosphäre
ambiguo	mehrdeutig
americana	Sakko, Jackett
aminoración	Minderung
anagrama (el)	Anagramm, Logo
anexar	beifügen, beilegen
anexos	Anlagen
aniversario	Jubiläum
ante (el)	Wildleder
antefirma	Dienststellung bzw. Amtsbezeichnung (vor der Unterschrift)
anuncio	Anzeige, Annonce
~ de envío	Versandanzeige
~ publicitario	Werbeanzeige
aparato de ampliación	Vergrößerungsapparat, -gerät
aparato de elevación	Hebebühne
apartado postal	Postfach
apertura	Eröffnung
apilar	stapeln
apoderado	Bevollmächtigter
armador (el)	Reeder
armario	Schrank
arrojar un saldo acreedor	einen Habensaldo aufweisen
arrojar un saldo deudor	einen Sollsaldo aufweisen
artesanía	(Kunst-)Handwerk
ascenso	Aufstieg
asegurado	Versicherter
asegurador (el)	Versicherer
asegurar	versichern
aspirante (el/la)	Kandidat(in), Bewerber(in)
asumir	übernehmen
asunto	Sache, Angelegenheit, Betreff
atención: a la ~ de	zu Händen von ...
atender	bedienen (Kunden); beachten, berücksichtigen
atonía del mercado	schlechte Marktlage
atribución de dignidad	(Adels-)Titel; Amtsbezeichnung
auge (el)	Aufschwung
aumento	Erhöhung, Anstieg
autocandidatura	unverlangte Bewerbung
aval (el)	Aval, Bürgschaft
~ bancario	Bankaval
avalado	Bürgschaftsnehmer
avalista (el/la)	Avalist(in), Bürge(in)
avería	Schaden, Beschädigung; (mar.) Havarie, Seeschaden
~ común	große Havarie
~ gruesa	große Havarie
~ particular	besondere Havarie
~ simple	besondere Havarie
avión fletado	Charterflugzeug
avícola	Geflügel ...
aviso	Anzeige, Mitteilung, Avis
~ de envío	Versandanzeige / de despacho
~ de pago	Zahlungsanzeige, Zahlungsavis
~ de recibo	Empfangsanzeige, Empfangsbestätigung
~ de vencimiento	Fälligkeitsavis
Ayuntamiento	Rathaus
azafata	Stewardeß, (Messe-) Hosteß

B

bachillerato	Reifeprüfung, Abitur
Bachillerato Unificado Polivalente (B.U.P.)	dreijährige Gymnasialausbildung, in etwa deutsche Sekundarstufe II
balance (el)	Bilanz (eines Unternehmens)
balanza de pagos	Zahlungsbilanz (eines Landes)
balanza	Waage
bala	Ballen
balsa	Balsa (-holz)
banco	Bank
~ avisador	avisierende Bank
~ corresponsal	Korrespondenzbank
~ emisor	eröffnende bzw. akkreditivstellende Bank; Notenbank
~ notificador	avisierende Bank
~ pagador	auszahlende Bank
bandeja de madera	Holzsteige
baño herbal	Kräuterbad
barcaza	Barkasse, Lastkahn
barniz (el)	Lack
barril (el)	Faß
báscula	Waage

bauxita	Bauxit
beca	Stipendium
beneficiario	Begünstigter
beneficio probable	imaginärer Gewinn
biberón (el)	Saugflasche
bidón (el)	Kanister
bienes de consumo	Konsumgüter
bienes de equipo	Ausrüstungsgüter
bisutería	(Mode-) Schmuck, Bijouterie
bloque (el)	Blockform
~ extremo	Ganzblockform
bola de polietileno insuflada de aire	luftgefüllte Polyäthylenkugel
boletín (el) de suscripción	Bestellkarte für ein Abonnement
Bolsa	Börse
bomba	Pumpe
bonificación	Gutschrift, Vergütung, Preisnachlaß, Rabatt
borda	Reling
bricolaje (el)	Heimwerken, Basteln
bulto	Stückgut, Kollo
buque (el)	Schiff
~ de carga	Frachter, Frachtschiff
~ de línea regular	Linienschiff
~ tramp	Trampschiff

C

caducidad	Fälligkeit
caja	Schachtel, Kiste, Kasten; Kasse, Kassenraum, Zahlstelle
~ de ahorros	Sparkasse
~ de cartón	Pappkarton
~ postal	Postsparkasse
cajero	Kassierer
~ automático	Geldautomat
calderería	Kesselschmiede
calendario	Kalender
calibrado	Kaliber
calidad (la)	Qualität
calzado	Schuh (-werk)
Cámara de Industria y Comercio	Industrie- und Handelskammer
camarón (el)	Garnele
camión (el)	Lastwagen (LKW)
~ frigorífico	Kühl-LKW
camiseta	Unterhemd, T-Shirt
cancelación	Annullierung, Zahlung
cancelar	annullieren; bezahlen
canjear	einlösen
capital (el)	Kapital
carcasa	Gehäuse
cardamomo	Kardamom
carga	Fracht, Ladung
~ fraccionada	Stückgut (kein voller Waggon)
~ y descarga	Ein- und Ausladen; Be- und Entladen
cargador (el)	Verlader
cargamento	Fracht, Ladung
cargar	verladen, beladen; belasten
cargo	Ladung; Laden, beladen; Amt, Stellung; Lastschrift, Soll, Debet, Schuldposten
~ en cuenta	Lastschrift
a nuestro ~	zu unseren Lasten
nota de ~	Lastschrift, Debetnote
a ~ de	zu Lasten von
correr a ~ de	zu Lasten von ... gehen
hacerse ~ de	übernehmen, wahrnehmen
carguero	Frachter
carnet (el)	Ausweis
cárnico	Fleisch...
carrera profesional	berufl. Laufbahn, Werdegang
carretera	(Land-) Straße
carta	Brief
~ comercial	Geschäftsbrief
~ de cobro	Zahlungsaufforderung, Zahlungserinnerung
~ de crédito	Kreditbrief
~ de porte aéreo	Luftfrachtbrief
~ de porte por carretera	Frachtbrief (LKW)
~ de porte por ferrocarril	Frachtbrief (Eisenbahn)
carta-sobre avión	Aerogramm
cartera de pedidos	Auftragsbuch
cartilla de ahorros	Sparbuch
cartón ondulado	Wellpappe
casa	Haus; Firma, Unternehmen
~ matriz	Stammhaus
casilla	Postfach (Am.)
catálogo ilustrado	bebilderter Katalog
catedrático	Professor
cecograma (el)	Blindensendung
ceder	überlassen, übergeben, abtreten

celebrar	stattfinden, feiern
cerámica	Keramik
cereales	Getreide
certificado	Bescheinigung, Bestätigung, Zeugnis; Einschreiben
~ de análisis	Analysenzertifikat
~ de circulación de mercancías	Warenverkehrsbescheinigung
~ de control de calidad	Qualitätszeugnis
~ de origen	Ursprungszeugnis
~ de peso	Wiegezertifikat
~ de seguro	Versicherungszertifikat
~ (fito)sanitario	(Planzen-) Gesundheitszeugnis
cesión	Überlassung, Übergabe, Abtretung
CFR	(siehe Incoterms, S. 202)
Ciencias Empresariales	Betriebswirtschaftslehre
CIF	(siehe Incoterms, S. 203)
CIP	(siehe Incoterms, S. 203)
circunloquio	Umschweife
cita	Verabredung, Termin, Treffen
cítrico	Zitrus...
cláusula	Klausel, Bestimmung
~ a todo riesgo	Klausel "gegen alle Gefahren"
~ con avería particular	Klausel "einschließlich besonderer Havarie"
~ contractual	Vertragsklausel
~ de almacén a almacén	Lager-zu-Lager-Klausel
~ de dos puntos	Zweipunkteklausel
~ de entrega	Lieferungsklausel
~ de huelga o motines	Streik- und Aufruhrklausel
~ de pérdida total	Totalverlustklausel
~ puerta a puerta	Haus-zu-Haus-Klausel
~ de riesgo de guerra	Kriegsrisikoklausel
~ de un punto	Einpunktklausel
~ franco de avería particular	Klausel "frei von besonderer Havarie"
~ libre de ...	Klausel "frei von ..."
~ penal	Strafklausel, Vertragsstrafe
cliente (el/la)	Kunde(in)
~ habitual	Stammkunde
clientela	Kundschaft
cobertura	Deckung
cobrar	(ein-)kassieren, einziehen; einlösen
cobro	Inkasso, Einzug; Einlösung
~ pendiente	ausstehende Zahlung
~ por vía judicial	Zahlung gerichtlich eintreiben
presentar al ~	zur Zahlung vorlegen
código	Gesetzbuch, Code
~ alimentario	Lebensmittelgesetz
~ de Comercio	Handelsgesetzbuch
~ postal	Postleitzahl
~ télex	Fernschreiber-Code
~ telefónico (prefijo)	Vorwahlnummer
~ territorial	Vorwahlnummer (Ortsnetzkennzahl)
colaboración	Mit-, Zusammenarbeit
colaborador (el)	Mitarbeiter
colectividades	Gemeinschaften
colisión (la) del buque	Schiffskollision
colocación	Stelle, Posten, Anstellung
comercial	Handels-, handelsmäßig; kaufmännisch, gewerblich, kommerziell
actividades ~es	Geschäfte, Geschäftstätigkeit
correspondencia ~	Handelskorrespondenz
relaciones ~es	Handelsbeziehungen
comercializar	vertreiben, vermarkten
comerciante (el/la)	Kaufmann(frau), Händler(in)
~ al por mayor	Großhändler
~ al por menor	Einzelhändler
~ detallista	Einzelhändler
~ exportador	Exporthändler
~ mayorista	Großhändler
~ minorista	Einzelhändler
comercio	Handel
~ al por mayor	Großhandel
~ al por menor	Einzelhandel
~ detallista	Einzelhandel
~ exterior	Außenhandel
~ mayorista	Großhandel
~ minorista	Einzelhandel
comestibles (los)	Lebensmittel
comisión	Provision
compañía	Gesellschaft
~ de seguros	Versicherungsgesellschaft
~ limitada (Cía. Ltda.)	Gesellschaft mit beschränkter Haftung
~ naviera	Schiffahrtsgesellschaft
competitivo	wettbewerbsfähig

competencia	Wettbewerb
competidor	Konkurrent
competir	konkurrieren
complejo	Stoff
~ adhesivo	Selbstklebestoff
~ termosoldable	wärmeschweißbarer Stoff
compra	Kauf
~ de cobertura	Deckungskauf
comprador (el)	Käufer
comprar	kaufen
compraventa	Kauf, Kaufvertrag
comprobante (el)	Beleg, Quittung
compromiso	Verpflichtung
computador(a)	Computer
conceder	gewähren, einräumen
concertar	abschließen, vereinbaren
~ un contrato	einen Vertrag schließen
~ una entrevista	einen Gesprächstermin vereinbaren
concesión	Gewährung, Einräumung, Konzession
concisión	Präzision, Bündigkeit
concluir un contrato	Vertrag abschließen, vereinbaren
concreción	Konkretisierung
concurso-oposición	(Stellen-)Ausschreibung
condiciones	Bedingungen, Konditionen
~ de entrega	Lieferbedingungen
~ de exportación	Exportbedingungen
~ de pago	Zahlungsbedingungen
~ de suministro	Lieferbedingungen
~ de venta	Verkaufsbedingungen
condolencia	Beileid
conferencia marítima	Schiffahrtskonferenz
confirmación	Bestätigung
confirmar	bestätigen
conocimiento	Konnossement
~ a bordo	Bordkonnossement
~ a la orden	Orderkonnossement
~ aéreo	Luftfrachtbrief
~ corrido	Durchkonnossement
~ de embarque	Übernahmekonnossement
~ de transporte combinado	kombiniertes Transportkonnossement
~ limpio	reines Konnossement
~ nominativo	Namenskonnossement
~ recibido para embarque	Übernahmekonnossement
~ sucio	unreines Konnossement
consejero delegado	leitendes Verwaltungsratsmitglied
consignar	bezeichnen; abfertigen; hinterlegen; übersenden, verschiffen
consignatario	Konsignatar, Warenempfänger
constancia de trabajo	Arbeitszeugnis, Arbeitsbescheinigung
contabilidad (la)	Buchhaltung, -führung
contenedor (el)	Container
~ frigorífico	Kühlcontainer
~ refrigerado	gekühlter Container
~ térmico	temperierter Container
~ ventilado	belüfteter Container
contenido	Inhalt
contra reembolso	gegen Nachnahme
contratante (el/la)	Vertragspartner(in), -partei
contratar	anstellen, einstellen; Vertrag (ab-)schließen
contrato	Vertrag
~ de compraventa	Kaufvertrag
contravalor (el)	Gegenwert
convocatoria	Ausschreibung; Einberufung
copia	Kopie, Abschrift, Durchschrift
~ a carbón (c.c.)	Verteilvermerk
corcho	Kork
corredor (el) de comercio	Handelsmakler
correo	Post
~ aéreo	Luftpost
~ aparte	getrennte Post
a vuelta de ~	postwendend
~ ordinario	gewöhnliche Post
~ urgente	Express, Eilboten
Correos	Postamt
correr	laufen; vermitteln
~ a cargo de	zu Lasten gehen von
~ con los costes	die Kosten tragen
~ con los gastos	die Kosten tragen
~ de cuenta de	zu Lasten gehen von
correspondencia	Briefwechsel, Post, Schriftwechsel, Korrespondenz
~ asegurada	Sendung mit Wertangabe
~ certificada	Einschreibesendung
~ comercial	Handels-, Geschäftskorrespondenz
~ contra reembolso	Nachnahmesendung
~ ordinaria	gewöhnliche Post
~ por avión	Luftpostsendung

~ urgente	Eilsendung
corresponsal (el/la)	Korrespondent(in)
corretaje (el)	Courtage, Vermittlungsgebühr, Maklerprovision
corriente	laufend, auf dem neuesten Stand
corrosión	Rost, Korrosion
costas	(Gerichts-)Kosten
costes	Kosten
costos	Kosten
cotización	Kurs, Notierung
~ de la moneda	Kursnotierung, Wechselkurs
~ de precios	Preisangebot, Preisnotierung
cotizar	Kurs festsetzen, Preisangebot unterbreiten
CPT	(siehe Incoterms, S. 203)
creaciones deportivas	Sportmode
crédito documentario	Dokumentenakkreditiv
~ con "cláusula roja"	Red-Clause-Akkreditiv
~ con "cláusula verde"	Green-Clause-Akkreditiv
~ irrevocable	unwiderrufliches Akkreditiv
~ (no) confirmado	(nicht) bestätigtes Akkreditiv
~ respaldado	Gegenakkreditiv
~ revocable	widerrufliches Akkreditiv
~ rotativo	revolvierendes Akkreditiv
~ (no) transferible	(nicht) übertragbares Akkreditiv
cuadruplicado	vierfach
cubicación	Volumen
cubierta	Deck
cuenta	Rechnung, Konto
~ abierta	offenes Konto
~ corriente	Kontokorrent
~ de ahorros	Sparkonto
por ~ ajena	für fremde Rechnung
por ~ de	für Rechnung von, auf Kosten von
por ~ propia	für eigene Rechnung
cuidado	Vorsicht, Pflege
cumplimentar	erfüllen, ausführen
cumplir	erfüllen
cuota	Quote, Beitrag
currículum vitae (el)	Lebenslauf
Curso de Orientación Universitaria (C.O.U.)	einjähriger Vorbereitungskurs auf das Studium, letztes Jahr an der höheren Schule
curso de perfeccionamiento	Fortbildung, Weiterbildung
custodia	Aufsicht; Verwahrung

CH

chárter (el)	Charter
cheque (el)	Scheck
~ abierto	Barscheck
~ a la orden	Orderscheck
~ al portador	Inhaberscheck
~ bancario	Bankscheck
~ barrado	gekreuzter Scheck
~ cruzado	gekreuzter Scheck, Verrechnungsscheck
~ de viaje	Reisescheck
~ nominativo, nominal	Namensscheck
~ para abonar en cuenta	Verrechnungsscheck
~ personal	Privatscheck
chupete (el)	Schnuller

D

D.N.I. (Documento Nacional de Identidad)	(spanischer) Personalausweis
dactilografía	Maschinenschreiben
DAF	(siehe Incoterms, S. 204)
daño	Schaden
DDP	(siehe Incoterms, S. 204)
DDU	(siehe Incoterms, S. 202)
deducir	abziehen, ableiten
defecto	Schaden, Defekt, Fehler, Mangel
degustación	Probe, Kosten, Degoutierung
deletrear	buchstabieren
demanda	Nachfrage; Aufforderung
~ de pago	Zahlungsaufforderung
demora	Verzug
denegación	Ablehnung
denegar	ablehnen
departamento	Abteilung; Wohnung (Am.)
~ de contabilidad	Buchhaltungsabteilung
~ de extranjero	Auslandsabteilung
~ de personal	Personalabteilung
~ de ventas	Verkaufsabteilung
DEQ	(siehe Incoterms, S. 202)

DES	(siehe Incoterms, S. 204)
Derecho	Recht
derechos	Gebühren
~ arancelarios	Zollgebühren
~ de aduanas	Zollgebühren
~ de matrícula	Einschreibe-, Immatrikulationsgebühren
~ reglamentarios	Tarife; vorgeschriebene Gebühren
derivado	Derivat
derrame (el)	Auslaufen, Leckage
desaveniencia	Uneinigkeit
descarga	Entladung
descontar	abziehen
~ una letra de cambio	Wechsel diskontieren
descubierto	ungedeckt
descuento	Preisnachlaß, Rabatt, Skonto
~ de introducción	Einführungsrabatt
~ especial	Sonder-, Spezialrabatt
~ de lanzamiento	Einführungsrabatt
~ por cantidad	Mengenrabatt
~ por pronto pago	Skonto
desembalar	auspacken
desgravación fiscal	Steuerentlastung
deshidratante	Trockenmittel
deslizar	gleiten lassen
despachar	abfertigen; senden, versenden
despacho	Büro, Arbeitszimmer; Abfertigung
destinatario	Empfänger
destornillador (el)	Schraubenzieher
detallista (el/la)	Einzelhändler(in)
deterioro	Schaden, Verschlechterung
deuda	Schuld
deudor (el)	Schuldner
dictamen pericial (el)	Sachverständigengutachten
difunto	Verstorbener
dígito	Zahl
dilación	Verzögerung
dirección	Adresse, Anschrift; Direktion; Richtung
diseño	Design, Entwurf
dispositivo unitario de carga	Ladeeinheit
distintivo	Logo, Anagramm
distribuidor (el)	Verteiler
distribuidora	Vertriebsagentur
disturbios civiles	bürgerliche Unruhen
divisas	Devisen
documentación	Unterlagen
documento	Dokument
Documento Unico Aduanero (DUA)	Einheitspapier der EG
documentos comerciales	Handelspapiere
droguería	Drogerie
duplicado	zweifach
duque	Herzog

E

efectivo: en ~	bar
EFTA (European Free Trade Association) Asociación Europea de Libre Comercio	Europäische Freihandelszone
ejecutar	ausführen, erfüllen
embajador (el)	Botschafter
embalador (el)	Packer
embalaje (el)	Verpackung
embalar	verpacken
embarcación	Schiff
embarcador (el)	Verlader
embarque (el)	Verschiffung
embarrancada	Strandung
emisión	Ausstellung, Ausgabe, Emission
empaque (el)	Verpackung
empaquetar	verpacken
empleo	Stelle, Posten, Beschäftigung
empresa	Unternehmen
~ líder	führendes Unternehmen
~ mediana	mittelständisches Unternehmen
~ multinacional	multinationales Unternehmen
~ pequeña	kleines Unternehmen
encabezamiento de una carta	Anrede (Brief)
encarecer	verteuern
encendedor (el)	Feuerzeug
encomienda postal (Am.)	Postpaket
endosante (el/la)	Indossant(in)
endosar	indossieren, girieren, übertragen

endosatario	Indossatar
endoso	Indossament
enhorabuena	herzlichen Glückwunsch
enlace matrimonial (el)	Hochzeit, Eheschließung
Enseñanza General Básica (E.G.B.)	Grundschule (Spanien)
entidad (la)	Firma, Unternehmen, Körperschaft
entrevista	Interview, Gespräch, Unterredung
enumeración	Aufzählung
enunciación	Aussprache
envasado	Verpackung
envase (el)	Verpackung, Abfüllung
enviar	senden, versenden, schicken
envío	Sendung
~ parcial	Teilsendung
~ por vagón completo	Waggonladung, Wagenladung
~ postal	Postsendung
envoltura protectora	Schutzverpackung, Schutzhülle
equipamiento hospitalario	Krankenhausausstattung, -ausrüstung
equipos humanos	Personal, Team
equipos informáticos	Computeranlagen
ergonómico	ergonomisch
escrito	Schreiben, Brief
esmeralda	Smaragd
espuma de material plástico	Kunststoffschaum
esquí (el)	Ski
establecimiento	Unternehmen, Geschäft
Estado	Staat
estado	Zustand, Beschaffenheit
~ civil	Personenstand
~ de cuentas	Kontostand
estampar una firma	unterschreiben, Unterschrift leisten
estaño	Zinn
este lado arriba	diese Seite nach oben
estipular	vertraglich festlegen, abmachen
estuche (el)	Kästchen, Etui
estudio de mercado	Marktuntersuchung
etiquetado	Etikett, Preisschild; Etikettierung
exento de	frei von, befreit von
exigencia	Forderung, Anspruch; Bedarf; Erfordernis
existencias	Lagerbestände
expedición	Versand, Sendung; Spedition
expedidor (el)	Absender, Versender
expedir	versenden, verfrachten, verladen
experiencia laboral	Arbeitserfahrung
expirar	ablaufen
exportación	Export, Ausfuhr
exportador (el)	Exporteur
exportar	exportieren, ausführen
extender	ausstellen; ausbreiten; sich erstrecken
extensión	Umfang; Nebenstelle (Tel.)
extracto de cuenta	Kontoauszug
EXW	(siehe Incoterms, S. 200)

F

fábrica	Fabrik
fabricación	Fabrikation
fabricante (el)	Fabrikant, Hersteller
fabricar	herstellen
factoría	Werk, Fabrik
factura	Rechnung
~ comercial	Handelsrechnung
~ consular	Konsulatsfaktura
~ de exportación	Außenhandelsrechnung
~ proforma	Proforma-Rechnung
facturación	Rechnungsstellung, Fakturierung
fallecimiento	Tod, Todesfall
fallos de fabricación	Fabrikationsfehler
fardo	Ballen
FAS	(siehe Incoterms, S. 201)
FCA	(siehe Incoterms, S. 201)
fecha tope	letzte Frist
feria	Messe, Ausstellung
ferrocarril (el)	Eisenbahn
ferroníquel (el)	Eisennickel
fibra sintética	Kunstfaser
fieltro	Filz
filial (la)	Tochtergesellschaft
firma	Unterschrift; Firma
firmar	unterschreiben, unterzeichnen
fleje (el)	Bandeisen, Eisenband
~ de acero	Stahlband
fletador (el)	Befrachter
fletante (el)	Verfrachter

flete (el)	Fracht
~ debido	frachtunfrei
~ pagado	frachtfrei
FOB	(siehe Incoterms, S. 201)
folio	Blatt, Folio
folleto	Prospekt, Broschüre
fomentar	fördern
fondos	Kapital, Vermögen, Geldmittel
forestal	Forst..., Wald...
forja	Schmiede
formación profesional	Berufsausbildung
formalizar	ausfertigen, Vordruck ausfüllen
franchising (el)	Franchising
franquear	frankieren, freimachen
franqueo	Porto, Freimachung, Postgebühren
~ concertado	Porto bezahlt, Gebühr bezahlt beim Postamt
~ en destino	Porto zahlt Empfänger
~ estampado	Porto bezahlt, Freistempelung
~ pagado	Porto bezahlt
franquicia	Gebührenfreiheit; Franchising; Selbstbeteiligung (Versicherung)
frasco	Flakon, Flasche
frágil	zerbrechlich
fuente (la) de aprovisionamiento	Bezugsquelle
fuero	Gerichtsstand
fuerza mayor	höhere Gewalt
fundación	Gründung
fundador (el)	Gründer
fundar	gründen
fundición	Gießerei, Schmelzhütte
fundir	gießen, schmelzen

G

gabarra	Lastkahn
gama de productos	Produktpalette
ganadería	Viehzucht
garantía	Garantie
garrafa	Korbflasche, Karaffe
gas (el) natural	Erdgas
gastos	Ausgaben, Spesen, Auslagen, Kosten
gato hidráulico	hydraulischer Wagenheber
género	Ware
gentilicio	Länderadjektiv
gerente (el/la)	Geschäftsführer(in)
gestión (la)	Geschäftsführung
girador (el)	Aussteller, Trassant (Wechsel)
girado	Bezogener, Trassat
girar	überweisen, ausstellen; (Wechsel) ziehen, trassieren
giro	Giro, Geldüberweisung; Anweisen, Ausstellen; Wechsel, Tratte
~ internacional	Auslandspostanweisung
~ nacional	Inlandspostanweisung
~ postal	Postanweisung, Postüberweisung
~ telegráfico	telegrafische Überweisung, telegrafische Anweisung
golpe (el)	Schlag, Stoß
granel (el): a ~	offen, unverpackt, lose
grata	Schreiben, Brief
gratuito	gratis, kostenlos
grifería	Armaturen
guardar en lugar fresco	kühl aufbewahren
guía (el)	Führer, Reiseführer (Person)
guía (la)	Führer, Reiseführer (Buch)
~ telefónica	Telefonbuch

H

habitación	Zimmer
~ doble	Doppelzimmer
~ individual	Einzelzimmer
herramienta	Werkzeug
historial (el)	Lebenslauf, Personalakte
hoja	Blatt
hoja-formulario	Formular
homónimo	Homonym
horario	Arbeitszeit; Fahrplan, Stundenplan
horas extraordinarias	Überstunden
horticultura	Gartenbau, Gärtnerei
hospitalidad (la)	Gastfreundschaft
hostelería	Gaststättengewerbe
huelga	Streik
hundimiento	Untergang, Sinken

I

I.V.A. (Impuesto sobre el Valor Añadido)	Mehrwertsteuer
idioma (el)	Sprache
~ materno	Muttersprache
~ nativo	Muttersprache
iglú / igloo	Iglu
imán (el)	Magnet
impago	Nicht(be)zahlung
implantación	Einführung
importación	Import, Einfuhr
importador (el)	Importeur
importar	importieren, einführen
importe (el)	Betrag, Summe
~ global	Pauschalbetrag, Gesamtbetrag
~ parcial	Teilbetrag
impreso	Drucksache
~ sin dirección	Wurfsendung
impresora	Drucker
impuestos	Steuern, Abgaben
imputar	zuweisen; beschuldigen
in situ	an Ort und Stelle
inaugurar	einweihen, eröffnen
incendio	Brand
incluir	einschließen
incoterms	Incoterms
incumplimiento	Nichterfüllung
incurrir en mora	in Verzug geraten
indemnización	Schadenersatz, Entschädigung
indemnizar	entschädigen
indexación postal	Postleitzahl
industria	Industrie
~ minera	Bergbau
~ nuclear	Atomindustrie
~ siderúrgica	eisenschaffende Industrie, Eisenhüttenwesen
informática	Informatik
infringir	verletzen, übertreten
infundado	grundlos, unbegründet
ingeniero	Ingenieur
ingreso	Einnahme, Eintritt
iniciales (las) de identificación	Diktatzeichen
inscripción	Einschreibung, Anmeldung
insertar un anuncio	Annonce, Anzeige aufgeben
inspector sanitario	Gesundheitsinspektor
instrucciones de uso	Gebrauchsanweisung, -anleitung
intercalado	eingeschoben
intereses (los)	Zinsen
~ de demora	Verzugszinsen
~ devengados	angefallene Zinsen
~ moratorios	Verzugszinsen
interés (el)	Interesse; Zins
interiorismo	Innendekoration
interjección	Interjektion
intermediario	Vermittler, Agent
inversión	Investition
inversor (el)	Investor
invertir	investieren
invitación	Einladung
irrogar	(Schaden) verursachen
itinerario	Weg, Route, Strecke

J

jaula	Lattenverschlag
jefe (el)	Chef
jeringa	Spritze
jeringuilla	kleine Injektionsspritze
jornada	Arbeitszeit; Arbeitstag
joyería	Schmuck...; Juwelen...
jubilado	pensioniert, im Ruhestand
judicial	gerichtlich, richterlich Gerichts ..., Rechts ...
juego de llaves	Schlüsselsatz
juegos de azar	Glücksspiele
juguete (el)	Spielzeug
jurisdicción	Rechtsprechung
justificado	gerechtfertigt
justificante	Beleg, Quittung, Bescheinigung
juzgado	Gericht

L

labores (las)	Handarbeiten
laca	Lack
laconismo	Einsilbigkeit
laminación	Walzen, Walzung
lámpara	Lampe
lana	Wolle
lanzamiento	Lancierung (eines Artikels); auf den Markt bringen
lata	Blech; Dose
lavanda	Lavendel

legislación	Gesetzgebung
lengua	Sprache
~ materna	Muttersprache
~ nativa	Muttersprache
lenguaje (el)	Sprache; Fachsprache
letra	Wechsel
~ aceptada	akzeptierter Wechsel
~ a día fijo/fecha fija	Tagwechsel
~ a la vista	Sichtwechsel
~ a tantos días fecha/meses fecha	Datowechsel
~ a tantos días vista/meses vista	Nachsichtwechsel
~ de cambio	gezogener Wechsel, Tratte
~ girada a la propia orden	Eigenorderwechsel
~ girada al propio cargo	Solawechsel
~ girar una letra contra	Wechsel ziehen auf
~ timbrada	mit Steuermarke versehener Wechsel
librar una ~	Wechsel ausstellen
poner en circulación una ~	Wechsel in Umlauf setzen
ley (la)	Gesetz
Ley de Enjuiciamiento civil	Zivilprozeßordnung
Ley de Enjuiciamiento penal	Strafprozeßordnung
librado	Bezogene(r), Trassat
librador (el)	Aussteller, Trassant
librar	(Wechsel) ziehen
libreta de ahorros	Sparbuch
licencia	Lizenz, Genehmigung
~ de exportación	Exportlizenz
~ de importación	Importlizenz
licenciado	spanischer Universitätsabschluß nach fünfjähriger Studienzeit
licenciatario	Lizenznehmer
licitación pública	öffentliche Ausschreibung
líder	führend
linaza	Leinsamen
liquidación de viajes	Reisespesenabrechnung
liquidar	abrechnen; Rechnung begleichen
lista	Liste
~ de contenido	Packliste
~ de Correos	postlagernd
~ de precios	Preisliste
litigio	Rechtsstreit
lote (el)	Posten, Partie
lucro cesante	imaginärer Gewinn
lugar (el) de cumplimiento	Erfüllungsort

Ll

llave (la) del portabrocas	Bohrfutterschlüssel
llavero	Schlüsselring

M

mancomunar	vereinen
manipulación	Handhabung, Bedienung; Bearbeitung
mano (la) de obra	Arbeitskraft
manta de polietileno con burbujas	Folie mit Luftkissen
mantenimiento	Unterhalt, Wartung
manutención	Unterhalt, Verpflegung
marca	Marke, Warenzeichen
marcaje (el)	Markierung
marcar	markieren
marcas	Warenzeichen, Markierungen
maremoto (el)	Seebeben
margen (el)	Rand; Spielraum; Spanne
mariscos	Meeresfrüchte
marketing (el)	Marketing
mármol (el)	Marmor
matasellos (el)	Poststempel
materia prima	Rohstoff
material (el)	Material, Stoff
~ barrera	Schutzmaterial
~ espumoso	Schaumstoff
~ fotográfico	Fotomaterial
~ médico	medizinisches Gerät
matrícula	Einschreibung, Immatrikulation; Matrikel, Register; polizeiliches Kennzeichen (Auto)
mecanografía	Maschineschreiben
mediar	vermitteln

medida	Maßnahme, Maß
medio de transporte	Transportmittel
melisa	Melisse
melocotón	Pfirsich
membrete (el)	Briefkopf
mercadería	Ware
mercado	Markt
~ Común	Gemeinsamer Markt
mercadotecnia	Marketing
mercancía	Ware
mercurio	Quecksilber
metales no férricos	Nicht-Eisenmetalle
mineral (el) de hierro	Eisenerz
Ministerio del Ambiente	Umweltministerium
mobiliario	Mobiliar
módulos de oficina	Büromodule
mojadura	Nässe
moneda	Währung, Münze
~ convertible	konvertierbare Währung
monitor (el)	Bildschirm
montaje (el)	Montage
montante (el)	Betrag
mora	Verzug
moroso	säumig (Zahlung)
muebles (los) de oficina	Büromöbel
muelle (el)	Kai, Mole
muestra	Muster, Probe
multa	Geldstrafe
multisectoral	Vielsektoren-, Mehrsektoren-

N

napa	Nappa (-leder)
naufragio	Schiffbruch
náutica	Nautik, Seefahrt
navegación interior	Binnenschiffahrt
navío	Schiff
negligencia	Nachlässigkeit, Fahrlässigkeit
níquel (el)	Nickel
no tumbar	nicht werfen
nombre (el)	Name
~ colectivo	Sammelname
~ propio	Eigenname
nominativo	namentlich, Namens ...
nota	Note, Vermerk, Mitteilung, Anzeige
~ de abono	Gutschrift
~ de cargo	Lastschrift
~ de pedido	Bestellschein

O

objeto asegurado	versicherter Gegenstand
obligación	Verpflichtung
obsequio	Geschenk
oca	Gans
ofensivo	beleidigend
oferta	Angebot
~ detallada	detailliertes Angebot
~ en firme	verbindliches Angebot; Festangebot
~ sin compromiso	freibleibendes Angebot, unverbindliches Angebot
~ (no) solicitada	(un)verlangtes Angebot
hacer una ~	Angebot machen
petición de ~	Anfrage
solicitud de ~	Anfrage
someter una ~	Angebot unterbreiten
ofertar	anbieten
Oficina de Empleo	Arbeitsamt
ofimática	Büro- und Kommunikationstechnik
ofrecer	anbieten
oleaginosas	Ölfrüchte
omitir	auslassen, unterlassen
operación	Tätigkeit, Geschäft
~ comercial	Handelsgeschäft
oporto	Portwein
oposición	Auswahlprüfung, Ausschreibung
opositor (el)	Bewerber, Kandidat
optar al cargo	sich für eine Stelle bewerben
óptica	Optik
optrónica	Optronik
orden (el)	Ordnung
orden (la)	Order, Auftrag
~ de compra	Kauforder, Kaufauftrag
~ de pago contra entrega de documentos	Zahlung gegen Dokumente
~ de pago documentaria	Zahlung gegen Dokumente
~ de pago simple	einfache Zahlungsanweisung (Überweisung)

ordenador (el)	Computer
ordenante (el)	Auftraggeber
ordenar	anweisen, beauftragen, anordnen, verfügen
organismo oficial	Behörde
outsider (el)	Outsider
ovillo	Knäuel

P

pabellón (el)	Pavillon; (Messe-)Halle; Flagge
pactar	vereinbaren, abmachen, Vertrag schließen
pagadero	zahlbar
pagar	zahlen
pago	Zahlung
~ a cuenta	Abschlags-, Akontozahlung
~ al contado	Barzahlung
~ al contado contra documentos	Zahlung Kasse gegen Dokumente
~ anticipado	Vorauszahlung
~ aplazado	Zielzahlung, Zahlung auf Ziel
~ a plazos	Ratenzahlung
~ diferido	Zielzahlung, Ratenzahlung
~ documentos contra aceptación	Dokumente gegen Akzept
~ fraccionado	Teilzahlung
~ parcial	Teilzahlung
~ previo	Vorauszahlung
aviso de ~	Zahlungsanzeige
condiciones de ~	Zahlungsbedingungen, -konditionen
forma de ~	Zahlungsform
lugar de ~	Zahlungsort
modalidades de ~	Zahlungsmodalitäten
obligación de ~	Zahlungsverpflichtung
satisfacer un ~	Zahlung leisten
palacio ferial	Ausstellungspalast
paleta	Palette
paletización	Palettisierung
pantalla	Bildschirm
papel (el)	Papier
~ aceitado	Ölpapier
~ asfáltico	bituminiertes Papier
~ embreado	geteertes Papier
~ encerado	Wachspapier
~ parafinado	paraffiniertes Papier, Wachspapier
~ plastificado	kunststoffbeschichtetes Papier
~ preparado	behandeltes Papier
paquete (el)	Paket
~ pequeño	Päckchen
participación	Mitteilung; Beteiligung, Anteil
participante (el/la)	Teilnehmer(in)
participar	mitteilen; sich beteiligen
partida	Partie, Posten
pasar por alto	übersehen
patente (la)	Patent, Zertifikat; offensichtlich, offenkundig, klar
paté (el)	Paté, Pastete
pechuga de pollo	Hähnchenbrust
pedido	Auftrag, Bestellung
~ a título de prueba	Auftrag zur Probe
~ regular	regelmäßiger Auftrag
aceptación del ~	Auftragsannahme
cartera de ~s	Auftragsbestand
confirmación de ~	Auftragsbestätigung
cursar un ~	Auftrag erteilen, Bestellung aufgeben
ejecutar un ~	Auftrag ausführen
formular un ~	Auftrag erteilen
hacer un ~	Auftrag erteilen
nota de ~	Bestellschein
pasar un ~	Auftrag erteilen
servir el ~	Auftrag ausführen
volumen del ~	Auftragsvolumen, -umfang
pedir	bestellen, anfordern; bitten, fordern, verlangen
pendiente	unerledigt; offen; schwebend
penetración	Eindringen
percance (el)	Zwischenfall, Mißgeschick, Unfall
perfección de un contrato	Abschluß eines Vertrages
perfil (el)	Profil
periodista (el/la)	Journalist(in)
perjuicio	Schaden, Nachteil
personalidad (la) jurídica	Rechtspersönlichkeit
pesaje (el)	Wiegen
pésame (el)	Beileid
pesar	wiegen
peso	Gewicht
petición de oferta	Anfrage

petróleo	Erdöl
piel (la)	Leder; Pelz
pino	Pinie; Fichte
piña	Ananas
piso	Wohnung; Stockwerk
planta	Stockwerk
plantación	Pflanzung; Plantage
plantilla	Belegschaft
plata	Silber
plataforma de carga	Ladeplatte
platería	Silberwaren
plaza	Ort, Platz, Stelle
~ marítima	Seehandelsplatz, Seehafenplatz
~ vacante	freie Stelle
en esa ~	dort
en esta ~	hier
plazo	Frist
~ de entrega	Lieferfrist
~ de pago	Zahlungsfrist
plomo	Blei
población	Bevölkerung
polietileno	Polyäthylen
bolsa de ~	Plastiktüte, (Polyäthylen-)Tüte
política económica	Wirtschaftspolitik
póliza	Police
~ abierta	offene Police, Abschreibepolice
~ de fletamento	Charterpolice
~ de seguro	Versicherungspolice
~ flotante	Abschreibepolice
~ individual	Einzelpolice
por delegación	in Vertretung
por orden	im Auftrag
por poder	per Prokura
porte (el)	Porto, Fracht
~ debido	unfrei, unfrankiert, frachtunfrei, "Fracht zahlt Empfänger"
~ ordinario	gewöhnliche Portogebühren
~ pagado	frei, "Porto bezahlt"; frachtfrei
porteador (el)	Frachtführer, Verfrachter
~ aéreo	Luftfrachtführer
posponer	verschieben
postergación	Hintansetzung
postulante (el/la)	Bewerber(-in)
preceptivo	vorschriftlich, Vorschrifts...
precinto	Banderole, Verschluß, Plombe
precio	Preis
~ a tanto alzado	Pauschalpreis
~ competitivo	wettbewerbsfähiger Preis, konkurrenzfähiger Preis

~ favorable	günstiger Preis
~ sujeto a variación	Preisänderungen möglich
~ total	Gesamtpreis
~ unitario	Stückpreis
~s vigentes	geltende Preise, gültige Preise
aumento de ~	Preiserhöhung
aminoración del ~	Preisminderung
prefijo	Vorsilbe; Vorwahlnummer
prendas deportivas	Sportbekleidung
prensa	Presse
presentación	Vorstellung; Aufmachung
pretensiones económicas	Gehaltswünsche
prima (de seguro)	Versicherungsprämie
procedimiento procesal	Prozeßverfahren
procesamiento de textos	Textverarbeitung
procurador (el)	Prozeßbevollmächtigter, Anwalt
producto	Produkt, Erzeugnis
productos afines	verwandte Produkte
promocionar	fördern
promoción	Förderung
promotor (el)	Förderer
promover	fördern
prórroga	Verlängerung; Stundung
prospección sectorial	Markterkundung
prospecto	Prospekt
protección	Schutz
~ del medio ambiente	Umweltschutz
~ estanca	Nässeschutz
~ pelable	abziehbare Schutzschicht
proteger	schützen
~ contra el calor	gegen Hitze schützen
~ contra la humedad	gegen Feuchtigkeit, Nässe schützen
protestar	protestieren
protesto	Protest
proveedor (el)	Lieferant, Lieferer
proveer	(be-)liefern; versehen mit, ausstatten mit
puericultura	Säuglings-, Kinderpflege
puerta a puerta	von Haus zu Haus
puerto	Hafen
puesto de trabajo	Arbeitsstelle, -platz
pulpa de madera	Holzmaische

punto de salida	Ausgangspunkt
puntuación	Interpunktion, Zeichensetzung

Q

queja	Klage, Beschwerde
quincena	fünfzehn; 14 Tage
quintuplicado	fünffach

R

rama	Zweig
ramo	Branche, Fach
ratón (el)	Maus
razón (la) social	Firmenname
reanudar	wieder aufnehmen
rebaja	Preisnachlaß
rebuscado	gekünstelt (Stil)
recambio: pieza de ~	Ersatzteil
recepcionista (el/la)	Rezeptionist(in)
recepción	Rezeption
rechazar	zurückweisen
rechazo	Ablehnung
recibimiento	Empfang
recibo	Quittung; Empfangsbestätigung
~ a bordo	Steuermannsquittung
recipiente (el)	Behälter
reclamación	Reklamation, Beschwerde
~ de pago	Zahlungsaufforderung
reclamante (el)	Reklamant
reclamar	reklamieren, fordern, verlangen
recordatorio	Erinnerungsschreiben
~ de pago	Zahlungserinnerung
recurrir a	zurückgreifen auf
recurso	Rechtsmittel
red (la) de distribución	Verteilungsnetz, Verteilernetz, Vertriebsnetz
redundancia	Redundanz
re(e)mbolso	Rückzahlung, Rückerstattung
re(e)mbolsar	zurückzahlen, rückerstatten
reexpedición	Rücksendung, Nachsendung
referencia	Referenz, Auskunft, Empfehlung
regalo	Geschenk
Registro Mercantil	Handelsregister
regulación	Regelung, Regulierung
rehusar	ablehnen, abschlagen (Bitte)
relación	Beziehung, Verhältnis, Aufzählung, Aufstellung, Liste
relaciones comerciales	Geschäftsbeziehungen
rellenar	ausfüllen
relojería	Uhrmacherei, Uhrmacherhandwerk
rembolso	Rückzahlung, Rückerstattung
remesa	Sendung
~ documentaria	Dokumenteninkasso
~ simple	einfaches Inkasso
remitente (el/la)	Absender(in)
remitir	schicken, senden, versenden
remolque (el)	Anhänger
remuneración	Vergütung, Entgelt, Lohn
rendimiento	Leistung
reparación	Reparatur, Ausbesserung
reparto	Verteilung, Lieferung
reponer	ersetzen
reposición	Ersetzung, Rückerstattung
representación exclusiva	Allein-, Exklusivvertretung
representante (el/la)	Vertreter(in)
repuesto	Ersatzteil
requerimiento de pago	Zahlungsaufforderung
rescindir	auflösen, kündigen
rescisión del contrato	Vertragsauflösung, -kündigung
reseña	Zusammenfassung
reserva de dominio	Eigentumsvorbehalt
residente	wohnhaft
resolución	Entschluß, Beschluß
responsable	verantwortlich
respuesta comercial	Werbeantwort
restauración	Wiederherstellung
retraso	Verzug, Verspätung, Verzögerung
retribución	Vergütung, Entgelt
revalorización	Aufwertung
riesgo	Risiko, Gefahr
ro-ro: sistema ~	Roll-on/Roll-off-System, Ro/Ro-System
robótica	Robotik
rodeos: sin ~	ohne Umschweife
romero	Rosmarin
ron (el)	Rum
roto	zerbrochen, beschädigt, entzwei
rotura	Brechen, Bruch, Riß, Sprung

ruta	Weg, Route
RUU (Reglas y Usos Uniformes relativos a los Créditos Documentarios)	Einheitliche Richtlinien für Dokumentenakkreditive (ERA)

S

saco	Sack; Tüte
~ de papel	Papiersack
~ de plástico	Plastiksack
~ de tela	Leinensack
sala de actos	Vortragsraum, Versammlungsraum
saldar	saldieren, begleichen, ausgleichen, abrechnen
saldo	Saldo
~ acreedor	Habensaldo
~ deudor	Sollsaldo
salitre (el)	Salpeter
salmón trufado	Lachs mit Trüffeln
saludo	Gruß, Begrüßung
salvo	vorbehaltlich
~ casos de fuerza mayor	vorbehaltlich Fälle höherer Gewalt
~ venta previa	Zwischenverkauf vorbehalten
saneamiento	Sanierung
sangría	Einrücken der Zeile
satisfacer	befriedigen, leisten
~ un pago	Zahlung leisten
~ una deuda	Schuld zahlen
secretaria	Sekretärin
~ de dirección	Chefsekretärin
~ ejecutiva	Direktionssekretärin
secretaría	Sekretariat, Geschäftsstelle
secreto industrial	Betriebsgeheimnis
sede (la)	Sitz
~ central	Hauptsitz
seguro	Versicherung
~ de crédito a la exportación	Ausfuhrkreditversicherung
~ de diferencias de cambio	Kursrisikoversicherung
~ de elevación de costos	Preisrisikoversicherung
~ económico	Versicherung gegen ökonomische Risiken
selección	Auswahl
sello de correo	Briefmarke
semibloque (el)	Halbblockform
serrín (el)	Sägemehl
servicio	Dienst, Dienstleistung
~ municipal	kommunale Dienstleistung
~ oficial	öffentliche Dienstleistung
~ postal	Postdienst, Postverkehr
~ postventa	Kundendienst
servil	unterwürfig
servir un pedido	einer Bestellung nachkommen; Auftrag ausführen
siderometalurgia	Hüttenwesen
sierra de calar adaptable	Dekupiersäge
sigla comercial	Handelsabkürzung
sin compromiso	unverbindlich
siniestro	Schaden, Schadensfall
sobretasa	Zuschlag, Sondergebühr
sociedad (la)	Gesellschaft
~ anónima (S.A.)	Aktiengesellschaft
~ de consultoría	Consulting-Gesellschaft, Unternehmensberatung
~ de responsabilidad limitada (S.R.L.)	Gesellschaft mit beschränkter Haftung
~ de selección de personal	Personalberatungsunternehmen
~ en comandita (S. en C.)	Kommanditgesellschaft
~ regular colectiva (S.R.C.)	offene Handelsgesellschaft
socio	Gesellschafter
~ accionista	Aktionär
~ colectivo	Komplementär
~ comanditario	Kommanditist
soldadura	Schweißen
solicitante (el/la)	Antragsteller(in), Bewerber(in)
solicitar	ersuchen, bewerben, beantragen
solicitud (la)	Gesuch, Antrag
~ de empleo	Bewerbung
~ de oferta	Anfrage, Angebotsanforderung
soltero	ledig
solución amistosa	gütliche Einigung
someter una oferta	Angebot unterbreiten
stand (el)	Stand
stock (el)	Stock, Lagerbestand
subcontratación	Abschließung eines Untervertrages

sucursal (la)	Niederlassung, Filiale, Zweigstelle
sueldo	Gehalt
suministrador (el)	Lieferant
suministrar	liefern
suministro	Lieferung
superfluo	überflüssig, entbehrlich, unnötig
surtido	Sortiment
suscribir	abonnieren
suscripción	Abonnement
suscriptor (el)	Abonnent

T

taladradora de percusión	Schlagbohrer
talón (el) de cuenta corriente	(Privat-)Scheck
tambor (el)	Trommel
tapa	Deckel, Verschluß, Abdeckung
taquigrafía	Stenographie
tardanza	Verzögerung, Verspätung
tarjeta	Karte
~ de cobro	Zahlkarte
~ de comprador	Kundenkarte
~ de crédito	Kreditkarte
~ postal	Postkarte
tasa	Gebühr, Taxe; Rate
teclado	Tastatur
telecomunicaciones	Telekommunikation
telecopia	Fernkopie
telefacsímil (el)	Telefaksimil
telefax (el)	Telefax
telegrama (el)	Telegramm
Teleimpresor (el)	Fernschreiber
teletex (el)	Teletex
télex (el)	Telex
temporada	Saison
tenedor (el) de una letra	Wechselnehmer
termómetro	Thermometer
tesis (la) doctoral	Doktorarbeit
testimonio	Zeugnis, Bescheinigung
textura	Faserung, Struktur
tienda	Laden, Geschäft
tipo de interés	Zinssatz
titularidad	Rechtsinhaberschaft
título de propiedad	Besitztitel
tocar	Hafen anlaufen
tomador (el) de una letra	Wechselnehmer
tomillo	Thymian
tomo	Band
tonel (el)	Tonne, Faß
tonelada	Tonne
tráfico contenerizado	Containerverkehr
trámite(s) (los)	Formalitäten, Angelegenheiten
transbordo	Umladen, Umschlag (von Gütern)
transferencia bancaria	Banküberweisung
transformación	Umwandlung; Verarbeitung
transitario	Transithändler
transmisión	Übertragung
transporte (el)	Transport
~ aéreo	Lufttransport
~ agrupado	Sammeltransport
~ combinado	kombinierter Transport
~ fluvial	Flußtransport
~ lacustre	Binnenseetransport
~ marítimo	Seetransport
~ multimodal	multimodaler Transport
~ por aguas interiores	Binnengewässertransport
~ por ferrocarril	Eisenbahntransport
~ terrestre	Landtransport
transportista (el)	Transporteur, Spediteur, Frachtführer
trastorno	Störung; Schaden; Unannehmlichkeit
tratamiento de superficies	Oberflächenbehandlung, -bearbeitung
tren (el) de carretera	Lastzug
tribunal (el)	Gericht
~ competente	zuständiges Gericht
trilingüe	dreisprachig
triplicado	dreifach
turno	Schicht

U

unidad (la)	Einheit
~ de carga	Ladeeinheit
urgencia	Dringlichkeit
usuario	Benutzer, Anwender, Kunde
usuario-destinatario	Empfänger einer Postsendung

V

validez	Gültigkeit
válido	gültig
valor	Wert
varada	Auflaufen, Strandung
velocidad (la)	Geschwindigkeit
a gran ~	Eilgut
a pequeña ~	Frachtugt
vencimiento	Fälligkeit
venda elástica	elastische Binde
vendedor (el)	Verkäufer
venta	Verkauf, Vertrieb, Absatz
~ a ensayo o prueba	Kauf auf Probe
~ con reserva de dominio	Verkauf unter Eigentumsvorbehalt
~ directa	direkter Absatz, Direktverkauf
~ en comisión	Kommissionsverkauf
~ en firme	Festverkauf
~ indirecta	indirekter Absatz
~ sobre muestra	Kauf nach Muster, Kauf nach Probe
verificar	bestätigen, nachweisen, prüfen
vía	Weg
~ aérea	Luftweg
~ legal	Rechtsweg
~ marítima	Seeweg
~ terrestre	Landweg
viaje (el) de prospección	Reise zur Kontaktaufnahme und Erkundung des Marktes
vicios de la mercancía	Warenmängel
vidrio	Glas
viruta	Span
visado	Visum
vista: a la ~	bei Sicht
vocativo	Vokativ
vuelta de correo: a ~	postwendend

Z

zanjar	(Streit) schlichten
zarpar	auslaufen (Schiff)
zona de libre comercio	Freihandelszone

Alemán – Español

A

abfertigen	despachar
Abgang	salida
ablaufen (Frist)	expirar, vencer (plazo)
ablehnen	rehusar, denegar
Ablehnung	rechazo, denegación
Abnahme (Kauf)	compra
Abonnement	suscripción
Abonnement-erneuerung	renovación de la suscripción
Abonnent	suscriptor (el)
abonnieren	suscribir
Abschlagszahlung	pago a cuenta
Abschreibepolice	póliza flotante, ~ abierta
Abschrift	copia
Absender	remitente (el), expedidor (el)
Abteilung	departamento
abtreten	ceder
Abtretung	cesión
abweichen	diferir, divergir
abweisen	rechazar
abziehen (Betrag)	descontar, deducir (importe)
Accesoires (Mode)	complementos
Adresse	dirección, señas
Aerogramm	aerograma (el), carta-sobre avión
Agent	agente (el)
Agentur	agencia
Akkreditiv	crédito documentario
back-to-back ~ (Gegenakkreditiv)	~ respaldado
bestätigtes ~	~ confirmado
green-clause ~	~ con cláusula verde
nicht übertragbares ~	~ intransferible
red-clause ~	~ con cláusula roja
revolvierendes ~	~ rotativo
übertragbares ~	~ transferible
unbestätigtes ~	~ no confirmado
Akkreditivbestätigung	confirmación de ~
Akkreditiveröffnung	apertura de ~
Akontozahlung	pago a cuenta
Aktie	acción
Aktiengesellschaft (AG)	sociedad anónima (S.A.)
Akzept	aceptación
Akzeptant	aceptante (el)
akzeptieren	aceptar
Akzeptierung	aceptación
Alleinvertretung	representación exclusiva
Allgemeinbildung	cultura general
Allgemeine Geschäftsbedingungen	condiciones generales de negocios
an Ort und Stelle	in situ
Analysenzertifikat	certificado de análisis
anbieten	ofrecer, ofertar
Anbieter	oferente (el), ofertante (el)
Anfrage	petición de oferta, solicitud (la) de oferta
Angebot	oferta
~ machen	hacer una ~
~ unterbreiten	someter una ~
unverbindliches (freibleibendes) ~	~ sin compromiso
verbindliches ~	~ en firme
Angelegenheit	asunto
Angestellter	empleado
kaufmännischer ~	administrativo
Anklang finden	encontrar buena acogida
Anlagen	anexos
Anmeldeformular	hoja de inscripción

Annahme	aceptación
annehmen	aceptar
Annehmer	aceptante (el)
Annonce	anuncio, aviso
~ aufgeben	anunciar
Annullierung	anulación, cancelación
annullieren	anular, cancelar
Anrede (Brief)	encabezamiento (carta)
Anschrift	dirección, señas
Anstellung	colocación
Anstieg	aumento
Anteil	participación
Antragsteller(in)	solicitante (el/la)
Anwalt	abogado
anweisen (Zahlung)	ordenar (pago)
Anzeige	anuncio, aviso
Arbeitsamt	Oficina de Empleo
Arbeitskraft	mano (la) de obra
Arbeitsplatz, -stelle	puesto de trabajo
Arbeitstag	jornada de trabajo
Arbeitsverhältnis	relación laboral
Arbeitszeit	horario de trabajo
Aufdruck	texto impreso
Auffassungsgabe	capacidad (la) de comprensión
Aufmachung (Produkt)	presentación (producto)
Aufschwung	auge (el)
Aufstieg	ascenso
Auftrag	pedido, orden (la)
~ ausführen	ejecutar un pedido, servir un pedido
~ erteilen	hacer un pedido, pasar un pedido, cursar un pedido, formular un pedido
~ zur Probe	pedido a título de prueba
Auftragsannahme	aceptación del pedido, aceptación de venta
Auftragsbestand	cartera de pedidos
Auftragsbestätigung	confirmación del pedido
Auftragsvolumen	volumen (el) de pedido
Aufzählung	enumeración
Ausfertigung	copia
Ausfuhr	exportación
Ausfuhrkreditversicherung	seguro de crédito a la exportación
ausführen	exportar
ausfüllen	rellenar
Ausgaben	gastos
Ausgangspunkt	punto de salida
Auslagen	gastos
Auslandsabteilung	departamento de extranjero
Auslandspostanweisung	giro internacional
auslaufen (Flüssigkeit)	derramarse (líquido)
auslaufen (Schiff)	zarpar (buque)
auspacken	desembalar, desempaquetar
Ausrüstungsgüter	bienes (los) de equipo
Ausschreibung	convocatoria, oposición, licitación
ausstellen	extender, girar, librar (cheque, letra); exponer (feria)
Aussteller	girador, librador (cheque, letra); expositor (feria)
Ausstellung	feria, exposición
Ausstellungsfläche	superficie (la) de exposición
Auswahl	selección
Ausweis	carnet (el)
Außenhandel	comercio exterior
Außenhandelsrechnung	factura de exportación, factura comercial
Autobahn	autopista
Aval	aval (el)
Avalist	avalista (el)
Avis	aviso

B

Ballen	bala, fardo
Banane	plátano; banana (Am.)
Bandeisen	fleje
Banderole	precinto
Bank	banco
akkreditivstellende ~	~ emisor
auszahlende ~	~ pagador
avisierende ~	~ avisador (notificador)
eröffnende ~	~ emisor
Bankakzept	aceptación bancaria
Bankaval	aval (el) bancario
Bankkonto	cuenta bancaria, cuenta corriente
Bankleitzahl	código bancario
Bankkredit	crédito bancario
Banknote	billete bancario
Bankscheck	cheque bancario
Banküberweisung	transferencia bancaria

Bankverbindung	cuenta bancaria, cuenta corriente
Barkasse	barcaza
Barscheck	cheque abierto
Barzahlung	pago al contado, pago en efectivo
Batterie	batería, pila
be- und entladen	cargar y descargar
beantragen	solicitar
bedienen (Kunden)	atender
Bedingungen	condiciones
Befrachter	fletador
Befremden	extrañeza
begleichen	pagar, abonar, saldar, cancelar, satisfacer
Begleichung	pago, abono, cancelación, satisfacción
Begünstigter	beneficiario
Behälter	recipiente (el)
Behörde	autoridad (la), administración
beifügen	adjuntar
Beilegung von Streitigkeiten	arbitraje, arreglo de litigios
Beileid	condolencia, pésame (el)
belasten	cargar
Beleg	comprobante (el), justificante (el), recibo
Belegschaft	plantilla, personal (el)
Benutzer	usuario
Berufsausbildung	formación profesional
Berufserfahrung	experiencia profesional
Beschäftigung	empleo
Bescheinigung	certificado
Beschwerde	queja, reclamación
bestätigen	confirmar
Bestätigung	confirmación; certificado
bestellen	pedir
Bestellkarte (Abonnement)	boletín (el) de suscripción
Bestellschein	nota de pedido, boletín (el) de pedido
Bestellung	pedido
~ aufgeben	hacer un ~, cursar un ~
~ ausführen	ejecutar un ~, servir un ~
~ stornieren	anular un ~
Beteiligung	participación
Betrag	importe (el), cantidad (la), suma, montante (el)
Betreff	asunto, referencia
Betriebsgeheimnis	secreto industrial
Betriebsleitung	dirección de la empresa
Betriebswirtschaftslehre	Ciencias Empresariales
Bevollmächtigter	apoderado
bewerben (Arbeitsstelle)	solicitar (un puesto de trabajo)
Bewerber	postulante (el), aspirante (el), solicitante (el)
Bewerbung	solicitud (la) de empleo
bezahlen	pagar
Bezogener	librado, girado
Bezugsquelle	fuente (la) de aprovisionamiento
Bilanz	balance (el)
Bildschirm	pantalla, monitor
Binnengewässer	aguas interiores
Binnenschiffahrt	navegación interior
Blatt	hoja
Blindensendung	cecograma (el)
Blockform	bloque (el)
Bordkonnossement	conocimiento a bordo
Börse	Bolsa
Branche	ramo
Brand	incendio
Breite	ancho, anchura
Brief	carta
Briefkopf	membrete (el)
Briefmarke	sello de correo, estampilla (Am.)
Brieftasche	cartera, billetera (Am.)
Broschüre	catalogo, folleto
Bruch	rotura
Buchhaltung	contabilidad (la)
buchstabieren	deletrear
Bürge(in)	fiador, avalista (el/la)
Bürgschaft	fianza, aval (el)
Bürgschaftsnehmer	avalado
Büro	oficina, despacho
Büroartikel	artículos de oficina
Büromöbel	muebles (los) de oficina
Bundesministerium für Wirtschaft	Ministerio Federal de Economía
Butangas	butano

C

Camping	camping (el)
Caravan	caravan (el)
CFR	(véase Incoterms, p. 202)
Charter	chárter (el)
Charterflugzeug	avión fletado
Charterpolice	póliza de fletamento
Chefsekretärin	secretaria de dirección
Chemietoilette	retrete químico
CIF	(véase Incoterms, p. 203)
CIP	(véase Incoterms, p. 203)
Computer	ordenador (el), computador(a)
Computeranlage	sistema informático
Consulting-Unternehmen	sociedad (la) de consultoría
Container	contenedor (el)
belüfteter ~	~ ventilado
gekühlter ~	~ refrigerado
temperierter ~	~ térmico
Kühl~	~ frigorífico
Containerverkehr	tráfico contenerizado
Courtage	corretaje (el)
CPT	(véase Incoterms, p. 203)

D

DAF	(véase Incoterms, p. 204)
Damenoberbekleidung	confección para señoras
Datowechsel	letra a tantos días fecha, letra a tantos meses fecha
Datum	fecha
Dauer	duración
DDP	(véase Incoterms, p. 204)
DDU	(véase Incoterms, p. 202)
Deck (Schiff)	cubierta (buque)
Decke	manta
Deckel	tapa
Deckungskauf	compra de cobertura
Dekor	decoración
DES	(véase Incoterms, p. 204)
DEQ	(véase Incoterms, p. 203)
Designer	diseñador (el)
Devisen	divisas
Dienstleistung(en)	servicio(s)
Diktatzeichen	iniciales (las) de identificación
Diplomarbeit	trabajo de licenciatura, tesina
Direktionssekretärin	secretaria de dirección, secretaria ejecutiva
Disposition	disposición
Doktorarbeit	tesis (la) doctoral
Dokument	documento
Dokumente gegen Akzept	documentos contra aceptación
Dokumentenakkreditiv	crédito documentario
Dokumenteninkasso	remesa documentaria
Dolmetscher(in)	intérprete (el/la)
Doppelzimmer	habitación doble
Drehsessel	sillón giratorio
dreifach	triplicado
3-Gang-Schaltung	cambio de 3 marchas, cambio de 3 velocidades
dreisprachig	trilingüe
Dringlichkeit	urgencia
Drucker (Computer)	impresora
Druckfehler	error (el) de imprenta
Drucksache	impreso
Durchkonnossement	conocimiento corrido
Durchmesser	diámetro
Durchschrift	copia

E

Eigenorderwechsel	letra girada a la propia orden
Eigentumsvorbehalt	reserva de dominio
Eigentümer	propietario
Eilgut	(mercancías en) gran velocidad
Eilsendung	envío urgente, remesa urgente
ein- und ausladen	cargar y descargar
Einbaukocher	hornillo empotrable
Einfluß	influencia
Einfuhr	importación
einführen	importar
Einführung	introducción
Einführungsrabatt	descuento de introducción, descuento de lanzamiento
Eingang bestätigen	acusar recibo
Eingangsbestätigung	acuse de recibo
Einheit	unidad (la)
Einheitspapier der EG	Documento Unico Aduanero (DUA)
einlösen (Gutschein)	canjear
Einnahmen	ingresos

Einpunktklausel	cláusula de un punto
einschließen	incluir
einschließlich	inclusive
Einschreibegebühren	derechos de matrícula
Einschreiben	certificado
Einschreibesendung	correspondencia certificada, envío certificado
Einschreibung	inscripción
einstellen (Bewerber)	contratar
Eintritt	ingreso
Einverständnis	consentimiento
Einzelhändler	comerciante (el) minorista, ~ detallista
Einzelpolice	póliza individual
Einzelzimmer	habitación individual
einziehen (Verbindlichkeiten)	cobrar
Einzug (Verbindlichkeiten)	cobro
Eisenbahn	ferrocarril (el)
Eisenbahntransport	transporte por ferrocarril
Empfang bestätigen	acusar recibo
Empfänger	destinatario
Empfangsbestätigung	acuse de recibo
Engagement	dedicación al trabajo
Entladung	descarga
entschädigen	indemnizar
Entschädigung	indemnización
Erfolg	éxito
erfüllen	cumplir
Erfüllungsort	lugar (el) de cumplimiento
Erhöhung	aumento
Erinnerungsschreiben	carta recordatoria
eröffnen	abrir; inaugurar
Eröffnung	apertura; inauguración
Ersatz	sustitución, reposición
Ersatzteil	pieza de recambio/repuesto
ersetzen	reponer
Ersetzung	reposición
Erwerb	adquisición
erwerben	adquirir
Etui	estuche (el)
Exemplar	ejemplar
Export	exportación
Exportbedingungen	condiciones de exportación
Exporteur	exportador (el)
Exportgemeinschaft	agrupación de exportadores
exportieren	exportar
Express	correo urgente
EXW	(véase Incoterms, p. 200)

F

Fabrik	fábrica
Fabrikant	fabricante (el)
Fabrikation	fabricación
Fabrikationsfehler	fallo(s) de fabricación
Fachmann	experto
Fachtext	texto técnico
Fachzeitschrift	revista técnica
Fahrrad	bicicleta
Fakturierung	facturación
Fälligkeit (Frist)	vencimiento
Farbe	color (el)
Farb(en)karte	tarjeta de colores, muestrario de colores
Farbkatalog	catálogo en colores
Farbkombination	combinación de colores
Farbstufe	grado de tonalidad
FAS	(véase Incoterms, p. 201)
Faß	barril (el)
Fäulnis	descomposición, putrefacción
FCA	(véase Incoterms, p. 201)
Fehlmenge	cantidad (la) faltante, ~ de menos
Feinkost	comestibles finos
Felgenbremse	freno de llanta
Fernkopie	telecopia
Fernschreiber	teleimpresor (el)
Festangebot	oferta en firme
Feuchtigkeit	humedad (la)
Filiale	sucursal (la); filial (la)
Firma	firma
Firmenleitung	dirección de la empresa
Firmenname	razón (la) social
Firmenstempel	sello de la empresa
Fläche	superficie (la)
gedeckte ~	~ cubierta
Fliese	baldosa (piso); azulejo (pared)
Flußtransport	transporte (el) fluvial
FOB	(véase Incoterms, p. 201)
Folgekosten	costes adicionales, costes complementarios
Förderer	promotor (el)

fördern	fomentar, promover, promocionar
Förderung	promoción
Formalitäten	trámites
Formular	formulario, impreso
Fracht	carga, cargamento, flete (el)
Frachtbrief (Eisenbahn)	carta de porte por ferrocaril
Frachtbrief (Lkw)	carta de porte por carretera
Frachter (Schiff)	carguero
frachtfrei	porte pagado
Frachtführer	porteador
Frachtgut	(mercancías en) pequeña velocidad
Frachtschiff	buque de carga
frachtunfrei	porte debido
Franchising	franchising, franquicia
frankieren	franquear
Freigeländefläche	superficie (la) al aire libre
Fremdaroma	aroma ajeno
Frist	plazo, fecha
letzte ~	fecha límite, último plazo
Frucht	fruto, fruta
Fruchtfleisch	pulpa
führend (Unternehmen)	líder (empresa)
Führungskraft	directivo, ejecutivo
fünffach	quintuplicado
futuristisch	futurista

G

Ganzblockform	bloque extremo
Garantie	garantía
Gastfreundschaft	hospitalidad (la)
Gaststättengewerbe	hostelería
gängig	habitual
Gebrauchsanweisung	instrucciones de uso
Geburtstag	cumpleaños (el)
Gebühren	derechos
Gehalt	sueldo
Gehaltswünsche	pretensiones de sueldo
Geld	dinero
Geldautomat	cajero automático
Geldbörse	monedero, portamonedas (el), bolsa
Geldstrafe	multa

Gemeinsamer Markt	Mercado Común
Genehmigung	autorización
Generalkonsulat	Consulado General
Genesungswünsche	deseos de convalecencia
gerechtfertigt	justificado
Gericht	tribunal (el)
zuständiges ~	~ competente
Gerichtsstand	~ competente, fuero
Gesamtpreis	precio total
Geschäft	negocio
Geschäft (Laden)	negocio; tienda
Geschäftsbrief	carta comercial
Geschäftsführer	gerente (el)
Geschäftsführung	gestión (la), gerencia, administración
Geschäftsreise	viaje (el) de negocios
Geschäftstätigkeit	actividades (las) comerciales
Geschäftsverbindungen	relaciones comerciales
Geschenk	regalo, obsequio
Gesellschaft	sociedad (la), compañía
~ mit beschränkter Haftung (GmbH)	sociedad de responsabilidad limitada (S.R.L.); Am.: compañía limitada (Cía. Ltda.)
Gesellschafter	socio
Gesellschafterversammlung	junta de socios
Gesetz	ley (la)
Gesetzgebung	legislación
Gesuch	solicitud (la), petición
gewähren	conceder
Gewährleistung	garantía
Gewährung	concesión
Gewalt: höhere ~	fuerza mayor
Gewicht	peso
Gewinn	beneficio, ganancia, utilidad (la)
imaginärer ~	lucro cesante, beneficio probable
Gewinnspanne	margen de beneficios
Giro	giro
Gläubiger	acreedor (el)
Glückwunsch	felicitación, enhorabuena
Grammatik	gramática
gratis	gratuito
Grenze	frontera
Grenzspediteur	agente transitario
Großabnehmer	comprador (el) al por mayor
Größe	tamaño

Großmarkt	hipermercado
Großmarktkette	cadena de hipermercados
gründen	fundar
Gründer	fundador (el)
Gründung	fundación
Grundschule	enseñanza básica
Gruß	saludo
gültig	válido, vigente
Gültigkeit	validez (la), vigencia
gutschreiben	abonar, acreditar
Gutschrift	abono, nota de abono, bonificación
Gymnasium	enseñanza secundaria

H

Habensaldo	saldo acreedor
einen ~ aufweisen	arrojar un ~
Halbblockform	semibloque
Handel	comercio
handeln	comerciar
Handels-	comercial
Handelsagent	agente (el) comercial
Handelsbeziehungen	relaciones comerciales
Handelsgesetzbuch	Código de Comercio
Handelskorrespondenz	correspondencia comercial
Handelsmakler	corredor de comercio
Handelspapiere	documentos comerciales
Handelsrechnung	factura comercial
Handelsrecht	Derecho Comercial, Derecho Mercantil
Handelsregister	Registro Mercantil
Händler	comerciante (el)
Handschuhe	guantes (los)
Hauptfach	asignatura principal
Hauptsitz	sede (la) central
Haus	casa
Haus zu Haus-Klausel	cláusula de puerta a puerta
Havarie	avería
große ~	~ gruesa, ~ común
besondere ~	~ particular, ~ simple
Havariekommissar	comisario de averías
herstellen	fabricar
Hersteller	fabricante (el)
Herstellung	fabricación
Hochzeit	boda(s), casamiento
Höhe	altura
höhere Gewalt	fuerza mayor
Holzsteige	bandeja de madera

I

Idiomatik	idiomática
Iglu	iglú, igloo (el)
Import	importación
Importeur	importador (el)
importieren	importar
Importlizenz	licencia de importación
in den Ruhestand treten	jubilarse
Incoterms	incoterms (los)
Indossament	endoso
Indossatar	endosatario
indossieren	endosar
Industrie	industria
Industrie- und Handelskammer	Cámara de Industria y Comercio
Informatik	informática
Ingenieur	ingeniero
Inhaberscheck	cheque (el) al portador
Inhalt	contenido
Inkasso	cobro
Inlandspostanweisung	giro nacional
investieren	invertir
Investition	inversión
Investor	inversor (el)

J

Jahresabschluß	balance (el) anual
Jubiläum	aniversario

K

Kaffeeservice	servicio de café, juego de café
Kai	muelle (el)
Kai-Empfangsbescheinigung	talón (el) de entrega en el muelle
Kalender	calendario
Kalendertag	día calendario

Kaliber	calibre (el), calibrado
Kanister	bidón (el)
Kapital	capital (el)
Kasse	caja
Kassierer	cajero
Kastanie	castaña
Kasten	caja
Katalog	catálogo
bebilderter ~	~ ilustrado
Kauf	compra, adquisición
kaufen	comprar
Käufer	comprador (el)
Kaufmann	comerciante (el)
kaufmännisch	comercial
Kauforder	orden (la) de compra
Kaufvertrag	contrato de compraventa
Keimbildung	germinación
Kennzeichen (Kfz)	matrícula
Keramik	cerámica
Kiste	caja
Klausel	cláusula
~ einschließlich besonderer Havarie	~ con avería particular
~ frei von besonderer Haverie	~ libre de avería particular
~ frei von ...	~ libre de ...
~ gegen alle Gefahren	~ a todo riesgo
~ von Haus zu Haus	~ puerta a puerta
Klingel	timbre
Knäuel	ovillo
Knopfloch	ojal (el)
Koffer	maleta
Kollektion	colección
Kollo	bulto
Kommanditgesellschaft (KG)	sociedad en comandita (S. en C.)
Kommissionär	comisionista (el)
Komplementär	complementario
Konkurrent	competidor (el)
Konkurrenz	competencia
konkurrieren	competir
Konnossement	conocimiento
reines ~	~ limpio
unreines ~	~ sucio
Konsignatar	consignatario
Konsulat	consulado
Konsulatsfaktura	factura consular
Konsum	consumo
Konsumgüter	bienes (los) de consumo
Konto	cuenta
Kontoauszug	extracto de cuenta
Kontokorrent	cuenta corriente
Kontostand	estado de cuenta
Konventionalstrafe	pena convencional
Konversation	conversación
konvertierbar	convertible
Kopie	copia
Kopiergerät	copiadora
Korrespondent(in)	corresponsal (el/la)
Korrespondenz	correspondencia
Korrespondenzbank	banco corresponsal
Kosten	costes, costos; gastos
~ tragen	correr con los costes/gastos
Kostenaufstellung	relación de gastos
kostenlos	gratuito
Krankheit	enfermedad (la)
Kredit	crédito
Kreditbrief	carta de crédito
Kreditinanspruchnahme	utilización del crédito
Kreditkarte	tarjeta de crédito
Kreditvertrag	contrato de crédito
Kriegsrisikoklausel	cláusula de riesgo de guerra
Kuckucksuhr	reloj (el) de cuco
Kühlbox	nevera
Kühl-Lkw	camión frigorífico
Kunde(in)	cliente (el/la)
Kundenberatung	asesoramiento de clientes
Kundenbetreuer	asesor (el) de clientes
Kundendienst	servicio pos(t)venta
Kundenkarte	tarjeta de comprador
kündigen (Vertrag)	rescindir
Kundschaft	clientela
Kunststoff	(material) plástico
Kunststoffschaum	espuma de material plástico
Kurs	cotización
Kursrisikoversicherung	seguro de diferencias de cambio

L

Ladeeinheit	unidad (la) de carga
laden	cargar
Laden (Geschäft)	tienda

Ladepalette	paleta de carga
Ladeplattform	plataforma de carga
Ladeschein	carta de porte, guía de carga
Ladung	carga
Lager	almacén (el)
auf ~	en almacén
Lager zu Lager-Klausel	cláusula de almacén a almacén
Lagerbestände	existencias, stocks (los)
Lagerist	almacenista (el)
Lamawolle	lana de llama
Landtransport	transporte (el) terrestre
Landweg	vía terrestre
Länge	largo
Last	carga
Lasten: zu ~ gehen von	correr a cargo de, correr a cuenta de
zu unseren ~	a nuestro cargo
Lastkahn	barcaza, gabarra
Lastschrift	nota de cargo
Lastwagen (Lkw)	camión (el)
Lastzug	tren (el) de carretera
Lattenverschlag	jaula
Laufbahn (berufliche)	carrera profesional
Lebenslauf	currículum vitae (el), historial (el)
Lebensmittel	comestibles (los)
Leckage	derrame (el), fuga, escape (el)
Lichtbild	foto(grafía)
Lieferant	proveedor (el), suministrador (el)
Lieferbedingungen	condiciones de entrega, condiciones de suministro
Lieferfrist	plazo de entrega
liefern	proveer, suministrar, entregar, despachar
Lieferung	entrega, suministro, despacho
Lieferungsklausel	cláusula de entrega
Likörfüllung	relleno de licor
Linienschiff	buque (el) de línea regular
Liste	lista, relación
Lizenz	licencia
Logo	logotipo, anagrama (el), distintivo
Luftfracht	transporte aéreo, flete aéreo
Luftfrachtbrief	carta de porte aéreo, conocimiento de porte aéreo
Luftfrachtführer	porteador aéreo
Luftpolster	almohadilla insuflada de aire
Luftpostsendung	envío por avión, envío aéreo
Luftpumpe	bomba
Lufttransport	transporte por vía aérea, transporte aéreo
Luftweg	vía aérea

M

Mahnschreiben	carta monitoria, carta de requerimiento, carta de reclamación de pago
Mahnung (Zahlung)	monición, requerimiento, reclamación
Makler	corredor (el)
mangelhaft	defectuoso, deficiente, con fallos
Mängelrüge	reclamación por defectos, reclamación por vicios
Marke	marca
Marketing	mercadotecnia, marketing
markieren	marcar
Markierung	marcaje (el)
Markt	mercado
auf den ~ bringen	introducir en el mercado, lanzar al mercado
Marktanalyse	análisis (el) de mercado
Marktforschung	investigación de mercado, estudio de mercado
Marktlage	situación del mercado
schlechte ~	atonía del mercado, mala situación del mercado
Marktpsychologie	sicología de mercado
Marktuntersuchung	estudio de mercado, investigación de mercado
Marone	castaña
Maschineschreiben	dactilografía, mecanografía
Maß	medida
Maßnahme(n)	medida(s)
Material	material (el)
mechanisch	mecánico
Mehrwertsteuer	Impuesto sobre el Valor Añadido (I.V.A.)
Mengenrabatt	descuento por cantidad
Messe	feria
Messehosteß	azafata
Messestadt	ciudad (la) ferial
Messestand	stand (el)

Mitarbeit	colaboración
Mitarbeiter(in)	colaborador(a)
mitteilen	participar, comunicar
Mitteilung	participación, comunicación
Mittler	mediador (el), intermediario
Mobiliar	mobiliario
Montage	montaje (el)
Morgenmantel	bata
Motorradsturzhelm	casco de motociclista
Muster	muestra
Muttersprache	lengua materna, idioma nativo
Mütze	gorra, gorro

N

Nachfolger	sucesor (el)
Nachfrage	demanda
wachsende ~	demanda creciente, aumento de la demanda
Nachlässigkeit	negligencia
Nachnahmesendung	envío contra reembolso
Nachricht	noticia
Nachsichtwechsel	letra a tantos días vista
Namenskonnossement	conocimiento nominativo
Namensscheck	cheque (el) nominal
Naturwissenschaften	Ciencias Naturales
Netzladegerät	aparato cargador a la red
Neues Jahr	Año Nuevo
Nichtbezahlung	impago
Nichterfüllung	incumplimiento
Niederlassung	sucursal (la)
Niveau	nivel (el)
Notar	notario
Notariatsakt	acto notarial
Notenbank	banco emisor
Nylonnetzsack	red (la) de nylon (nilón)

O

Offene Handelsgesellschaft (OHG)	sociedad regular colectiva (S.R.C.)
Ohrhörer	auricular (el)
Ölpapier	papel aceitado
Order (Auftrag)	orden (la)
Orderkonnossement	conocimiento a la orden
Orderscheck	cheque a la orden
Ordnung	orden (el)
Ort	lugar (el)
Ortsnetzkennzahl	código territorial

P

Päckchen	paquete pequeño
Packer	embalador (el)
Packliste	lista de contenido
Paket	paquete (el)
Palette (Lade-); (Produkt-)	paleta (de carga); gama (de productos)
palettisieren	paletizar
Palettisierung	paletización
Papier	papel (el)
behandeltes ~	~ preparado
bituminiertes ~	~ asfáltico
geteertes ~	~ embreado
kunststoffbeschichtetes ~	~ plastificado
paraffiniertes ~	~ parafinado
Papiersack	saco de papel
Papierwaren	papelería
Pappkarton	caja de cartón
Partie	partida
Patent	patente (la)
Pauschalbetrag	importe (el) global
Pauschalpreis	precio global, precio al tanto alzado
Pavillon	pabellón (el)
Pedal	pedal (el)
Pedalstrahler	reflectantes de los pedales
pensioniert	jubilado
Personal	personal (el), plantilla (Belegschaft)
Personalabteilung	departamento de personal
Personalberatungsunternehmen	sociedad (la) de selección de personal
Personenstand	estado civil
Pharmaindustrie	industria farmaceútica
Plastiksack	bolsa de plástico, saco de plástico
Police	póliza
offene ~	~ abierta
Polyäthylen	polietileno
Poncho	poncho
poppig	pop
Porto	franqueo

~ bezahlt	~ pagado
~ zahlt Empfänger	~ en destino
Portogebühren	tarifas postales
Porträt	retrato
Porzellan	porcelana
Porzellanerzeugnis	producto de porcelana
Post	correo
getrennte ~	~ aparte, ~ separado
Postamt	Correos
Postanweisung	giro postal
Postdienst	servicio postal
Posten	lote (el), partida; cargo, puesto
Postfach	apartado postal, casilla (Am.)
Postkarte	tarjeta postal
postlagernd	lista de Correos
Postleitzahl	código postal
Postpaket	paquete (el) postal, encomienda postal (Am.)
Postsendung	envío postal
Postsparkasse	caja postal
Poststempel	matasellos (el)
postwendend	a vuelta de correo
Pralinen	bombones (los)
Praxis	práctica
Preis	precio
Preisangebot	cotización de precios
Preisänderungen möglich	precios sujetos a variación/modificación
Preiserhöhung	aumento de precios
Preisliste	lista de precios
Preisminderung	aminoración del precio, reducción del precio
Preisrisikoversicherung	seguro de elevación de costos
Privatscheck	cheque (el) personal
Probe	muestra
Produkt	producto
Proforma-Rechnung	factura proforma
Propangas	propano
Prospekt	prospecto
Protest (Wechsel)	protesto
protestieren	protestar
Provision	comisión

Q

Qualität	calidad (la)
Qualitätsnormen	normas de calidad
Qualitätszeugnis	certificado de control de calidad
Quittung	recibo, comprobante (el)

R

Rabatt	descuento, rebaja
Rate	tasa
Ratenzahlung	pago a plazos
Rechnung	factura, cuenta
für ~ von	por cuenta de
für eigene ~	por cuenta propia
für fremde ~	por cuenta ajena
Rechnungsstellung	facturación
Recht	Derecho
Rechtspersönlichkeit	personalidad jurídica
Rechtssprechung	jurisdicción
Rechtsstreit	litigio
Rechtsweg	vía legal
Redaktion	redacción
Reeder	armador (el)
Referenz	referencia
Regierung	gobierno, Administración
reif	maduro
Reifeprüfung	bachillerato
reinigen	limpiar
Reiseartikel	artículos de viaje
Reisescheck	cheque (el) de viaje
Reisetasche	bolsa de viaje
Reißverschluß	cierre (el) de cremallera
Reklamation	reclamación
reklamieren	reclamar
Reling	borda
Reparatur	reparación
Reportage	reportaje
Reservierung	reserva
Rezeption	recepción
Rezeptionist(in)	recepcionista (el/la)
Risiko	riesgo
Robotik	robótica
Rohstoff	materia prima
Roll-on/Roll-off-System (Ro/Ro-System)	sistema (el) ro-ro

Rost	corrosión
Route	ruta, itinerario
Rückerstattung	reembolso
Rückleuchte	luz trasera, piloto
Rücksendung	reexpedición
Rückzahlung	reembolso

S

Sache	asunto
Sachverständigengutachten	dictamen (el) pericial
Sachverständiger	perito
Sack	saco
Sägemehl	serrín (el)
Saison	temporada
saisonbedingt	estacional, de temporada
saldieren	saldar
Saldo	saldo
Sammelname	nombre colectivo
Sammeltransport	transporte agrupado
Sammlung	colección
Sanierung	saneamiento
säumig (Zahlung)	moroso
Schachtel	caja
Schaden	daño, avería, defecto
Schadenattest	certificado de siniestro
Schadenersatz	indemnización
Schadenersatzforderung	reclamación de indemnización por daños y perjuicios
Schadensfall	siniestro
Schadensfeststellung	verificación de los daños
Schal	bufanda, chal (el)
Schale	cáscara
gesprungene ~	cáscara rota
Schaumstoff	material espumoso
Scheck	cheque (el)
gekreuzter ~	~ cruzado, ~ barrado
Scheinwerfer	faro
schicken	enviar, remitir, mandar, despachar, expedir
Schiedsordnung	regulación arbitral
Schiedsvereinbarung	(convenio de) arbitraje
Schiff	buque (el), barco, embarcación, navío
Schiffahrtsgesellschaft	compañía naviera
Schiffahrtskonferenz	conferencia marítima
Schiffbruch	naufragio
Schiffskollision	colisión (la) del buque
Schimmelbefall	atacado por hongos, mohoso
schimmelfrei	sin hongos, sin moho
Schlag	golpe (el)
schließen	cerrar
Schreiben (Brief)	escrito (carta)
Schriftwechsel	correspondencia
schulden	adeudar
Schulden	deudas
Schuldner	deudor (el)
Schulungszentrum	centro de formación, centro de entrenamiento
Schutz	protección
schützen	proteger
Schutzmaterial	material (el) protector
Schutzverpackung	envoltura protectora
Seespediteur	agente marítimo de transportes
Seetransport	transporte marítimo
Seeweg	vía marítima
Sekretärin	secretaria
Selbstbeteiligung (Versicherung)	franquicia
Selbstklebestoff	material adhesivo
Seminar	seminario
senden	enviar, expedir, despachar, remitir
Sendung	envío, expedición, despacho, remesa
serienmäßig	en serie
Service (Geschirr)	servicio de mesa
Sichttratte, Sichtwechsel	letra a la vista
signalrot	rojo señalizante
sinkende Nachfrage	demanda decreciente, baja de la demanda
Sitz einer Gesellschaft	sede de una sociedad
Skonto	descuento por pronto pago
Solawechsel	letra girada al propio cargo
Sollsaldo	saldo deudor
einen ~ aufweisen	arrojar un ~
Sonderpreis	precio especial
Sonderrabatt	descuento especial
Sortiment	surtido
Span	viruta
Spanne	margen (el)

Sparbuch	libreta de ahorros
Sparkasse	caja de ahorros
Sparkonto	cuenta de ahorros
Spediteur	agente (el) de transportes
Spedition	agencia de transportes
Spesen	gastos
Spielraum	margen (el)
Spirituosen	bebidas espirituosas
Sportartikelhersteller	fabricante (el) de artículos deportivos
Sprache	idioma (el), lengua
Sprachendienst	servicio de idiomas, departamento de idiomas, departamento de traducciones
Sprachtraining	práctica del idioma, entrenamiento de la lengua
Staat	Estado
Stahlband	fleje (el) de acero
Stammhaus	casa matriz
Stammkunde	cliente (el) habitual
Standardausstattung	equipamiento estandard
Standort	emplazamiento, ubicación
stapeln	apilar
Stelle: freie ~	puesto vacante
Stellung	empleo, colocación
Stenographie	taquigrafía
Steuerentlastung	desgravación fiscal
Steuermannsquittung	recibo a bordo
Steuern	impuestos
Steuerrecht	Derecho fiscal
Stipendium	beca
Stornierung	anulación
Stoß	golpe (el)
Strafklausel	cláusula penal
Strandung	embarrancada, varada
Strecke	ruta, itinerario
Streik	huelga
Streik- und Aufruhrklausel	cláusula de huelga o motines
Streitigkeit	litigio, controversia, desavenencia
Stück	pieza, unidad (la)
Stückgut	bulto
Stückpreis	precio por unidad, precio unitario
Stundung	aplazamiento, prórroga
Styropor	styropor (el), esterepor (el), corcho blanco
Suff	borrachera
Summe	suma
Surf	surf (el)
Syntax	sintáxis

T

Tafelservice	servicio de mesa
Tagwechsel	letra a día fijo, letra a fecha fija
Tankkammer	cámara-depósito
Tanklastzug	camión (el) cisterna
Tarif	tarifa, derechos
Tastatur	teclado
Teeservice	servicio de té, juego de té
Teilnahmebestätigung	certificado de participación
Teilnehmer	participante (el); abonado (teléfono)
Teilzahlung	pago fraccionado, pago parcial
Telefaksimil	telefacsímil (el)
Telefax	telefax (el)
Telefonbuch	guía telefónica
Telegramm	telegrama (el)
Telekommunikation	telecomunicaciones (las)
Teletex	teletex (el)
Telex	télex (el)
Textverarbeitung	procesamiento de textos
Tod	muerte (la)
Todesfall	fallecimiento
Toleranzgrenze	límite (el) de tolerancia
Tonne	tonelada; tonel (el) (recipiente)
tragbar	portátil
Tragegurt	correa
Traglast	carga
Trampschiff	buque (el) tramp
Transithändler	agente transitario
Transport	transporte (el)
kombinierter ~	~ combinado
multimodaler ~	~ multimodal
Transporteur	transportista (el)
Transportkonnossement: kombiniertes ~	conocimiento de transporte combinado
Transportmittel	medio de transporte
Trassant	librador (el), girador (el)

Tratte	giro, letra girada
Trauerfeier	funerales (los)
Trockenmittel	deshidratante (el)
Trommel	tambor (el)

U

überflüssig	superfluo, innecesario
Überhitzung	recalentamiento
überlassen	ceder
Überlassung	cesión
Übernahmekonnossement	conocimiento recibido para embarque
übernehmen	asumir
Überprüfung	exámen (el), control (el)
Übersee	ultramar
übersehen	omitir, pasar por alto
Übersetzer(in)	traductor(a)
Überstunden	horas extraordinarias
Übertragung	transmisión (la)
überweisen	girar, transferir
Überweisung	giro, transferencia
telegrafische ~	giro telegráfico
Ultraleichtkoffer	maleta ultraligera
Umladen	transbordo
Umsatz	cifra de negocios, facturación, volumen (el) de ventas
Umschlag (von Gütern)	transbordo
umtauschen	cambiar
Umweltministerium	Ministerio del Ambiente
Umweltschutz	protección del medio ambiente
unbegründet	injustificado, infundado
unerledigt	pendiente
unfrei (Sendung)	porte debido
ungedeckt	descubierto
Unruhen: bürgerliche ~	disturbios civiles
Unterkunft	alojamiento
Unterlagen	documentación
Unternehmen	empresa
führendes ~	~ líder
Groß ~	gran ~
Klein ~	pequeña ~
mittleres ~	mediana ~
mittelständisches ~	mediana ~
multinationales ~	~ multinacional
unterschreiben, unterzeichnen	firmar
Unterschrift, Unterzeichnung	firma
unverbindlich	sin compromiso
Unzuverlässigkeit	falta de puntualidad
Ursprungszeugnis	certificado de origen

V

Verabredung	cita
Veranstalter	organizador (el)
Verantwortlicher	responsable (el)
Verarbeitung	transformación
Verarbeitungsfehler	fallo de elaboración
Verbindlichkeiten (Passiva)	pagos pendientes, obligaciones pendientes, cuentas por pagar
verdorben	en mal estado, descompuesto, podrido
vereinbaren	acordar, concertar
Verfrachter	fletante (el), porteador (el)
vergriffen	agotado
Vergünstigung	ventaja
Vergütung	remuneración
Verkauf	venta
verkaufen	vender
Verkäufer	vendedor (el)
Verkaufsabteilung	departamento de ventas
Verkaufsbedingungen	condiciones de venta
Verkehrsunfall	accidente (el) de tráfico, accidente (el) de la circulación
verladen	cargar
Verlader	cargador (el), embarcador (el)
Verlängerung (Frist)	prórroga
vermarkten	comercializar
vermitteln	mediar
Vermittler	intermediario
Vermittlungsagent	agente intermediario
Vermögen	patrimonio
verpacken	embalar, empaquetar
Verpackung	embalaje, envasado, empaque, envase
Verpflichtung	obilgación
Verrechnungsscheck	cheque para abonar en cuenta
Versand	envío, expedición, despacho, remesa

Versandanzeige	anuncio de envío, aviso de envío
verschieben	posponer, postergar
Verschiffung	embarque (el)
Versehen	error (el), equivocación
versenden	enviar, expedir, despachar, remitir
Versicherer	asegurador (el)
versichern	asegurar
Versicherter	asegurado
Versicherung	seguro
Versicherungsgesellschaft	compañía de seguros
Versicherungspolice	póliza de seguro
Versicherungsprämie	prima de seguro
Versicherungszertifikat	certificado de seguro
Verspätung	retraso
Verständnis	comprensión
Verteiler	distribuidor (el)
Verteilung	distribución
Verteilungsnetz	red (la) de distribución
Verteilvermerk	copia a carbón (c.c.), circulación
verteuern	encarecer
Vertrag	contrato
~ abschließen	concluir un ~
~ kündigen	rescindir un ~
vertraglich festlegen	estipular
Vertragsauflösung	rescisión del contrato
Vertragsklausel	cláusula contractual
Vertragskündigung	rescisión del contrato
Vertragspartei, Vertragspartner	parte (la) contratante
Vertragsstrafe	pena convencional, pena contractual
Vertrauen	confianza
vertreiben	comercializar
Vertreter	representante
Vertretung	representación
in ~ (i.V.)	por delegación (p.d.)
Vertrieb	venta, distribución, comercialización
Vertriebsagentur	agencia distribuidora
Verzehr	consumo
Verzögerung	retraso, dilación
Verzug	retraso, demora, mora
in ~ geraten	incurrir en mora
Verzugsstrafe	pena convencional, pena contractual
Verzugszinsen	intereses moratorios
Videokamera	videocámara
vierfach	cuadruplicado
Visum	visado
Volumen	cubicación
Vorauszahlung	pago anticipado
Vorfall	incidente (el)
Vorwahlnummer	prefijo (telefónico)

W

Waage	báscula, balanza
Wachspapier	papel encerado, papel parafinado
Währung	moneda
konvertierbare ~	~ convertible
Ware	mercancía, mercadería, género
mangelhafte ~	mercancía defectuosa, mercancía con fallos, mercancía con vicios
Warenempfänger	consignatario
Warenverkehrsbescheinigung	certificado de circulación de mercancías
Warenzeichen	marca
Wasserspülung	lavado de agua
Wechsel	letra de cambio
~ ausstellen	librar una letra
~ diskontieren	descontar una letra
~ in Umlauf setzen	poner en circulación una letra
einen ~ ziehen auf	girar una letra contra
Wechselakzept	aceptación de una letra
Wechselinkasso	cobro de la letra
Wechselkurs	tipo de cambio
Wechselnehmer	tenedor (el) de una letra, tomador (el) de una letra
Wechselprotest	protesto de una letra
Weihnachten	Navidad(es)
Weihnachtsfest	fiestas navideñas
Wein	vino
Wellpappe	cartón ondulado
Werbe-T-Shirt	camiseta para fines publicitarios
Werbeanzeige	anuncio publicitario
Werbefläche	superficie publicitaria
Werbekampagne	campaña publicitaria

Werbemütze	gorra para fines publicitarios
Werbepsychologie	sicología de la publicidad
Werk	factoría, fábrica
Werkzeug	herramienta
Werkzeugtäschchen	bolsita de herramientas
Wert	valor (el)
Wertpapier	título-valor
Wettbewerb	competencia
Wettbewerber	competidor (el)
wettbewerbsfähig	competitivo
wiegen	pesar
Wiegezertifikat	certificado de peso
Wintersaison	temporada de invierno, temporada invernal
Wirtschaftspolitik	política económica
wohnhaft	domiciliado en, residente en
Wohnsitzwechsel	cambio de domicilio
Wurfsendung	impreso sin dirección
wurmfrei	sin gusanos
Wurzelaustrieb	retoños de la raíz

Z

zahlbar	pagadero
zahlen	pagar
Zahlkarte	tarjeta de cobro
Zahlung	pago
~ auf Ziel	~ aplazado, ~ diferido
~ Kasse gegen Dokumente	~ al contado contra documentos
~ gegen Dokumente	~ contra documentos
~ leisten	pagar, satisfacer un ~
zur ~ vorlegen	presentar al ~
~sanweisung	orden de ~
~sanzeige	aviso de ~
~saufforderung	requerimiento de ~, demanda de ~
~saufschub	prórroga de ~
~sbedingungen	condiciones de ~
~sbilanz	(la) balanza de ~
~seingang	recepción de ~
~seinstellung	suspensión de ~
~serinnerung	recordatorio de ~, carta de cobro
~sfähigkeit	solvencia
~sform	forma de ~
~smodalität	modalidad de ~
~sort	lugar de ~
~sunfähigkeit	insolvencia
~sverpflichtung	obligación de ~
~sverzug	demora en el ~, retraso en el ~
zerbrechlich	frágil
zerbrochen	roto
Zeugnis	certificado
Zimmer	habitación
Zimmerreservierung	reserva (de habitación)
Zinsen	intereses (los)
Zinssatz	tipo de interés
Zoll	aduanas
Zoll (Maß)	pulgada
Zollagent	agente (el) de aduanas
Zollgebühren	derechos de aduanas, derechos arancelarios
zu Händen von	a la atención de
Zubehör	accesorios
Zündkerze	bujía
zurückgreifen auf	recurrir a
zurückweisen	rechazar
zurückzahlen	reembolsar
Zusammenarbeit	colaboración
Zutaten	ingredientes (los)
zweifach	duplicado
Zweipunkteklausel	cláusula de dos puntos
Zwiebel	cebolla
Zwischenzeugnis	certificado provisional

Península Ibérica

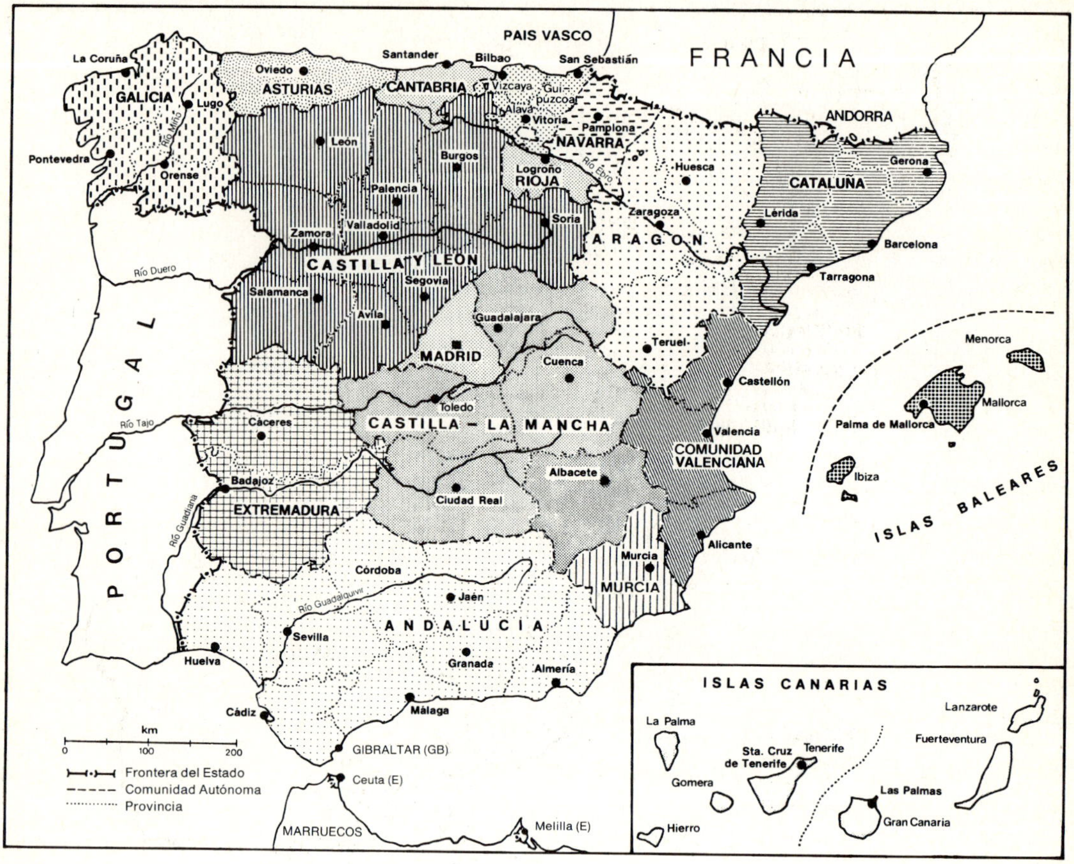

Los Países Hispanohablantes de América

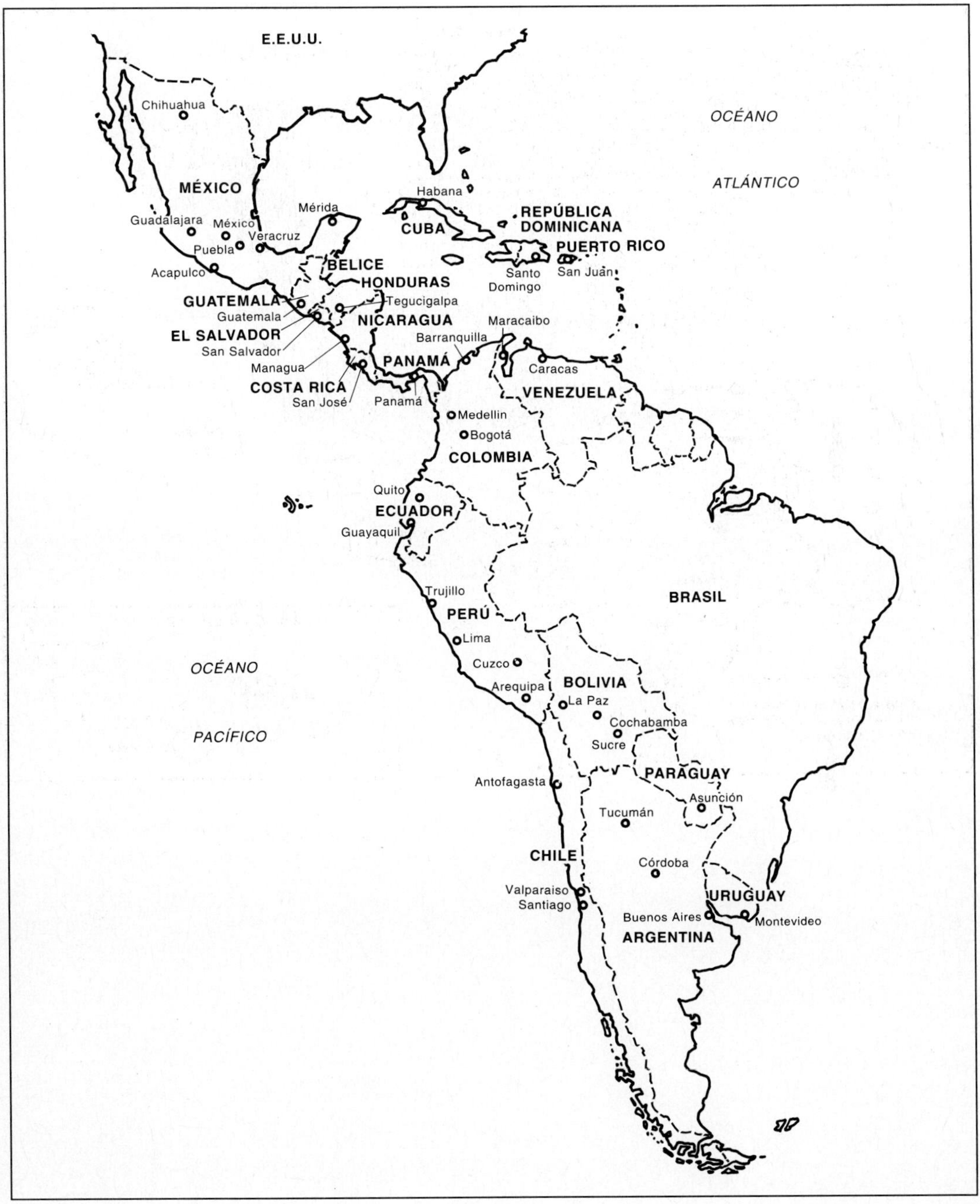